Jascha Renner

PSYCHEDELIKA

JASCHA RENNER

PSYCHEDELIKA

Überwinde Ängste und Blockaden –
finde **persönliches Wachstum**
und **emotionale Heilung**

arkana

Penguin Random House Verlagsgruppe FSC® N001967

3. Auflage
Originalausgabe Mai 2024

in der Penguin Random House Verlagsgruppe GmbH,
Neumarkter Str. 28, 81673 München
Redaktion: Pascal Frank
Illustration auf S. 191: © Sabine Timmann
Umschlaggestaltung: ki 36 Editorial Design, München,
Daniela Hofner
Umschlagmotiv: © Uli Oesterle
Satz: Uhl + Massopust, Aalen
Druck und Bindung: GGP Media GmbH, Pößneck
Printed in Germany
SC · CF
ISBN 978-3-442-34318-8

www.arkana-verlag.de

Für die Menschheit,
für die ich ganz viel Empathie empfinde

Inhalt

Hinweise des Autors

Dieses Buch stellt eine evidenzbasierte und erfahrungsorientierte Darstellung psychedelischer Substanzen dar. Dabei thematisiere ich neben dem aktuellen wissenschaftlichen Stand auch meine eigenen persönlichen Erfahrungen. Ich möchte dich dazu aufrufen, die nachfolgenden Sicherheitshinweise zu beachten, bevor du die Informationen dieses Buches anwendest.

Der Gebrauch von Psychedelika kann Gesundheitsrisiken bergen. Es ist wichtig, dass du psychologische sowie medizinische Risiken vorab kennst und im Zweifel eine ärztliche oder psychiatrische Beratung aufsuchst. Bei Nichtbeachtung können schwerwiegende Folgen auftreten, wie beispielsweise eine Angststörung, posttraumatische Belastungsstörung, Depression, Psychose, Suizidgedanken und viele weitere gesundheitliche Beeinträchtigungen. Beschäftige dich deshalb auch über dieses Buch hinaus mit den möglichen Risiken und wäge die Entscheidung, Psychedelika zu verwenden, sorgfältig anhand deiner individuellen gesundheitlichen Verfassung und deiner Bedürfnisse ab. Informiere dich außerdem über Kontraindikationen für die jeweiligen Substanzen, um deine körperliche und geistige Sicherheit nicht unnötig in Gefahr zu bringen.

Die meisten Psychedelika sind vielerorts verboten. Aus diesem Grund kann der Kauf, Besitz und Gebrauch dieser Substanzen potenziell zu strafrechtlicher Verfolgung führen. Du solltest dich vorab zu den jeweiligen Gesetzen in deinem Land informieren und gegebenenfalls einen Anwalt zur Klärung der rechtlichen Risiken konsultieren. Gibst du dich in die Hände eines professionellen Anbieters psychedelischer Sitzungen, so achte dabei auf die Sorgfältigkeit, mit der die entsprechende Organisation ihre rechtlichen Pflichten erfüllt und Einschränkungen einhält.

Der Begriff der emotionalen Heilung ist vom klassischen Heilungsbegriff abzugrenzen. Bei letzterem geht es vorrangig um die medizinische Wiederherstellung der Gesundheit. Ich bin kein medizinischer Fachmann und weise somit jeglichen Heilungsanspruch von mir. Dieses Buch hat das Ziel, Menschen in ihrer persönlichen Transformationsarbeit zu unterstützen, wobei ich emotionaler Heilung eine wichtige Rolle zuspreche. Sie bezeichnet das Erkennen, Erleben und Integrieren abgespaltener Emotionen. Transformationsarbeit beschreibt vorsätzliche Anstrengungen mit der Absicht, das eigene Leben zu transformieren oder zu verändern.

Das hier ist keine Empfehlung. Ich möchte keinesfalls zum Konsum verbotener Substanzen anregen, diese liefern oder dafür werben. Dieses Buch zielt nicht darauf ab, den Absatz von Betäubungsmitteln in irgendeiner Art zu fördern. Meine Ansichten und Ratschläge sind persönliche Meinungen und müssen nicht für alle als wahr gelten. Dieses Werk ist keine Anleitung, sondern ein von Fakten und Erfahrungen inspiriertes Buch, gespeist aus meinen Lebenserkenntnissen, das keinen Anspruch auf Vollständigkeit erhebt. Es erzählt vielmehr meinen eigenen Lebensweg und meine persönlichen Ansichten und soll keinesfalls als Veranlassung zum Konsum gelesen werden. Ich möchte euch nicht überzeugen, Psychedelika zu konsumieren, geschweige denn dazu bewegen, sondern lediglich meine eigene Transformation mit euch teilen. Wenn ich mich auf fremde Informationen beziehe, so habe ich stets versucht, diese mit einer entsprechenden Quellenangabe zu versehen.

Ich werde dich mit Du ansprechen. In meinem Buch verwende ich überwiegend die Du-Ansprache, weil dies meine persönliche Form des Ausdrucks ist. Damit möchte ich keine explizite Aufforderung zum Konsumieren kommunizieren, sondern eine nahe Bindung zum Lesenden aufbauen. Es war mir wichtig, kein »So macht man das«-Buch zum Thema Psychedelika zu schreiben und stattdessen eine leicht greifbare Möglichkeit zu kreieren, um auf intime Weise zu erfahren, welches Potenzial psychedelische Substanzen haben können.

Einleitung

Als ich mir 2015 auf der dunklen Seite des Internets LSD kaufte, hatte ich keine Ahnung von der Tragweite dieser Straftat. Jung und naiv wie ich war, wollte ich endlich herausfinden: Wie fühlt sich das an? Ich erwartete mir davon, mich mal so richtig toll zu fühlen. Dafür sind Drogen schließlich da. Doch falscher hätte ich nicht liegen können. Anders als bei Alkohol, Energydrinks oder Zigaretten zwang mich der LSD-Rausch, ehrlich und ungeschönt auf mich selbst zu blicken.

Was dann folgte, könnten wir als eine übliche 0815-»Psychedelika haben mich gerettet«-Geschichte bezeichnen: Man nehme einen emotional blockierten, Ego-getriebenen und nach Anerkennung dürstenden Neunmalklugen und gebe ihm etwas LSD. Mit einem Schlag erkennt dieser daraufhin, was für ein Trottel er in vielen Situationen war und transformiert sein Leben grundlegend hin zu Glück, Erfüllung und Verbundenheit. Klingt fast zu gut, um wahr zu sein? Genau so war es aber bei mir. Und das Beste: Dieser ehemalige Trottel – meine Wenigkeit – merkte dann irgendwann, was für eine Schande es ist, dass Psychedelika in unserer Gesellschaft immer noch ein schlechter Ruf vorauseilt. Und weil ich buchstäblich nichts Besseres zu tun hatte, entstand aus dieser Feststellung und dem Wunsch heraus, daran etwas zu ändern, ein kleines Hobby-Projekt namens SET & SETTING.

Heute, vier Jahre später, sind daraus ein paar Websites, Youtube-Kanäle, ein Podcast, verschiedenste Bildungsangebote über Psychedelika, eine professionelle psychedelische Prozessbegleitung in den Niederlanden, eine Ausbildung für psychedelische Facilitation und eine Online-Begleitung für emotionale Heilung hervorgegangen – und ein wundervolles Team, das diese Angebote unter die Leute bringt. Meine Vision war dabei von Anfang an klar: endlich diesem substanzlosen Substanzgefasel im deutschsprachigen Raum ein Ende setzen. Die Zeit ist reif für eine ungefilterte Sicht auf Psychedelika.

Im letzten Jahrzehnt meines Lebens hat sich viel bewegt. Ich habe brav studiert, brav geheiratet und brav Hunderte Male psychedelische Drogen konsumiert. Danach oder eher deshalb wich mein Job als anständiger Produktmanager der psychedelischen Aufklärungsarbeit und der Begleitung von bereits Hunderten Menschen auf ihrer psychedelischen Innenschau. Doch eines blieb: Nach wie vor bin ich ein wissbegieriger, strukturierter und wissenschaftlich orientierter Typ, der der festen Ansicht ist, dass Psychedelika ein kleines bisschen mehr Ehrlichkeit verdienen. Damit meine ich vor allem, dass wir endlich anfangen dürfen, Theorie und Wissenschaft mit dem zu verbinden, was weithin bedauerlicherweise immer noch als Akt der Unvernunft gilt: die psychedelische Praxis. Wie ist es denn nun wirklich, Psychedelika für persönliches Wachstum und emotionale Heilung einzusetzen? Sprechen wir doch über all die aufbrechenden Kindheitstraumata, spirituellen Einheitserfahrungen und nervenzerreißenden Angstzustände, die den Kern der psychedelischen Erfahrung bilden.

In diesem Buch wirst du genau das finden. Denn ich habe nicht vor, mich zu fragen, was ich sagen darf und was nicht. Stattdessen möchte ich dir aufrichtig davon erzählen, wie mich Psychedelika in den letzten Jahren bewegten. Dazu werden wir knallharte Theorie, lustige Anekdoten, spannende Erkenntnisse aus der Wissenschaft und meine persönliche psychedelische Transformationsgeschichte in einen Topf werfen. Es geht mir jedoch nicht darum, dich zu überzeugen, dass diese Substanzen in jeder Hinsicht toll und ungefährlich sind und die Menschheit endlich von allem Bösen befreien werden. Nein, ich möchte dich teilhaben lassen an einer gar nicht mal so kleinen Sache, von der ich glaube, dass sie mehr Aufmerksamkeit verdient. Einem potenziellen Werkzeug für die Psyche, das nach einer jahrhundertelangen Repression eine Rückkehr zu den Menschen des 21. Jahrhunderts plant.

Psychedelika sind eine besondere Klasse psychoaktiver Substanzen, die deine Wahrnehmung, Kognition und dein emotionales Erleben tiefgreifend beeinflussen und so zu lebensverändernden Einsichten führen können. Das klang für mich früher zunächst einmal nicht sonderlich hilfreich, denn ich kann ja auch nüchtern meine Ansichten ändern. Im ersten Kapitel dieses Buches möchte ich dir deshalb von meinem ganz persönlichen Transformationsprozess mit Psychedelika erzählen. Dabei rede ich ganz offen und unverblümt, um damit erst einmal das Eis zu brechen. Im zweiten Kapitel beschäftigen wir uns dann eingehender mit psychedelischen Substanzen, um sie als Hochstapler oder versteckte Genies zu entlarven. Und eines möchte ich dabei gleich vorwegnehmen: Psychedelische Psychowerkzeuge sind zu Recht für viele Menschen eher Psychos als Werkzeuge. Dieses »Teufelszeug« ist nicht für jeden geeignet, und ich kann dir nicht versprechen, dass diese Substanzen dir bereitwillig helfen werden. Deshalb werde ich dich im dritten Kapitel einem umfassenden Test unterziehen. Denn wenn du nur hier bist, um etwas dazuzugewinnen oder loszuwerden, dann wird deine psychedelische Reise sicherlich eine enttäuschende werden. Im Untertitel dieses Buches heißt es zwar, dass du innere Blockaden überwinden kannst, doch du wirst schon bald herausfinden, dass du dich eher in sie hinein- als über sie hinauswinden wirst. Nach bestandener Prüfung überreiche ich dir dann im vierten Kapitel den goldenen Presslufthammer des persönlichen Wachstums und der emotionalen Heilung. Dabei werden wir die wundersamen Wirkungen der Psychedelika kennenlernen und mit diesem Verständnis neue Wege für deine persönliche Transformationsarbeit erkunden. In Kapitel Nummer fünf öffnen wir dann den gesamten psychedelischen Werkzeugkoffer, um die einzelnen Substanzen und ihre praktische Anwendung kennenzulernen. Natürlich nicht als staubtrockene Theorie, sondern gespickt mit einem bunten Mix psychedelischer Schwenker aus meinem Leben und dem anderer. Dem stocksteifen Wissenschaftler in seinem Elfenbeinturm wird das vielleicht nicht zusagen, doch womöglich wird ihn das sechste Kapitel dann wieder besänftigen, denn dort wird es eine Menge Forschungsergebnisse, Ratschläge zur sicheren Anwendung und zur Praxis der Integration geben. In diesem Zuge werde ich dir in einer prachtvollen Zeremonie deinen psychedelischen Führerschein überreichen, nur um dir im siebten Kapitel mitzuteilen, warum er eigentlich überflüssig ist. Ich möchte jetzt nicht zu viel vorwegnehmen, aber dieses siebte und letzte Kapitel ist mein absolutes Highlight des Buches. Würdest du es jetzt zuerst lesen, wäre es verschwendete Zeit. Doch lässt du dich vertrauensvoll von mir Kapitel für Kapitel zu diesem Höhepunkt begleiten, dann wartet dort womöglich ein unbezahlbarer Perspektivenwechsel auf dich.

Das Potenzial psychedelischer Substanzen als Werkzeug und Abkürzung zu einem glücklicheren, erfüllteren Leben ist *nicht* zu schön, um wahr zu sein. Mit einer ehrlichen, menschlichen Perspektive, die aus meinen eigenen Erfahrungen und meinem evidenzbasierten Wissensdurst erwachsen ist, möchte ich dich jetzt auf eine Reise mitnehmen. Lass uns gemeinsam erkunden, wie Psychedelika potenziell unser Leben zu einem besseren Ort machen können. Ich werde dir ungeschönte Einblicke in meine tiefsten, persönlichsten, lebensverändernden psychedelischen Erfahrungen geben und dich daran teilhaben lassen, was für mich funktioniert hat und was nicht. Was können Psychedelika wirklich, und was ist nur esoterisches Wunschdenken? Warum bleiben diese Erfahrungen für manche lediglich eine interessante Erinnerung, wohingegen andere durch sie nachhaltig glücklicher und zufriedener werden? Und ist dieser kontroverse Weg wirklich etwas für dich? Hast du überhaupt die richtigen Probleme, oder rennst du noch den falschen hinterher? Ich lade dich ein: Lass es uns gemeinsam herausfinden.

1.

Eine unerwartete Lebenswendung: Wie Psychedelika mich auf die Reise zu mir selbst schickten

Mein Weg zu Psychedelika

2 Uhr nachts. Dröhnender Bass. Hektische Lichter. Tausende tanzende Silhouetten – eine davon frage ich: »Hast du vielleicht was?« Ein schnelles Geschäft. 10 € gegen eine kleine orange Pille, in der vermeintlich mehrere Stunden Ekstase stecken. Ich teile sie an ihrer Sollbruchstelle und spüre in mir einen Mischmasch aus Euphorie und Angst hochsteigen. Wie in Zeitlupe, fast schon, als ob ich es selbst nicht steuern würde, schlucke ich eine Hälfte mit einem Schuss Wasser hinunter. Und damit ist es besiegelt. Jetzt gehöre ich wohl auch zu den Leuten, die harte Drogen nehmen.

Ein Jahr zuvor. Wieder dröhnender Bass mit Lichtern und Silhouetten, diesmal in einem Techno-Club in Stuttgart. Angetrunken unterhalte ich mich mit meinem guten Freund Patrick und rufe ihm ins Ohr: »Cannabis ist ja noch okay, aber harte Sachen würde ich echt nie nehmen.« Zustimmend nickt er mir zu, und wir gehen zurück auf die Tanzfläche.

Heute frage ich mich: Was hatte sich in diesem einen Jahr verändert, sodass sich meine Haltung gegenüber Drogen von Ablehnung zum Ausprobieren wandelte? Dazu vielleicht erst mal ein paar Worte zu mir und meinem Freund Patrick. Ich kannte ihn damals schon seit Jahren. Wir lernten uns im Gymnasium kennen und hatten direkt einen Draht zueinander. Beide eher introvertiert, nicht viele Freunde und eine ausgesprochene Begeisterung für Nintendo-Videospiele und Yu-Gi-Oh-Sammelkarten. Quasi die Letzten, von denen zu erwarten wäre, sich ins Drogenmilieu zu verirren. Den Großteil meiner Jugend verbrachte ich vor Bildschirmen. Mit 17 probierte ich mich an Alkohol. Das weibliche Geschlecht und ich fanden mit 20 erste Berührungspunkte, und meine typische »Ich zieh jetzt mal an einem Joint«-Erfahrung endete mit stundenlanger Übelkeit und Schwindel – keine optimalen Startvoraussetzungen also.

Heute würde ich sagen, dass ich da irgendwie ungeplant reingeschlittert bin. So geht es wohl den meisten Konsumenten psychoaktiver Substanzen, auch bei Kaffee, Alkohol und Zigaretten. Meistens ist es dem Einfluss von Freunden, Familie und Medien geschuldet – oder irgendeinem Mix daraus, der den Konsum normalisiert und damit erlaubt. Denn wenn es die anderen machen, kann man es schließlich auch mal selbst probieren! Und so kam es innerhalb besagten Jahres zu einer folgenschweren Begegnung. Kurz nach dem Techno-Abend in Stuttgart lernte ich Kevin kennen, der die gleiche Wirtschaftsschule besuchte. Es entwickelte sich eine ungewöhnliche Freundschaft, denn Kevin hatte ein ungewöhnliches »Hobby«: Drogen nehmen. Dabei war unsere zwischenmenschliche Beziehung von den Inhalten her eigentlich gar nicht außergewöhnlich, wir sprachen häufig über Computer, Frauen und die nächste Klausur – also wirklich nichts Besonderes. Doch für mich brachte genau das zwei Welten zusammen, die eigentlich nicht zusammenpassen sollten, denn wer normal war, der konnte ja eigentlich keine Drogen nehmen, und wer Drogen nahm, der konnte ja nicht normal sein. Das war mein inneres

Bild von Drogen und ihren Konsumenten, das mir mein ganzes Leben lang von so ziemlich jeder Instanz vorgezeichnet worden war. Wer zu Drogen griff, hatte die Kontrolle über sein Leben verloren, flüchtete sich in andere Realitäten und hatte ein paar ganz dumme Entscheidungen getroffen. Doch jetzt bekam diese Überzeugung das erste Mal Risse und begann zu bröckeln. Wie konnte es sein, dass es Menschen gab, die öfter sogenannte harte Drogen wie Ecstasy konsumierten und doch ihr Leben im Griff zu haben schienen? Wahrscheinlich ein Ausreißer, Zufall oder eine Anomalie – irgendetwas davon musste es sein. Doch da die Menschen, mit denen wir die meiste Zeit verbringen, auf uns abfärben, wurde ich mit den Monaten neugieriger und wollte von Kevin wissen, wie es sich anfühlt, Ecstasy zu nehmen. Zugegebenermaßen auch mit der Absicht, etwas Negatives daran zu finden, um meine vorgefasste Meinung bestätigen zu können. Er antwortete: »Hm, also du fühlst dich richtig gut und wirst offen für alles. Schwer zu erklären, wie würdest du jemandem einen Orgasmus erklären, der noch nie einen hatte?« Das leuchtete mir irgendwie ein. Mein Gefühl der Neugier wuchs von Woche zu Woche und holte allmählich meine Vorbehalte ein. Mir wurde klar: Ich möchte wissen, wie das ist.

02:40 Uhr nachts. Immer noch dröhnender Bass, doch jetzt mit MDMA, dem aktiven Wirkstoff in Ecstasy-Pillen, in meinem zentralen Nervensystem, von wo aus es meine Synapsen mit Serotonin überschwemmt. Zu diesem Zeitpunkt bewege ich mich geistesabwesend zur Musik, erwartungsvoll und ein wenig angespannt. Ich schweife gedanklich ab und erinnere mich, in einem Youtube-Video gehört zu haben, dass der erste MDMA-Rausch der beste sein soll. Und dann passiert es: Die Sonne geht auf. Nicht die echte. Nein, in mir drin. Eine gleißende Wärme strömt wie eine Woge durch meine Gliedmaßen in meinen Oberkörper, Kopf und Geist und verbreitet ein Gefühl von Leichtigkeit, Akzeptanz und Euphorie – ein unbeschreibbarer Mix. Mit großen Augen (und wohl ebensolchen Pupillen) blicke ich erstaunt zu meinen Freunden hinüber, die auch alle im Serotoninrausch baden. Ich habe das Gefühl, zum ersten Mal in meinem Leben wirklich vollständig empfinden zu können: Alles ist gut. Keine Sorgen, keine Zweifel, keine Anspannung. Ich spüre meinen Körper, wie ich ihn noch nie gefühlt habe. Alles geschieht wie aus einem Guss in einem perfekten Flow, als ob es noch nie anders gewesen wäre. Und wie von Geisterhand fange ich an, mich zur Musik zu bewegen, denn so habe ich sie noch nie wahrgenommen. Zusammen bilden wir eine perfekte Symbiose. Ich tanze stundenlang, vergesse Zeit und Raum, durchströmt von unendlichem Glück und Ekstase. Der perfekte Moment, hier und jetzt. Wieder geht die Sonne auf. Dieses Mal die echte. Von rechts strömen Lichtstrahlen in das riesige Zelt, in dem sich nach wie vor Tausende Menschen harmonisch zum Beat der Musik bewegen. Ich beobachte sie, und ein tiefer Frieden breitet sich in mir aus. Was ist das für ein Gefühl? Es ist neu und doch bekannt. Wir alle sind eine große Gemeinschaft, eine Spezies, die Menschenfamilie. Alle wollen wir das Gleiche: Glück, Liebe, Verbundenheit. Ich spüre das Verlangen, diese Gefühle mitzuteilen, denn dafür sind sie doch da. Ohne darüber nachzudenken, frage ich einen fremden Mann neben mir, ob ich ihn in den Arm nehmen dürfe. Was ich normalerweise als komisch empfinden würde, fühlt sich jetzt an wie das Richtigste der Welt. Wir umarmen uns innig. Ohne Worte, denn alles ist gut. Ich frage mich, warum ich diese Erfahrung jetzt erst mache. Ach ja, stimmt, es entspricht nicht den gesellschaftlichen Konventionen, ist quasi verboten. Das kommt mir in diesem Moment so unlogisch und weit weg vor. Wann haben wir uns dazu entschieden, Liebe zu untersagen? Doch dann dämmert es mir: Habe ich sie mir bisher vielleicht selbst verboten?

Das Spiel mit dem Feuer

In den folgenden Wochen verging kein Tag, an dem ich nicht an diese Nacht zurückdachte. Es waren zwar nur Erinnerungen, doch selbst diese lösten in mir ein erneutes Aufflackern der vollkommenen Zufriedenheit, Verbundenheit und Liebe aus. Fast wie ein Türstopper, der die Tür offen hielt. Ich begann, Google, Youtube und Bücher zu durchforsten, um meine nun riesige kindliche Neugier zu stillen, die plötzlich ganz befreit schien, nachdem sie so lange unter Angst und Misstrauen vergraben gewesen war. Es fühlte sich an wie eine geheime Welt, die ich entdeckt hatte und von der eigentlich schon viele wissen, ohne richtig darüber sprechen zu wollen. Das erschien mir verständlich, denn von den Gefahren hatte wohl auch jeder schon gehört. Deshalb war es mir damals schon sehr wichtig, die Sache ernst zu nehmen und nur unter den besten Voraussetzungen Experimente zu wagen. So lernte ich viel über sogenannte Safer-Use-Regeln, also wie eine psychoaktive Substanz am sichersten eingenommen werden kann.

Beispielsweise sollten zwischen MDMA-Einnahmen mindestens sechs Wochen liegen, um dem Gehirn Zeit zu geben, sich vollkommen zu erholen. Ich befolgte diese Regeln ziemlich strikt. Und das, obwohl es sich für mich nicht so anfühlte, als ob ich eine Ruhephase bräuchte. Ich wusste, dass Substanzen wie MDMA keine Spielzeuge sind, kein einfacher Spaß, um sich gut zu fühlen. Gleichzeitig spürte ich eine starke Zuversicht, hier auf etwas Wichtiges und Wertvolles gestoßen zu sein. Dies war kein Alkoholrausch, an den ich mich üblicherweise schon zwei Tage später kaum erinnerte. Auch heute noch, über neun Jahre später, erinnere ich mich so lebhaft an diese erste psychedelische Erfahrung, als ob sie gestern gewesen wäre. Vor allem, weil ich damals das erste Mal seit meiner Kindheit wirklich gespürt habe, was es heißt, bedingungslose Zuversicht und Liebe zu fühlen. Es war, als ob ich in einen vergessenen Kerker meiner Gefühlswelt eingetreten wäre, in dem die Wände mit Bildern aus alten Zeiten geschmückt waren. Alles wirkte vertraut und doch neuartig. Ich beschloss, von nun an öfter hierherzukommen. Am besten auch ohne Substanz – wie gut, dass es einen Türstopper gab.

Es blieb nicht bei dieser einen Erfahrung. Ehrlich gesagt kenne ich heute niemanden, der es bei einem einzigen Mal MDMA belassen wollte. Wie kleine Jungs planten Patrick und ich unsere ekstatischen Reisen. Meist ging es in irgendeinen Techno-Schuppen, um dort wieder von Musik und Rausch ins Land des Genusses geschwemmt zu werden. Dabei wartete ich stets auf die große Klatsche, die Kehrseite der Medaille – wo blieben die negativen Effekte meines harten Drogenkonsums? Doch die Spielregeln waren mir stets klar: Konsumpausen einhalten, währenddessen genug trinken und nicht mit anderen Substanzen mischen. All das schien dazu zu führen, dass ich bis auf etwas Müdigkeit am Tag darauf keine negativen Effekte spürte. Unbemerkt verfestigte sich eine rosarote Brille auf meiner Nase, sodass ich dachte, alles, was mir bisher über diese Erfahrungen gesagt worden war, entsprach wohl nicht der Wahrheit. Fühlte ich mich nicht einfach nur gut? Doch eine Lektion ließ nicht lange auf sich warten, denn ein paar Monate später flatterte eine neue Substanz in meinen Briefkasten, die es auf ebendiese Brille abgesehen hatte.

LSD – mit freundlichen Grüßen

Die meisten Menschen brechen hin und wieder das Gesetz. Bei Rot über die Ampel gehen, die letzte Season von *Game of Thrones* illegal streamen oder auf der Arbeit krank machen. Ich erinnere mich noch an ein paar kleinere Ladendiebstähle als Jugendlicher: Yu-Gi-Oh-Karten bei Müller geklaut, Nervenkitzel pur. Schnell hatte ich jedoch gemerkt, dass es das Risiko nicht wert war, und so blieb ich auch in Sachen Drogenkonsum ein relativ sauberer und gesetzeskonformer Bürger. Mich mit diesen Substanzen zu beschäftigen war das eine, doch nun auch noch das Gesetz dafür brechen zu müssen, stellte sich als eine weitere Hürde heraus. Aber: Wo Neugier ist, ist auch ein Weg. Über ein paar Ecken lernte ich so meinen ersten und letzten Drogendealer kennen und kaufte bei ihm kleine bunte Pillen. Es war so, wie du es dir vielleicht vorstellst. Wir trafen uns in einer spärlich besuchten Ecke der Stadt. Ein bisschen gezwungener Smalltalk, er war eigentlich ein netter Kerl. Dann die Transaktion: kurz und schmerzlos. Jetzt schnell die Beute sichern und hoffen, dabei keine Polizei zu sehen. Endlich zu Hause, geschafft. Wieder Nervenkitzel, doch nicht unbedingt ein angenehmer. Als Berufstätiger hatte ich mehr zu verlieren als in meinen Jugendjahren.

Kurze Zeit später stolperte ich jedoch über eine neue Möglichkeit der Substanzbeschaffung, die vermeintlich sicherer und vor allem günstiger sein sollte. Das gefiel meinem Schwabenherz. So lernte ich das Darknet kennen, die anonyme Schattenseite des Internets und eine Art digitale Parallelwelt, in der alle möglichen illegalen Dinge bestellt werden können. Als gelernter Informatiker dauerte es nicht lange, bis das erste Päckchen mit falschem Absender bei mir landete. Darin enthalten war die Substanz, die mein Leben bis heute mit Abstand am meisten prägen sollte: LSD. Doch wie kam es dazu, dass ich jetzt auch noch dieses Mittel probieren wollte? Reichte mir MDMA nicht mehr? Brauchte ich immer etwas Härteres, um mein Suchtverlangen zu stillen? Spannenderweise schreckte LSD viele der MDMA-Konsumenten, die ich damals kennenlernte, eher ab.

Speed, Kokain, Cannabis – diese Substanzen waren okay, doch vor LSD hatten sie Angst. »Ich kenne einen, der einen kennt, der darauf hängen geblieben ist« hörte ich öfter als Begründung. Die Stabilität der eigenen Psyche zu verlieren, ist wohl für die meisten Menschen eine echte Horrorvorstellung. Kontrolle verlieren? Nein danke. Mir geht es doch ganz gut im Leben, warum also irgendetwas riskieren? Doch dann stieß ich auf eine Neugier erweckende Aussage des Youtubers OPEN MIND: »Oft kann es sein, dass LSD einem zeigen kann, was man an seinem Leben verändern sollte.«[1] Das klang in meinen Ohren sehr interessant, wie eine Art Werkzeug zur Persönlichkeitsentwicklung. Denn es gab da schon das ein oder andere Thema, bei dem ich nicht weiterkam. Ist mein Job der richtige für mich? Warum fühlt sich die Beziehung zu meinem biologischen Vater so unecht an? Passen meine Freundin und ich wirklich zusammen? Und überhaupt, wie ist das eigentlich so, wenn das Bewusstsein erweitert wird – was genau soll denn da erweitert werden? Kurz gesagt, die Neugier gewann wieder die Oberhand, und so kam es an einem bewölkten Herbsttag 2015 zu einem Erlebnis, das ich bis heute zu den Top 3 der bedeutendsten Erfahrungen meines ganzen Lebens zähle.

Realitätscheck

Ich spüre das kleine, quadratische Papierblättchen auf meiner Zunge. Ein leicht bitterer Geschmack geht von ihm aus. Jetzt könntest du es noch ausspucken, schießt es mir durch den Kopf. Halb lächelnd, halb besorgt blicke ich zu Patrick und stammle: »Ähm, gute Reise würde ich sagen.« Eine halbe Stunde später kommen wir zu Fuß an einer schönen Stelle in der Nähe eines schwäbischen Fichtenwäldchens an. Zu dieser Zeit müssen bereits Abertausende LSD-Moleküle die Blut-Hirn-Schranke überwunden haben und an verschiedensten Rezeptoren in meinem präfrontalen Kortex angedockt sein. Bisher merke ich davon aber nichts und breite unbekümmert eine kleine Picknickdecke unter einem alten Apfelbaum aus. »Spürst du schon was?« »Nee, du?« – ein typisches Gespräch zwischen zwei jungfräulichen LSD-Konsumenten.

Als Nächstes folgte der Moment, den ich bis heute klar vor meinem geistigen Auge sehen kann. Es war, als ob mein Bewusstsein in ein Videobearbeitungsprogramm importiert worden wäre und plötzlich eine fremde Person begonnen hätte, an den Reglern herumzuspielen. »Der Baum, warum ist der so grün? Hä? WARUM IST DER SO GRÜN?«, rief ich ungläubig und fing an, fieberhaft umherzublicken, als die Grundpfeiler meiner Realität, die ich bisher für unzerstörbar gehalten hatte, sich aufzulösen begannen. Schnell hastete ich zurück und ließ mich perplex auf unserer sicheren Decke nieder. Ein immer lauter werdendes Gelächter durchdrang die kühle Herbstluft und entwickelte sich in ein ungläubig stotterndes »W-w-wie geht das?«. Ich realisierte, dass das nach meiner eigenen Stimme klang, ohne dass ich sie bewusst gesteuert hatte.

Ich verlor immer mehr den Kontakt zu mir selbst und die Kontrolle. Für meinen Verstand, der sich jahrzehntelang bemüht hatte, meine Persönlichkeit zu stabilisieren, war diese rasche Bewusstseinsveränderung eher unangenehm. Das zeigte sich vor allem, als wir uns auf den Heimweg machten. Wellen von Paranoia und Verfolgungswahn überrollten mich dabei, weil ich felsenfest davon überzeugt war, dass andere Fußgänger die Polizei rufen würden, da wir verbotenes LSD konsumiert hatten. Die Angst entzog meiner Realität buchstäblich die Farbe. Als sich die Ränder meines Sichtfelds immer weiter zusammenzogen, konnte ich das erste Mal bewusst erleben, wieso es eigentlich Tunnelblick heißt. Ich wollte einfach nur zu Hause ankommen, in Sicherheit sein und ahnte dabei noch nicht, dass die nächste Phase des Trips einen komplett unerwarteten Charakter annehmen würde.

Die Reise zu mir selbst

Etwa zweieinhalb Stunden nach der Einnahme befand ich mich mit klopfendem Herzen und immer noch voller Angst endlich wieder in den eigenen vier Wänden. Kevin, der jetzt auch mein WG-Mitbewohner war, gelang es jedoch, mich allmählich zu beruhigen. Und während das normalerweise bedeutet, langsamer zu atmen und sich entspannter zu fühlen, hieß das auf LSD, dass die farbliche Sättigung zurück in mein visuelles Feld kam und die Wärme des Lebens erneut durch meinen Körper zu strömen begann. Doch das Allerverrückteste daran war, dass ich all das auch in Echtzeit beobachten konnte – und zwar nicht so, als würden sich meine Gedanken und Gefühle im Raum meines Bewusstseins verändern. Nein, stattdessen wurde ich selbst zu diesem Raum. Ich wurde getrennt, entkoppelt und desidentifiziert von meinen alltäglichen Gedanken und Impulsen, die mir sonst immer penibel vorgaben, was zu tun war, was ich falsch gemacht habe, wer ich sein sollte und wer nicht. Zum ersten Mal in meinem Leben erkannte ich: Wer ich bin, das Leben, wie es »nun mal ist«, was wahr und unwahr ist – all das war schlicht eine bequeme Illusion meines Geistes, um Stabilität in das Chaos der Realität zu bringen.

Doch für mein damaliges 25-jähriges Ich waren es nicht diese universellen Erkenntnisse, die mich nach der psychedelischen Erfahrung am meisten beeinflussten. Denn das LSD hatte noch einen weiteren einzigartigen Effekt auf mich: Ich sah mein Leben aus einer von mir selbst gelösten Perspektive, die völlig neuartig für mich war. In diesem Zustand nahm ich dann ein Blatt Papier zur Hand, auf dem ich vor dem psychedelischen Trip ein paar Fragen notiert hatte.

> Was ist mit der unechten Beziehung zu meinem biologischen Vater?
> *Versetze dich mal in seine Lage. Spüre seinen Schmerz. Finde Akzeptanz, du kannst ihn nicht ändern.*
>
> Was ist mit meinem Job?
> *Löse dich von dem Zwang, den perfekten Job bereits gefunden haben zu müssen. Alles wird kommen, wenn es kommen wird.*
>
> Mit meiner Freundin und mir?
> *Genießt die gemeinsame Zeit, denn nichts ist für die Ewigkeit.*

Doch was für dich vielleicht nach schnellen und logischen Antworten klingt, war in Wirklichkeit das Ergebnis einer tiefen Reise in mich selbst. Zwischen dem Lesen der Frage und der Bewusstwerdung der Antwort vergingen meist mehrere Minuten, in denen ich mich aufkommenden inneren Bildern und Emotionen hingab – und das war nicht immer angenehm, wie es bei neuen Wahrheiten häufig der Fall ist.

Am nächsten Tag, wieder nüchtern und normal, als ob nie etwas gewesen wäre, nahm ich erneut das Blatt Papier zur Hand. Die auf LSD unter die Fragen gekritzelten Antworten, die nur aus ein paar wenigen Wörtern bestanden, lösten in mir unerwartete Gefühle aus: Ruhe, Zuversicht, Wahrhaftigkeit. Ich wartete auf die Zweifel, die sich sonst immer bei diesen Themen einstellten, doch sie kamen nicht. Ohne es geplant und ohne es gehofft zu haben, war da plötzlich eine innere Überzeugung, dass das, was ich aufgeschrieben hatte, nicht nur wahr war, sondern sich auch wahr anfühlen durfte. Ich veränderte mich, ohne es vorgehabt zu haben. Eine neue Wahrheit schien sich zu verfestigen, die nicht von außen kam, sondern irgendwo aus den Tiefen meines Selbst. Es fühlte sich für mich so an, als ob etwas aufginge, das lange verschlossen gewesen war. Dies führte ganz natürlich zu mehr Offenheit – innen wie außen. Ich fing an, infrage zu stellen, was ich und andere mir mein Leben lang erzählten. Denn wenn ich einmal Unwahrheit mit Wahrheit verwechselt hatte, was gab es dann noch alles zu entdecken? Fast über Nacht sah ich die Welt plötzlich mit anderen Augen, und das begrenzte sich nicht nur auf mich und mein nahes Umfeld. So wurde ich offener und toleranter für Menschen, Meinungen, Gruppierungen und Glaubenssysteme, ohne dabei meine eigenen Überzeugungen aufzugeben. Stattdessen trat aus den Tiefen meines Unbewussten immer mehr an die Oberfläche meiner Wahrnehmung. Eine Erkenntnis jagte die nächste. War es Teufelszeug oder Himmelszeug? LSD passte irgendwie so überhaupt nicht zu den Assoziationen, die das Wort Droge bisher in mir ausgelöst hatte. Spaß, Rausch und Flucht wurden zu Einsicht, Wahrheit und Innenschau. Das fühlte sich für mich nicht an wie eine Droge. Wo ich bei Alkohol und MDMA kurz nach dem Rausch bereits die nächste Erfahrung zu planen begann, war nach dieser ersten LSD-Erfahrung erst einmal einige Monate Funkstille. Denn mehr innere Offenheit färbt leider nicht automatisch auf andere ab, wie ich schon bald schmerzlich feststellen musste. Und nur weil LSD mir neue Wahrheiten aufzeigte, waren diese nicht immer schön anzusehen. Hätte ich damals gewusst, dass ich durch Psychedelika nur wenige Jahre später Job, Freundin und Vater verloren haben würde, wäre ich vielleicht lieber bei anderen Drogen geblieben.

Mit dem Realitätsregler spielen

Ein kleiner, runder Lautstärkeregler mit geriffeltem Rand und silbern glänzender Oberfläche. Der Einstellbereich ist mit null bis 100 angegeben, und über ihm thront eine verzierte Beschriftung mit einem einzigen Wort: Realität. Stell dir vor, dieser Realitätsregler ist in dir und gibt an, wie viel Prozent der Realität in dein Bewusstsein treten darf. Wo würde er stehen, wenn du in Ohnmacht gefallen bist? Bei null? Wie ist es beim Schlafen? Vielleicht bei fünf, oder zählen Träume nicht als real? Doch noch wichtiger ist die Frage, wie er im ganz normalen Leben eingestellt ist. Also jetzt gerade, während du diese Zeilen liest.

Ich war immer einer der Menschen, der seinem Alltagsbewusstsein sehr viel Realität eingeräumt hat. Für mich war klar: Was ich sah, hörte und dachte, das musste die »maximale« Realität sein, also 100 Prozent. Das lag für mich nahe, denn ich nahm sie schließlich gern so wahr, wie sie wirklich war, unbeeinflusst von Drogenverzerrungen, die die Kontrolle über meinen Regler beanspruchen wollten. Nicht auszumalen, wenn jemand anderes daran herumspielen würde! Dann müsste ich womöglich wahrnehmen, was ich nicht wahrnehmen möchte, oder noch schlimmer: fühlen, was ich nicht fühlen will. Denn es gab da schon das ein oder andere Erlebnis, das ich in dieser Form nicht noch mal erleben wollte. Wieder ausgelacht zu werden wie in der sechsten Klasse, als ich für meine abstehenden Ohren gehänselt wurde. Wieder betrogen zu werden wie damals, als ich dachte, meiner Freundin vertrauen zu können. Oder wieder verlassen zu werden wie in meiner Kindheit, als ich nicht genug Aufmerksamkeit von meinen Eltern spürte.

Einmal erlittenen Schmerz nicht noch mal fühlen zu müssen, ist ein wirklich cleverer Schutzmechanismus. Eine Strategie des Egos, das Überleben sicherzustellen. Doch was, wenn das Ego selbst in Gefahr gerät? Es gibt da nämlich ein paar nette psychoaktive Substanzen, die es auf ebendieses abgesehen haben. Und so folgte einige Monate nach meinem ersten LSD-Trip der zweite. Wieder mit Patrick und dieses Mal auch mit unserem Freund Sven. Belehrt aus der vorigen Erfahrung, fand dieser Trip in unserer von der Außenwelt abgeschirmten WG irgendwo zwischen Ulm und Stuttgart statt. Nur die innere Abschirmung sollte schon bald weichen, als ich langsam wieder die Kontrolle über meinen Realitätsregler verlor.

Meine zweite LSD-Erfahrung

Ich liege von meiner Decke umschlungen im Bett. Noch ist alles an Ort und Stelle. Farben sehen wie Farben aus, die Worte meiner Freunde werden von meinem Gehirn zu sinnvollen Sätzen verarbeitet, und ich nehme mich als Subjekt in einer Welt voller Objekte wahr. *Noch.* Immer wieder frage ich mich nervös:

Ist es das – die erste Wirkung? Nein, war wohl Einbildung. Stopp, DAS ist jetzt aber wirklich nicht normal.

Und wie ein gekenterter Tanker, dessen Öl sich langsam in den Ozean ergießt, fließt eine unsanfte Energie in mein Bewusstsein und bahnt sich unaufhaltsam ihren Weg in meine Wahrnehmung.

Soll ich das zulassen? Habe ich eine Wahl? Passiert das den anderen auch?

Ich blicke zu Sven hinüber und bemerke seinen Gesichtsausdruck. Ist das Freude, Neutralität oder Angst? Schwierig, das zu beurteilen, während sich mein Beurteilungsvermögen langsam verabschiedet. Wir fangen an zu lachen. Worüber weiß niemand. Vielleicht über das Groteske dieser Situation, die sich nur noch mit Humor ertragen lässt. Die Realität nimmt zu, sie wird intensiver, lauter und verschluckt meinen Verstand. Ich beobachte Sven, wie er zum Fenster torkelt und die Welt da draußen begutachtet. Von außen zeigt er kaum eine Reaktion, während sich innerlich vermutlich ein Feuerwerk der Sinneserfahrungen abspielt. Ich bemerke, wie ich mich langsam an den veränderten Bewusstseinszustand gewöhne. »Was macht man auf LSD so?«, frage ich in den Raum. Wieder kugeln wir uns vor Lachen. Die Frage erscheint sinnlos. »Man macht das Machen«, höre ich als Antwort. Das Zimmer, das wir inzwischen als Raumschiff wahrnehmen, wird zu einer entrückten Spielwiese für drei kleine Jungs. Richtig ernst nehmen wir das alles nicht – das kommt später.

Nach langem Abwägen verlassen wir den Raum und betreten die Küche. Der Zimmerwechsel kommt uns vor wie der Unterschied von Tag und Nacht. Hier ist alles anders: Der Geruch von Essen hängt in der Luft, der Kühlschrank brummt leise, es ist kühler, enger, dunkler – jedes noch so kleine Detail nehmen wir wahr. Die Idee, etwas zu essen, erscheint plötzlich als unmögliches und unverständliches Unterfangen. Das Konzept von Nahrungsaufnahme ist nicht mehr zu begreifen. Verwirrt und doch neugierig auf das, was wohl als Nächstes passiert, verlassen wir den Raum wieder.

Da kommt mir mein Vorhaben in den Sinn, LSD erneut als Werkzeug der Lebensveränderung zu verwenden. Stift und Zettel hatte ich bereits vorbereitet, und so ziehe ich mich allein in das Zimmer meines dritten Mitbewohners zurück, der gerade nicht da ist. Zeit für etwas Ernsthaftigkeit, ich bin ja nicht zum Spaß hier. Ich komme im Kino meines Geistes zur Ruhe und nehme auf den Zuschauerrängen Platz, anstatt mich wie sonst für einen Bestandteil des Films zu halten. Auf der Leinwand sehe ich mich, cool, stark und unabhängig. Ich frage mich: Bin ich bloß der Schauspieler, der den Anweisungen des

Regisseurs blind folgt, oder habe ich als Hauptdarsteller meines Lebens die künstlerische Freiheit, die ich haben sollte, um frei von Zwängen und Blockaden in das Spiel des Lebens einzutauchen? Hinter der Maske der Coolness und Stärke nehme ich daraufhin ein Gefühl der Angst wahr, das mich schützen möchte. Es stammt aus alten Zeiten. Ein Wächter, der die Rolle des Regisseurs übernommen hat. Doch auch der bin ich, denn sonst ist niemand hier. Alles, was ich bin, war und sein werde, liegt hier in mir, einem von außen unabhängigen Kern. Ich bin Zuschauer, Schauspieler und Regisseur zugleich. Ich blicke auf meine linke Hand und sehe, wie sie anfängt, etwas auf das Blatt zu kritzeln. Ein normalerweise allenfalls durchschnittlicher Kalenderspruch, der mir jetzt wie die ultimative Wahrheit erscheint: »Nimm das Leben nicht so ernst, Jascha.«

Die Erinnerung an diese Erfahrung fing schon bald an zu verblassen, doch was blieb, war eine gefühlte Wahrheit, die wie ein neuer Realitätsfilter fungierte. Immer öfter bemerkte ich im Alltag, wenn ich mich gerade zu ernst nahm und eine Rolle spielte, in der ich vorgab, jemand zu sein, der ich eigentlich nicht war. Wie ein Frühwarnsystem, das auf eine Asynchronität zwischen meinem wahren Persönlichkeitskern und meiner Außenhülle anschlug. Es war der optimale Nährboden für Veränderung, denn Psychedelika machten für mich das, was ich selbst nicht konnte: mich ungeschönt mit mir selbst konfrontieren. Denn ohne Konfrontation keine Wahrheit. Und ohne Wahrheit keine Einsicht – und die ist bekanntlich der Weg zur Besserung.

Und so experimentierte ich hin und wieder mit der ein oder anderen Substanz herum. Ich hatte etwas entdeckt, das mein Leben unerwarteterweise positiv bereicherte und zugleich gesellschaftlich nicht akzeptiert war. Mit meinen Eltern und Arbeitskollegen darüber sprechen? Schwierig. Einen glücklichen Drogenkonsumenten gibt es schließlich nicht. Stattdessen eine große Lüge leben? Auch schwierig, wenn plötzlich so viel Wahrheit ins Leben tritt. Also begann ich, mich bei den Menschen in meinem Umfeld langsam vorzutasten, wie ein Spion, der mit geschickten Fragen andere Geheimagenten identifizieren möchte. Ich wurde mutiger und erzählte Freunden und Kollegen vorsichtig von meinen psychoaktiven Erfahrungen. Einigen misslang der geistige Brückenschlag zwischen »ein bodenständiger, zufriedener Mensch« und »ein Konsument verbotener Substanzen«. Andere hingegen interessierten sich mit der Zeit für das, was ich tat. Dabei wurden sie nicht durch das, was ich sagte, zum Nachdenken angeregt, sondern durch den, der ich wurde. Meine innere Entwicklung strahlte auch nach außen, und ich fühlte mich zum ersten Mal im Fluss des Lebens angekommen. Doch das war natürlich nicht nur das Werk der Psychedelika, sondern ging vor allem auf meine innere Bereitschaft zurück, mich zu verändern.

Wenn alle Dämme brechen

Eine psychedelische Erfahrung hat typische Charakterzüge: Neben der veränderten Wahrnehmung können bisher gewohnte Strukturen in neuem Gewand erscheinen, und man kann sich frei von eigenen und fremden Bewertungen fühlen. Fünf Monate in Kalifornien zu leben, hatte eine ganz ähnliche Auswirkung auf mich. Niemand sprach Deutsch, die Sonne schien immer und überall waren interessante Menschen mit ähnlichen Interessen. Kurz davor hatte zudem meine lähmende Beziehung zu meiner damaligen Freundin ein befreiendes Ende gefunden. Es war der perfekte Startschuss in mein neues Leben. Ganz erstaunt war ich von mir, wie offen ich auf einmal auf fremde Menschen zugehen konnte. Wie ich mich nicht davor scheute, direkt im ersten Gespräch auch über emotionale und psychoaktive Themen zu sprechen. Das war ich nicht von mir gewohnt.

Es wird dich sicherlich nicht verwundern, dass meine inneren Forschungsreisen auch auf der anderen Seite des großen Teichs kein Ende fanden. Ich entdeckte das in Kalifornien legale Cannabis für mich und machte meine ersten Erfahrungen mit zwei weiteren Psychedelika: Pilzen und dem zur Gruppe der Phenylethylamine gehörenden 2C-B. Letzteres hat mich besonders überrascht, da es ein echtes Farb- und Formspektakel auslöste, während meine mentalen Fähigkeiten weitestgehend stabil blieben. Mit der Zeit wurde ich mutiger und experimentierfreudiger. Bei meinem ersten Pilz-Trip ließ ich mich von einem Freund dazu inspirieren, zusätzlich noch etwas Cannabis zu konsumieren. Sofort breitete sich ein unangenehmes Gefühl in mir aus, das ich überhaupt nicht zuordnen konnte. Wie werde ich das nun wieder los? Einfach auf den Atem fokussieren und mir bloß nichts anmerken lassen. Bereitschaft, sich auf schwierige Gefühle einzulassen, nein danke, nur die guten Emotionen bitte. Die Angst ebbte dann auch nach einer Weile ab, doch mit ihr auch die Tiefe der Erfahrung – eine typische Erziehungsmaßnahme psychedelischer Substanzen.

Einige Monate später fand ich mich, zurück in meiner WG in Deutschland, auf einem zweiten Pilz-Trip wieder. Abermals stieg dieselbe unangenehme Emotion hoch und schnürte mir die Kehle zu. Heute weiß ich: Das war einfach ein intensives Angstgefühl. Doch damals konnte ich nichts anderes tun, als davor wegzulaufen, denn zu diesem Zeitpunkt war ich noch nicht bereit zu fühlen, was gefühlt werden wollte. Vielleicht lag das auch an meiner Befürchtung, dass Psychedelika dann einen »Bad Trip« induzieren würden. Mir war noch nicht bewusst, dass diese Erfahrungen nur Gefühle auslösten, die bereits in mir existent waren. Ich spürte jedoch eindeutig, dass sich in mir Emotionen versteckten, an die ich nicht herankam. Was sollte ich also tun: die Dosis erhöhen? Eine andere Substanz, Umgebung oder Musik ausprobieren? Am besten alles davon auf einmal. Eine Fahrradtour mit Kevin auf 220 Mikrogramm LSD sollte den Durchbruch bringen. Klingt hirnrissig? War es auch. Heute frage ich mich, wie ich das damals geschafft habe, so hoch dosiert überhaupt irgendetwas zu bewerkstelligen.

Immer stärker trete in die Pedale und spüre, wie der Wind mir ins Gesicht peitscht. Der auf den Feldweg fixierte Blick richtet sich nach vorn, und ich erblicke die üppige schwäbische Sommerlandschaft. Plötzlich werde ich innerlich ganz ruhig, und die Welt steht für einen kurzen, unendlichen Moment still. Jetzt gibt es keinen Beobachter mehr und nichts, das beobachtet wird. Die sonst so flüchtige Schönheit der Welt kondensiert in diesem ewigen Anblick. Ein hügeliger Landstrich, Wiesen und Wälder, darin eingebettet kleine Dörfchen, strahlend blauer Himmel und warme Sonnenstrahlen auf der Haut – endlich sehe ich, was schon immer da war, versteckt hinter den Wahrnehmungsfiltern des Alltags. Auf einmal wache ich auf und werde mir meines Atems bewusst. Vielleicht auch besser so, bei 40 Kilometer pro Stunde.

Kurze Zeit später kommen wir ungeplant an einer versteckten Waldlichtung an. Es ist Zeit für eine Rast. Mein Puls beginnt zu sinken, und mit einem Mal spüre ich ein Bedürfnis nach Ruhe und Alleinsein, nach Innenschau, nach mir. Ich gebe Kevin Bescheid und bewege mich mit Kopfhörern und Handy bergauf am Waldrand entlang. Ein einsamer hölzerner Jägerstand taucht hinter grünem Gestrüpp auf. Ich setze mich auf eine der unteren Leitersprossen, während ich meine Kopfhörer aufsetze. Nun durchdringen mich emotionale Klänge mit wunderschönen Stimmen und breiten sich wellenartig vom Kopf in den Körper aus. Woge um Woge wird jede noch so kleine innere

Anspannung weggeschwemmt, und tiefe Entspannung breitet sich in mir aus. Aus dem Nichts taucht auf einmal eine turmhohe Welle auf, groß genug, um den letzten Wall zu durchbrechen. Ich blicke mich um. Niemand ist da, als plötzlich der Damm bricht. Eine Flut an Tränen strömt über meine Wangen, begleitet von dem tiefsten Schluchzen, das mich seit über einem Jahrzehnt nicht mehr erfasst hat. Ohne das Bedürfnis zu verstehen, überwältigen mich all die Gefühle, die schon so lange darauf gewartet haben, endlich gefühlt zu werden. Von Moment zu Moment werden sie stärker. Der reißende Fluss aus purer, wunderschöner Trauer weiß genau, was er tut, und ich vertraue ihm, lasse ihn seinen Weg durch mein trockenes Flussbett bahnen. Nach gefühlt Stunden beginnt die emotionale Quelle langsam zu versiegen und beginnt, ihre verborgene Botschaft freizugeben. Ich lebe ein glückliches, freies Leben und bin dafür sehr dankbar. Doch was nützt es, wenn ich meine Welt mit niemandem wirklich teile? Mich niemandem wirklich zeige? Mit all meinen Schatten und Fehlern, mit all der Trauer und Angst? Was nützt das, wenn ich doch allein bin? Nichts nützt das. Mit dieser Erkenntnis reibe ich mein von Tränen aufgequollenes Gesicht, ziehe die Kopfhörer ab und eile zurück zu unserem Rastplatz.

Manchmal muss eine Vase zerbrechen, damit das Licht hereinfallen kann. Psychedelika stellten sich dabei für mich als gutes Werkzeug zum Zerbrechen heraus. Klar, am Tag danach war jedes Bruchstück wieder an Ort und Stelle, wenn auch manchmal notdürftig mit Sekundenkleber zusammengefügt. Doch die Risse in der Oberfläche blieben bestehen und konnten langfristig nicht die gewohnte Stabilität der Vase gewährleisten. Zumindest, wenn ich das so wollte. Ich hätte mich natürlich auch komplett gegen die Nachwirkungen einer psychedelischen Reise querstellen, sie lediglich als Drogenerfahrung bewerten und ihr nicht viel Wahrheit zusprechen können. Das tat ich aber nicht, denn Psychedelika zeigten mir ein großes Potenzial für Veränderung, wie eine Art Rückenwind. Dabei war es letztendlich immer meine eigene Entscheidung, mich von ihm auch tragen zu lassen. Doch wer glaubt, vom Wind immer nur ins Schlaraffenland geführt zu werden, dessen Träume werden schnell zerschlagen. Zu dieser Zeit wusste ich schon tief in meinem Inneren, dass die Arbeit mit Psychedelika ein für mein Leben wertvoller Pfad werden würde. Also ließ ich mich tragen. Manchmal mehr, manchmal weniger. Und immer wieder ging es in dieselbe Richtung, zu den Emotionen, die ich ohne Rückenwind meist fein säuberlich umschiffte. Ich spürte: Es wartete noch einiges in mir, das es zu entdecken galt.

Einsicht ist der Anfang der Veränderung

Wir sehnen uns erst nach Gesundheit, wenn wir krank sind. Und häufig bemerken wir erst, wie schlecht es uns ging, wenn wir wieder wohlauf sind. Hättest du mich vor meiner psychedelischen Transformationsarbeit gefragt, wie es mir geht, hätte ich dir sicherlich geantwortet: »Gut, mir geht's wirklich nicht schlecht, kann mich nicht beklagen.« Und das stimmte auch nach meiner Wahrnehmung. Doch ein in Gefangenschaft aufgewachsener Vogel denkt wahrscheinlich auch, dass es ihm gut geht. Die Flügel sind ja durchaus brauchbar, um von einer Ecke des Käfigs zur anderen zu fliegen. Diese Wahrnehmungsanpassung ist eine raffinierte Funktion der Evolution, in der das Überleben der Anpassungsfähigsten gilt. Der Mensch bildet dabei natürlich die Spitze. Egal ob in der glühenden Hitze der Sahara oder in der eisigen Tundra Sibiriens – er ist eine Spezies mit so großer Anpassungsfähigkeit, dass er sich an fast alles gewöhnen kann. In meinem Fall weniger an extreme Wetterbedingungen als an ein hoffnungslos von mir selbst entfremdetes Leben.

Wie die meisten Menschen hatte ich eine recht aufregungsarme und bodenständige Kindheit. In der schwäbischen Provinz zogen meine Eltern mich, meine Schwester und unsere drei Hunde auf. Wir verbrachten viel Zeit in der Natur und im Kreis der Familie, also alles nicht wirklich außergewöhnlich. Etwas schüchtern war ich vielleicht. Dennoch hatte ich viele Freunde in der Nachbarschaft, gute Noten in der Grundschule und eine Menge Begeisterung für Pokémon-Karten und Videospiele. In der vierten Klasse kam meine zweite Schwester zur Welt und wurde mit viel Freude und Liebe empfangen. Das bedeutete zwar etwas weniger Aufmerksamkeit für mich, aber einordnen konnte ich die damit einhergehenden Gefühle damals noch nicht. Mehr Liebe für andere, weniger für mich. Die damit verbundenen Ängste wie auch die Trauer hatten erst mal keinen Platz. Bisher hatte mir auch niemand wirklich beigebracht, wie ich damit umgehen konnte. Emotionsregulation war weder zu Hause noch in der Schule ein Thema. Und so hatte ich auch keine Referenzwerte für echtes Wohlbefinden. Also musste das alles wohl normal sein: einfach hinunterschlucken, der Anpassungsfähigkeit sei Dank.

Pünktlich zum Wechsel aufs Gymnasium kam dann noch ein Umzug in ein anderes Dorf hinzu. Plötzlich stand ich allein da, ohne Freundeskreis weder in der Nachbarschaft noch auf der Schule. Mühsam suchte ich Anschluss in meiner neuen Klasse und war dabei eher mäßig erfolgreich. Stattdessen gab es die ersten gegen mich gerichteten Hänseleien, und oft verbrachte ich die große Pause allein. Immerhin fand ich irgendwann zwei Freunde, die ähnlich schlecht bei den anderen ankamen. Dennoch ging ich nie gern zur Schule, und meine Noten sanken rapide in Richtung versetzungsgefährdet. Wie es mir zu dieser Zeit wirklich ging? Offensichtlich nicht gut. Doch ich war meist nicht bereit dafür, das zu fühlen. Nur ein Mal weinte ich zu Hause, weil ich von einem Mitschüler bedroht worden war. Das erzählte mir übrigens meine Mutter vor Kurzem – ich selbst hatte diese Erinnerung verdrängt. Und so suchte ich emotionale Sicherheit lieber in Adrenalin fördernden Videospielen, denn dort war alles kontrollierbar. Dort war ich jemand und fühlte mich auf irgendeine Weise mit all meinen Online-Bekanntschaften verbunden.

Auf meine Eltern zu zählen, traute ich mich nicht mehr, denn die waren mit sich selbst und meiner Schwester beschäftigt. Da half es auch nicht, eines Abends von ihnen ins Wohnzimmer gebeten zu werden, da sie mir etwas Wichtiges sagen wollten. Sehr gut erinnere ich mich an diesen Schlüsselmoment meiner frühen Jugend. Wie ich, während meine Eltern sprachen, eine Decke über mich warf, die meine Reaktion verbergen sollte, und innerlich erstarrte, als mir offenbart wurde, dass mein Vater in Wahrheit mein Stiefvater ist. Ein Geheimnis, von dem außer mir anscheinend alle aus der Familie wussten. Die Trauer über diesen riesigen Vertrauensverlust, die hinter meiner Erstarrung lag, wurde dabei tief in mein Unterbewusstsein gedrängt. Und mit ihr eine gehörige Portion Lebensfreude, Zuversicht und Glück. Dort sollten sie die nächsten zwanzig Jahre ruhen, beschützt von einer monströsen Angst, die erst durch die ein oder andere Bewusstseinserweiterung an die Oberfläche treten würde. Doch bis dahin sollte sie mich vor dem schützen, was mein zwölfjähriges Ich als unerträglich bewertete: das Risiko, mich so zu zeigen, wie ich wirklich war, mit all dem schönen und schaurigen emotionalen Gewitter. Und ohne dass jemand etwas falsch gemacht hätte oder schuld war, nahm das Dilemma des heimatlosen, entfremdeten Kindes seinen Lauf.

Heute würde ich das dieser frühen Jugendzeit folgende Erwachsenwerden in meinem Elternhaus als Krieg bezeichnen. Die tragische Geschichte eines Jungen, der die Liebe nicht mehr sah und sie deshalb auch allen anderen entziehen wollte. Wut und Hass bestimmten meine familiären Beziehungen, während ich einfach nur für mich sein und in Ruhe Videospiele spielen wollte. Ich schottete mich in meinem Zimmer ab, innerlich zerrissen und doch mit einem starken Willen, das zu tun, was ich wollte. Die dadurch entstehenden Konflikte hinterließen immer tiefere Narben in den Beziehungen zu meinen Eltern, Schwestern und auch Großeltern, Tanten und Cousinen. Heute gibt es kaum Bilder von mir aus dieser Zeit. Auf den wenigen, die es gibt, sehe ich einen traurigen Jascha, der sich hinter einem starren, bösen Blick versteckt.

Der nächste Abstieg folgte schon bald in Form eines Schulwechsels vom Gymnasium auf die Realschule. Immerhin kannte ich dort einige Mitschüler aus der Grundschulzeit. Zwei Jahre später die nächste Hiobsbotschaft: Ich musste ein Schuljahr wiederholen und kam in eine neue Klasse. Noch mehr Ängste, die ich in mich reinfraß. Zu Hause machte ich auf cool, damit niemand außer mir erfuhr, was in mir vorging. Doch ich selbst wusste es eigentlich auch nicht wirklich. Am ersten Tag des neuen Schuljahres wurde ich von einem Klassenkameraden gehänselt. Kinder können echte Teufel sein – und auch werden, denn ein Jahr später hänselte ich eine Mitschülerin und wurde für eine Woche von der Schule verwiesen. Wo sollte das alles nur enden? Mit Mühe und Not schaffte ich den Abschluss, weil meine Eltern meinen Klassenlehrer in einem stundenlangen Notgespräch gerade so davon überzeugen konnten.

Dann folgte der erste positive Wendepunkt in meinem Leben. Eine einzige Bewerbung verschaffte mir den unverhofften Einstieg in die Berufswelt, und ich wurde zum IT-Systemkaufmann ausgebildet. In den kommenden Jahren wurde ich ein akzeptierter Teil der Gesellschaft, zumindest oberflächlich. Ich lernte, wie ich mich geben musste, um von meinem Umfeld gemocht zu werden, und was ich zu sagen und zu tun hatte, um beruflichen Erfolg zu haben. Sogar eine einjährige »Das ist die Liebe meines Lebens«-Beziehung blühte kurzzeitig auf und mit ihr erstmals die sanfte Seite meiner Gefühlswelt. Videospiele wurden uninteressanter, während ich beim Kraftsport meine männliche Seite entdeckte und dass ich jemand sein konnte, wenn ich nur hart dafür arbeitete. Zudem sah ich dadurch auch stärker aus – alles für die Anerkennung von außen. Das Loch aus meiner Jugend musste schließlich irgendwie gestopft werden. Vorzugweise mit Alkohol, Partys, Sport und Frauen. Zum ersten Mal fühlte ich mich frei, selbstbestimmt und irgendwie auch glücklich. Mit meinem verdienten Geld konnte ich eigene Entscheidungen treffen und den vermeintlich bösen Fängen meiner Eltern entfliehen. Dabei gab es nur den Blick nach vorn. Zurückschauen, nein danke – war ja jetzt nicht mehr wichtig. Die Spannungen zu Hause lockerten sich sogar, und wir duldeten uns wieder oberflächlich als Mitbewohner. Die unterdrückte Wut und Trauer schwelte darunter – so viel familiärer Schmerz, der zugunsten falscher Harmonie gemeinsam totgeschwiegen wurde.

Mit 24 zog ich aus. In die WG, in der der zweite wichtige Wendepunkt meines Lebens passieren sollte. Tiefgreifende psychedelische Trips ließen mein Selbstbild in diesen Jahren in Trümmern zurück, und ich begann, die Einzelteile neu zusammenzusetzen. Ich erkannte die pessimistische Brille, durch die ich die Welt sah, und tauschte sie gegen eine optimistische aus. Aus einem traurigen Jungen, der sich als sportlicher, cooler junger Mann tarnte, wurde ein offener und lebensfroher Mensch. Einer, dessen Konfrontationen mit sich selbst es unmöglich machten, weiter tiefe Emotionen zu verdrängen, sodass er nicht umhin kam, als anders zu denken und zu fühlen. Ich entdeckte alte Freundschaften neu und zeigte ehrliches Interesse an ihnen, ohne im Gegenzug viel zu erwarten.

Immer öfter bemerkte ich, wie sich ein Lächeln auf mein sonst so starres Gesicht legte, und zum ersten Mal fühlte ich mich angekommen. Nicht an einem Ziel oder einem Ort, sondern im Leben, hier und jetzt und als Teil von etwas Größerem: der Menschheit, unserer Spezies, der Erde, des Universums. Anzuerkennen, dass wir alle im selben Boot sitzen, verwandelte Abneigung, Missgunst und Neid gegenüber anderen in überflüssige Gefühle, die vor allem mir selbst schadeten. Ich gewährte einer neuen, offenherzigen Gefühlspalette Einlass, und die Schwarz-Weiß-Dualität, mit der ich bisher meine Realität bewertet hatte, offenbarte ihre Grautöne. Menschen mit Mitgefühl, Verständnis und Offenheit zu begegnen, tat nicht nur meinem Umfeld gut, sondern auch mir selbst. Eine Win-win-Situation – zumindest solange ich nicht erwähnte, dass dieser Sinneswandel durch Drogen initiiert worden war. Denn dann musste er ja ein Fake sein, eine Illusion, schließlich sind Drogen-Wahrheiten nur Realitätsflucht.

Und doch führten sie bei mir zu realen Lebensveränderungen. So ließ ich die Trauer über die Entfremdung von meiner Mutter erstmalig zu und erkannte, dass ich darüber jammern konnte, so lange ich wollte. Ich musste die Verantwortung für meinen Teil unserer Beziehung übernehmen, sonst würde sich diese nie verändern. Also nahm ich all meinen Mut zusammen und teilte ihr meine Trauer über die Distanz zwischen uns mit. Ein Gespräch, das mit Tränen endete und den Startschuss einer neuen Mutter-Kind-Beziehung bildete – die wohl prägendste Beziehung eines jeden Menschen. Auch näherte ich mich wieder meinem Vater an, den ich seit meiner Jugend als Stiefvater beschimpft hatte, und nannte ihn jetzt wieder Papa.

Ich fasste immer mehr Mut, wirklich das zu tun, was ich wirklich wollte. So verließ ich nach einem dreijährigen Wirtschaftsinformatik-Studium meine Heimat und zog nach Hamburg, um dort in einem großen Unternehmen als Produktmanager zu arbeiten. Eine Stadt, in der ich noch nie zuvor gewesen war, niemanden kannte und keine Wohnung in Aussicht hatte. Und doch fühlte es sich genau richtig an, aufregend, neu. Da war plötzlich dieses Vertrauen in mir, dass alles gut wird, egal was passiert. Wo ich früher verbissen versucht hatte, alles zu kontrollieren, um bloß nicht mit etwas Unangenehmem konfrontiert zu werden, stand jetzt die psychedelische Hingabe als Metapher für meine Art, das Leben zu leben: Lasse ich die Kontrolle los und mich durch das Auf und Ab dieser Existenz tragen, so erfahre ich echtes Glück und echte Freiheit. Und so führte mich eine Reihe von Zufällen zu meinen nächsten lebensverändernden Begegnungen.

Hätte ich an diesem einen Abend nicht unter dem Einfluss des Psychedelikums 2C-B gestanden, so weiß ich nicht, ob ich derart vertrauensvoll den Kontakt zu Philip aufgenommen hätte, der zuerst wenig Lust hatte, mit mir zu sprechen. Beide kamen wir aus der schwäbischen Provinz, besuchten dieselben Festivals und hatten genug von oberflächlichen Bekanntschaften. Schnell entwickelte sich eine Freundschaft, und wir besuchten gemeinsam psychedelische Partys. An einem Abend brachte er Freunde mit, und ich lernte Isabel kennen, die ich irgendwie anziehend fand. Wir hatten so viele Gemeinsamkeiten, dass es fast schon unheimlich war, und mein innerer Wächter schlug Alarm. Denn meine Erfahrungen mit Frauen hatten mir gezeigt, dass ich in einer Partnerschaft nicht ganz ich selbst sein durfte, vor allem was meine Neugier für veränderte Bewusstseinszustände betraf. Um Klarheit zu gewinnen, blickte ich wenige Wochen nach dem Kennenlernen unter dem Einfluss von LSD tief in mich hinein.

Durchbruch zur Liebe

Verträumt beobachte ich die Zimmerdecke und sehe, wie sich in ihrer Perforation Muster und Formen bilden. Das überrascht mich nicht, das Unnormale wird normal. Ohne Vorwarnung rücken die Gespräche meiner beiden neben mir auf dem Sofa liegenden Freunde in den Hintergrund, und ich drifte mehr und mehr in meine innere Welt ab. Gedanken werden zu Objekten und Gefühle zu rauschenden Wellen. Eine Klarheit breitet sich aus, die alteingesessene Strukturen destabilisiert und Risse in ihnen erzeugt. Aus einer dieser Bruchstellen erscheint eine Erinnerung: Auf WhatsApp wartet noch eine Sprachnachricht von Isabel. Mein Handy auf LSD zu bedienen, war sonst geradezu unmöglich, doch diesmal habe ich keine Schwierigkeiten damit. Prompt erschallt ihre Stimme an meinem Ohr, und nichts anderes ist mehr wichtig. Der Inhalt: irrelevant. Das dabei aufsteigende Gefühl: unausweichlich. Etwas zieht sich in mir zusammen, wird immer enger, drückender, unangenehmer. Der einzige Weg hinaus: mich ablenken, betäuben oder weglaufen. Nein, da ist ein weiterer Weg, der direkt in das Gefühl hineinzuführen scheint. Die Wirkung des LSD gibt mir den Weg nicht vor, doch sie ermächtigt mich dazu, ihn frei zu wählen. Ich betrete den Pfad des unangenehmen Gefühls, und die Spannung steigt ins Unermessliche. Gerade als der letzte klammernde Gedanke von mir abfällt, platzt ein Knoten in mir, und mein Herz bricht auf. Gleißend helle, warme und vertrauensvolle Liebe, die seit Monaten oder gar Jahren unter einer Schicht aus Angst und Vorsicht verborgen war, durchströmt meinen Körper. Ich werde erfüllt von Gefühlen des puren Glücks und der Zuversicht. Etwas in mir macht klick, und mir wird voller Vertrauen bewusst: Das ist die Frau, der ich mich so öffnen möchte, wie ich wirklich bin.

Hätte ich meine Liebe zu Isabel auch ohne diese psychedelische Erfahrung irgendwann zugelassen? Wahrscheinlich. Womöglich etwas später, nur hoffentlich nicht zu spät. Heute sind Isabel und ich verliebt, verheiratet, beste Freunde und Geschäftspartner. Eine Vielzahl gemeinsamer psychedelischer Erfahrungen dienten in unserer Kennenlernphase als eine große Abkürzung. So mental und emotional nackt, wie Psychedelika uns machten, ging es kaum anders, als sich innerhalb weniger Monate in fast schon spiritueller Tiefe zu verbinden. Und durch unsere gemeinsame Nähe fühlte ich mich mir selbst auch immer näher. Denn diese Erfahrungen brachten für mich zwei Dinge zusammen, die sich vor langer Zeit getrennt hatten: das Leben und ich selbst. Unvermeidbar veränderte sich mein Lebensgefühl von Tag zu Tag, und ich begann, das Existieren selbst immer intensiver zu spüren. Mit der neuen Nähe wurde die bisherige Entfremdung immer offensichtlicher. Ich hatte so viel Angst davor, ich selbst zu sein, mich zu zeigen und glücklich zu sein. Mir wurde immer bewusster, wie ich mich deshalb jahrelang hinter der Maske eines Querulanten versteckt hatte, Anerkennung durch Aussehen und Erfolg gesucht hatte und die Kontrolle durch Stärke und Verstand bewahren wollte. Doch eine Ebene tiefer war dieser kleine, verletzte Junge, der eigentlich nur gesehen und geliebt werden wollte. Und mit ihm begraben waren nicht nur Schmerz und Leid, sondern auch kindliche Neugier, Lebenslust, Freiheit, Liebe und das Geschenk der Menschlichkeit. Nur leider kommt all das nicht mit einem Trip wie mit einem Fingerschnippen wieder, zumindest nicht dauerhaft. Heute weiß ich, dass es vor allem eins war: Arbeit an mir selbst – sorry, die Wunderpille ist ausverkauft.

Die Lektionen der Psychedelika

Die Verbindung zu meiner Familie verbesserte sich, nicht weil ich bei psychedelischen Erfahrungen den Schmerz über unsere Entfremdung spürte, sondern weil ich immer wieder Schritte auf sie zumachte, mich öffnete und schwierige Erinnerungen auf den Tisch brachte. Das Verändern selbst übernahmen Psychedelika nicht für mich. Sie waren eher der Treibstoff und die Motivation, indem sie mir immer wieder den Spiegel vorhielten, um mir unmissverständlich zu zeigen, in was für eine verkorkste Persönlichkeitsstruktur ich mich mein Leben lang hineinmanövriert hatte. Doch es gab auch noch eine andere psychedelische Qualität, die mein Leben bereicherte. Durchlässigere Bewusstseinsfilter bringen nicht nur unterdrückten Schmerz, sondern auch die immer schon dagewesene Schönheit des Augenblicks hervor. Und wenn Vergangenheit und Zukunft verschwinden, bleibt das übrig, was wirklich gerade da ist. So durfte ich wieder und wieder das Privileg erfahren, die Realität für ein paar Stunden omnipräsent, direkt und unmittelbar zu erleben. Wie ein Baby, das so ziemlich alles, was ihm vorgehalten wird, staunend begutachtet, nahm ich die Welt wieder so wahr, als ob ich sie das erste Mal sähe. In diesen Momenten absoluter Gegenwärtigkeit fand ich alles, was ich brauchte, um nichts mehr brauchen zu müssen.

Es sind die kleinen Dinge im Leben, die uns glücklich machen – egal ob in U-Bahn, Wohnzimmer oder Büro. Und doch sah ich sie im Alltag häufig nicht. Ich war zwar da, aber nicht wirklich anwesend. Ich war der Zug des Lebens, der sich ächzend über vorgefertigte Schienen quälte, voll darauf fokussiert, sie ja nicht zu verlassen. Blind dem blühenden Leben gegenüber, das sich überall um mich herum in die Unendlichkeit entfaltete. Ich erinnere mich an viele psychedelische Momente, in denen ich diese ursprüngliche Schönheit abseits meiner inneren Schienen erblicken durfte. Es waren Augenblicke, in denen die Zeit stehenblieb und sich mir eine Sicht auf eine Welt eröffnete, die sich gleichzeitig vertraut und doch wie soeben erst erschaffen anfühlte. Diese unvergesslichen Momente prägten meine Einstellung zum Leben grundlegend. Jenseits allen verstandesmäßigen Begreifens erkannte ich immer tiefer, dass ich nicht so wichtig bin, wie ich zugegebenermaßen zu sein glaubte. Und auch dass meine rigiden Denkmuster mich zwar fühlen ließen, die Kontrolle zu haben, mich damit aber auch dieser unterwarfen. Psychedelika zeigten mir, dass das Leben so viel lebenswerter wurde, wenn es sich unkontrolliert anfühlte. Denn so gab es wieder Raum für authentische Lebendigkeit.

Das mag jetzt alles etwas abstrakt klingen, doch hoffentlich auch irgendwie sinnvoll. Für mich war eine weitere psychedelische Lektion ganz besonders wichtig: mir zu erlauben, die Bereitschaft zu haben, meine Perspektive auf mich und das Leben immer wieder grundlegend zu verändern. Ohne absehbares Ende, ohne dass ich irgendwann fertig werde, endlich angekommen oder befreit bin. Denn dann ist da dieses pure Vertrauen ins Leben, das wir alle in uns haben. Der eine findet es durch Meditation, die andere durch lange Spaziergänge. Und wieder andere werden von ein paar psychoaktiven Hilfsmitteln dabei unterstützt, es zu finden. Das ist weder böse, faul oder realitätsfremd, sondern einfach nur eine weitere Möglichkeit, sich selbst zu erforschen.

Ganz ehrlich: Worte sind ein sehr begrenztes Werkzeug, um meine psychedelische Veränderung wirklich fassbar zu machen. Ich wünschte, ich könnte dich auf der gleichen Ebene berühren, auf der diese Erfahrungen mich berührten. Ich wünschte, wir würden als Gesellschaft all unsere Vorurteile und Annahmen zu psychedelischen Substanzen einmal loslassen, damit wir sie ehrlich und menschlich als das sehen, was sie sein können. Mit all ihren Risiken und Gefahren für Mensch und Gesellschaft. Und auf der anderen Seite mit all dem riesigen Potenzial, uns hinter unseren inneren Vorhang blicken zu lassen, sodass wir sehen können, dass hier und jetzt in uns bereits alles vorhanden ist, von dem wir glaubten, es irgendwo draußen suchen zu müssen.

Spiritualität für Kopfmenschen

Die gläserne Pfeife berührt meine Lippen, und ich spüre den kratzigen Rauch in der Kehle. Ein Druckgefühl steigt in meiner Lunge auf, das ich versuche auszuhalten. Während Kevin die Pfeife von mir führt, wird plötzlich alles ganz still. Dann ein lauter Seufzer, als ich wieder ausatme, und sofort habe ich die Pfeife wieder am Mund. Das gleiche Spiel noch mal. Während des Einatmens registriere ich das Verschwimmen der Trennlinien zwischen Objekten. Ein künstlerischer Photoshop-Filter verändert mein Sichtfeld und hinterlässt pulsierende Farben. Ein Anfall körperlicher Schwäche erfasst mich, während ich ein zweites Mal ausatme. »Komm, jetzt noch einen letzten Zug«, werde ich von außen motiviert und ziehe ein weiteres Mal an der Pfeife, während das mentale Konstrukt meines Körpers beginnt, in sich zusammenzufallen. Erneut ausatmend bin ich bereit zu springen, zu zerbrechen, zu sterben – doch irgendetwas hält mich noch hier. Nicht schon wieder, so kurz vor dem Durchbruch. Eine Anspannung schießt durch meinen Körper, und ich ziehe ein viertes Mal an der Pfeife, kaum noch fähig zu steuern, was ich tue. Noch während des Einatmens verliere ich die Anhaftung an die Realität, die augenblicklich ins Unendliche ausgeweitet wird. Ich bin nicht mehr hier. Ich bin dort. *Ich bin. Ein Gefühl der Göttlichkeit, der Perfektion. Für immer ...*

Ich kehre zurück. Ist das mein Ich? Diese Musik – gehört sie zu etwas oder jemandem? Waren das Minuten, Stunden oder Äonen? Mit einer ungeheuren Gewalt breitet sich ein Gefühl der Kostbarkeit und Wertschätzung aus und stellt meine eigene Wichtigkeit infrage. Wer war ich, als ich nicht mehr war?

Ich musste immer etwas sein, um jemand zu sein, und identifizierte mich daher stets gern mit dem Teil meines Lebens, den ich für wichtig und besonders hielt. Es gehört schließlich zum guten Ton, das zu sein, was man tut. Die typische Kennenlernfrage »Und, was machst du so?« ist ein Paradebeispiel für die Omnipräsenz unserer Suche nach Identifikation. Sie gibt uns Stabilität und Sicherheit. »Ich bin Software-Produktmanager«, »Ich bin Hausbesitzer«, »Ich bin Vegetarier«. Doch wer sind wir, wenn all das von uns abfällt?

Ich war schon immer sehr rational, hatte keine Lust auf Religionsunterricht, und Mathematik war das einzige Fach, das ich wirklich verstand – ich liebte es, wenn sich die Zahnräder perfekt ineinanderfügten. Als ich älter wurde, fing ich an, mich klar mit dem Atheismus zu identifizieren, also der Ablehnung jeglichen Gottes oder der Göttlichkeit. Zur Erklärung der Realität haben wir heute schließlich die Wissenschaft, die uns auch so viel Wohlstand und Technologie beschert. Wie Nietzsche schon sagte: »Gott ist tot.« Und jetzt erwartest du wahrscheinlich, dass ich etwa Folgendes verkünde: »Und dann nahm ich Psychedelika, sah Gott, und das hat alles verändert. Die Wissenschaft kann ja gar nicht alles erklären, da muss doch noch mehr sein – wir alle sind eins, und alles ist Liebe, und Gott ist überall!«

Doch auch heute, nach Hunderten psychedelischen Reisen und etlichen Ich-Auflösungen (also dem Phänomen des psychologischen Sterbens ohne körperlichen Tod), kann ich voller

Zuversicht sagen, dennoch ein sehr rationaler Mensch geblieben zu sein. Ich halte die Wissenschaft für die beste Methode, die uns zur Verfügung steht, um neues Wissen über das alles hier zu generieren. Ich halte eine materialistische, deterministische Sicht auf unser Universum weder für kurzsichtig noch starrköpfig. Und ich glaube nicht an einen hierarchisch höherstehenden Gott, der die Zügel in der Hand hält.

Doch was ist mit der Erfahrung der Göttlichkeit, die ich eben beschrieben habe? Wer bin ich, wenn all meine Identifikationen innerhalb von Sekunden von mir abfallen und ich die Erfahrung mache zu sterben, ohne dabei wirklich zu sterben? Sterbe ich dann eigentlich noch, wenn ich dann eines Tages tatsächlich aufhöre zu leben? Die Urangst vor dem Tod, die ganz unten an der Wurzel der Furcht liegt, erschien mir plötzlich etwas weniger rigide. Das brachte eine unerwartete Lockerung in mein Bewusstsein und nebenbei eine gewisse Spiritualität in mein Leben.

Es gab plötzlich ganz rationale Gründe für mich, die Unbeschreiblichkeit der psychedelischen Erfahrung aus vollem Herzen wertzuschätzen. Sicher, mit modernen Hirnmessungen und den Erkenntnissen der Psychologie können wir ein grobes Bild dieser inneren Vorgänge zeichnen. Doch immer mehr realisierte ich, dass es mir manchmal guttat, nicht alles verstehen und erklären zu müssen oder eine logische Herleitung aus mir herauszupressen. Mir schien, dass ein Teil meiner menschlichen Sinngebung nicht von Weltanschauungen, Überzeugungen und Identifikationen auszufüllen war. Psychedelika ließen für einen kurzen Moment zu, mich als Teil dessen zu spüren, was manche Gott nennen: die Einheit, das Universum, die Quelle. Alles gleichbedeutende Worthülsen, um das Unbeschreibliche semantisch fassbar zu machen. Oder spirituell gesagt: Alles ist eins. Das ergibt ja auch einen Sinn, denn Materie kennt keine Dualität. Wieso nahm ich mich also so wichtig, wenn alles gleich wichtig ist? Weshalb sollte ich nicht einfach das tun, was ich wirklich wollte, wenn es auf fundamentaler Ebene nichts zu verlieren gab?

Es fällt mir schwer, in Worte zu fassen, wie Spiritualität konkret mein Leben verbesserte. Vielleicht helfen uns hierbei Studien. So erlebten bei einer Untersuchung aus dem Jahr 2006 61 Prozent der Teilnehmenden eine vollwertige mystische Erfahrung, nachdem sie 30 Milligramm des psychedelischen Wirkstoffes Psilocybin eingenommen hatten.[2] Zwei Monate später berichteten die meisten von ihnen von anhaltenden positiven Auswirkungen auf ihre Einstellung zum Leben und ihr Gefühl der Lebenszufriedenheit. Sechs Monate nach der Erfahrung zeigten sie verglichen mit der Placebo-Gruppe signifikante positive Veränderungen in Hinsicht auf zwischenmenschliche Nähe, Dankbarkeit, Lebenssinn und -zweck, Vergebung, Todestranszendenz, tägliche spirituelle Erfahrungen und das generelle Gemeinschaftsgefühl. So viel zu den Zahlen, Daten und Fakten. Ob die Studie nun meine Erlebnisse bestätigt oder umgekehrt, ist zunächst einmal nicht wichtig. Ich möchte nur zum Ausdruck bringen, dass Psychedelika mich spirituell aufblühen ließen. So konnte ich einem anscheinend essenziellen Puzzlestück der menschlichen Erfahrung Raum gewähren. Mein von Rationalität und Logik geprägtes Selbstbild wurde dadurch nicht verändert, sondern erweitert durch Gefühle der Einheit, der Liebe und des Vertrauens. Und die waren auch dringend notwendig, denn der schmerzhafteste Teil meiner psychedelischen Transformationsarbeit stand mir kurz bevor.

Die psychedelische Heilung

Irgendwo am 19. Breitengrad, 7 Uhr morgens, 25 Grad, 200 Mikrogramm LSD. Nach einer Stunde fängt Isabel mit angstverzerrtem Gesicht an zu weinen. Ich leiste ihr Beistand, während eine prickelnde elektrische Empfindung in meine Brust steigt und Verwirrung in mir auslöst. Doch ich vertraue darauf, dass alles gut sein wird, für sie wie für mich. Irgendwann wird sie ruhiger und beobachtet gebannt die Klimaanlage, die in diesem Moment wie ein Gesicht aussieht, das bunte Luft ausstößt.

Wenig später finde ich mich auf dem Bett wieder, während mein gewohntes Ich nun nicht mehr zu finden ist. Der Impuls taucht auf, mein Tagebuch zu nehmen und die Frage zu lesen, die ich mir für diese Reise gestellt habe. Sofort spüre ich die typische Begleiterscheinung des tiefen Blickes in meine Psyche: Angst. Doch ich reagiere auf sie nicht mit Flucht oder Betäubung, sondern mit bloßer Anwesenheit. Daraufhin verliert sie wie eine brandende Welle schnell ihre Höhe und ebbt wieder ab. Ich öffne das Buch und erblicke die Frage der Fragen: »Warum bin ich manchmal so gemein zu Isabel?« Sofort wird das Hotelzimmer düster, und ein schweres Gefühl von emotionaler Last legt sich auf mich. »Och nee, es geht wieder in die Kindheit oder was?«, schießt mir als letzter Gedanke durch den Kopf, während ich mit aufgerissenen Augen auf den Rücken falle und ein unerträgliches Gefühl von Wut in mir aufsteigt. Ein markerschütternder Schrei erfüllt mein inneres Erleben, während ich von außen keinen Ton von mir gebe. Erinnerungen aus meiner Jugend tauchen auf. Ich spüre den Hass auf die ganze Welt und wie ich mich mit Videospielen von ihr abschottete. Dann öffnet sich eine verrostete Truhe in meinem Inneren, aus der eine lebensbedrohliche Alleingelassenheit austritt und die Kontrolle übernimmt. Mit der Bettdecke halb über dem Gesicht weine ich die bitterlichsten Tränen meines Erwachsenenlebens aus einer nicht versiegen wollenden Quelle der Trauer. Kurzzeitig blicke ich zu Isabel hinüber, die mein aufgequollenes Gesicht mit einem wertfreien Blick beobachtet. Eine Zeit des reinen Schmerzes vergeht.

Dann ebbt die Trauer ab, während eine türförmige Öffnung in der Dunkelheit erscheint. Sie öffnet sich, und ein helles Licht tritt aus ihr aus, dessen makellose Strahlen in die Unendlichkeit schießen. Allmählich zeichnet sich im Türrahmen eine Silhouette ab und beginnt Form anzunehmen. Aus dem Licht tritt eine Person in die Wirklichkeit. Ich selbst. Im Alter von ungefähr zwölf Jahren und mit einem sanftmütigen Gesichtsausdruck, der pures Vertrauen und Liebe ausstrahlt. Ich spreche mein junges Ich an: »Du bist wieder da. Komm, lass uns spielen.« Der Junge lächelt kurz, und wir beginnen zu verschmelzen. Mit einem Gesichtsausdruck, der sich wohl am ehesten mit *What the fuck?* beschreiben lässt, liege ich eine ganze Weile da, fassungslos und überwältigt.

Unter die Motorhaube blicken

Manche sagen, mit Psychedelika lernst du in einer Sitzung mehr über dich als in 15 Jahren Psychotherapie. Das würde ich so nicht unterschreiben, doch ich verstehe die Grundidee dahinter. Hätte ich auch auf normalem Weg herausgefunden, dass mein fragwürdiges Verhalten Isabel gegenüber meiner verdrängten Trauer entsprang? Wahrscheinlich. Hätte ich diese unsäglich schlimmen Gefühle in ihrer vollen Ausprägung fühlen können? Bestimmt auch irgendwann. Und hätte ich das darunter liegende Gefühl der kindlichen Reinheit wieder entdeckt und integriert? Ich glaube schon, es hätte einfach nur mehr

Zeit und Arbeit in Anspruch genommen. Ob Tage, Monate oder Jahre kann niemand sagen. Nur eines fühlt sich wahr an: Meine Wunde wollte nicht entdeckt werden, denn sie wusste, dass dieses erste Aufreißen nur der Anfang eines vielleicht lebenslangen Heilungsprozesses sein würde.

Heute weiß ich jedoch, dass diese Form der Schmerzvermeidung mich zwar lange schützen konnte, mit den Jahren aber zu vielen selbst- und fremdschädigenden Verhaltensmustern führte: gemein auf unerwünschtes Verhalten nahestehender Menschen reagieren, eingeschnappt sein, Blickkontakt vermeiden, mich über äußere Umstände beschweren, meinen Job als notwendiges Übel sehen, mich von Ängsten und Selbstzweifeln kontrollieren lassen, alle Emotionen für mich behalten und niemandem sagen, wie es mir wirklich geht. Koffein, Kokain, Cannabis. Oder besonders viel Zeit am Handy und auf Social Media verbringen. Nichts von diesen Dingen ist grundsätzlich falsch oder schlecht, aber aus einer Vermeidungsmotivation kommend werden sie schnell zur Bewältigungsstrategie. Diese brachten mich zwar näher ans Nicht-schlecht-Fühlen, doch auch weiter weg vom Wirklich-gut-Fühlen. Und das alles nur, weil ich mir als Kind nicht besser zu helfen wusste, als bedrohliche Emotionen konsequent zu verdrängen.

2014 fing ich mit der Persönlichkeitsentwicklung an und nahm 2015 die erste psychedelische Abkürzung. Das brachte viel positive Veränderung in mein Leben: die Verbesserung von Familienbeziehungen, Isabel mein Herz öffnen, mich verletzlich und authentisch meinen Freunden zeigen, meine Träume verwirklichen und die Gründung eines Unternehmens, um die Arbeit mit Psychedelika mehr Menschen zugänglich zu machen. Für all das bin ich sehr dankbar.

Heute weiß ich: Auch das größte High lässt irgendwann nach, und verdrängte biografische Inhalte drücken auf die ein oder andere Weise an die Oberfläche. Bei manchen in ihrer Findungsphase in den Zwanzigern. Bei anderen in der Midlife-Crisis. Und einige bemerken erst im hohen Alter, dass sie nicht ihr eigenes Leben führten. Doch da diese Einsicht viel zu schmerzhaft wäre, bauen wir um uns ein komplexes Konstrukt aus Bewältigungsstrategien und emotionalen Blockaden. Die Außenseite davon können wir ausschmücken und mit Farbe bepinseln, wie wir möchten. Solange wir uns selbst nicht erlauben, in die Tiefen dieses Konstruktes hinabzusteigen, bleibt Persönlichkeitsentwicklung nur ein netter Versuch unseres Verstands, uns oberflächliche Veränderungen als selbstbeweihräuchernde Illusion zu verkaufen. So hatte ich meine Probleme am liebsten einfach mit Nachdenken lösen wollen, ohne zu merken, dass ebendies das eigentliche Problem war. Nur leider kamen nach meinen psychedelischen Reisen auch die gewohnten Gedanken zurück. Mein Ego freute sich natürlich, im psychedelischen Erfahrungsraum neuen Veränderungstreibstoff getankt zu haben, doch wieder auf den Straßen des Diesseits gab es Verkehrsregeln, herausfordernde Wetterbedingungen, andere Verkehrsteilnehmende und vor allem den immer noch kaputten Motor, der seit Jahrzehnten für den Antrieb sorgte. Irgendwann bleibt uns allen schlicht nichts anderes übrig, als die Motorhaube zu öffnen, in die Tiefen unserer selbst zu blicken und den Gang durch unsere verschütteten Emotionen anzutreten, die nur darauf warten, endlich Aufmerksamkeit zu erfahren.

Die Lösung ist nicht nahe, sondern da

Zu wissen, dass hinter meinen alltäglichen Blockaden traumatische Erlebnisse steckten, war eine riesige Entlastung für mich. Dass ich bei meiner Persönlichkeitsentwicklung auf Grenzen stieß, ergab so endlich einen Sinn. Geheilt war ich deswegen noch lange nicht. So fühlte ich mich immer noch vor meiner Mutter aus Angst gehemmt, dass sie mich wieder verlassen könnte, und investierte lieber zu viel in Freundschaften, als dass ich den Schmerz der Ausgeschlossenheit riskierte. Und ich versank weiterhin unkontrolliert in Social Media, Zucker oder meiner Arbeit, um den Schmerz der verlorenen Liebe aus der Kindheit auszugleichen. Klar, mein Verstand konnte dem immer wieder mit neuen Angewohnheiten entgegenwirken: mich dazu bringen, meine Mutter anzurufen, maximal 30 Minuten Instagram pro Tag, temporärer Zuckerverzicht oder einen Ausgleich zur Arbeit finden. Und doch, wenn ich ehrlich zu mir war, fühlte es sich so an, als ob ich damit gegen mich selbst kämpfen würde. Irgendetwas in mir wollte trotz allem immer wieder zurück zur Schmerzvermeidung, zur Ablenkung, zum Wegrennen. Ein aussichtsloser Kampf, der einfach kein Ende finden wollte. War meine Lebensverbesserung mit Psychedelika am Ende doch nur eine Illusion?

In den letzten vier Jahren verlagerte sich meine psychedelische Transformationsarbeit immer mehr weg von Persönlichkeitsentwicklung hin zu emotionaler Heilung. Anstatt Probleme zu »zerdenken«, versuchte ich, sie zu erfühlen, und hörte auf, alles Unangenehme prinzipiell als schlecht zu bewerten. Vielmehr fing ich an, das Bewerten an sich als unangenehm zu empfinden. Therapiestunden und Coachings zeigten mir Methoden, um Zugang zu meinen unterbewussten emotionalen Haltungen zu finden. In psychedelischen Einzelsitzungen entdeckte ich die Liebe für mich selbst. Während psychedelischer Gruppensitzungen gelang es mir, mit der menschlichen Zuneigung zu verschmelzen. Weitere Sitzungen brachten bisher verbotene, verschüttete Gefühle der Schuld, Eifersucht und Abscheu hervor. Nach einem siebentägigen Retreat versöhnte ich mich mit meiner Mutter. In einer LSD-Sitzung fühlte ich die unsägliche Tiefe meines emotionalen Schmerzes, unter dem bedingungslose Liebe auf ihre Befreiung wartete. Die wellenförmigen Ausschläge des Spektrogramms meines Lebensgefühls wurden größer. Die Hochs hatten länger und intensiver Bestand, während sich die Täler vertieften, aber auch kürzer wurden. Dahinter war ein Grundrauschen authentischer Akzeptanz, das weder Hoch noch Tief bewerten wollte und meine Hingabe zum Leben nährte. Ich kannte diesen vollen Glanz der menschlichen Erfahrung bereits aus verschiedensten kurzen oder längeren, psychedelischen oder nicht psychedelischen Einblicken. Doch erst das Aufdecken verschütteter Emotionen und deren Integration in mein emotionales Spektrum ließen zu, dass ich mich vertrauensvoll und absichtslos in die Hände des Lebens fallen lassen konnte, wie ein glückliches, reines Kind, das noch nichts anderes kennenlernte als die Liebe und Geborgenheit der Eltern.

Psychedelika: Ja oder nein?

Ich spüre ganz viel Dankbarkeit, wenn ich an Psychedelika denke. Denn sie zeigten und zeigen mir einen neuen Lebensweg des Glücks und der Erfülltheit. Dass die Einnahme einer Droge mein Leben wirklich verbessern kann, hätte ich früher bestenfalls belächelt und eher für Spinnergefasel gehalten. Doch nach all den Jahren kann ich mich einfach nicht mehr zurückhalten und muss in die Welt posaunen, dass psychedelische Substanzen meiner Meinung nach keine typischen »Drogen« sind. Diesem Wort haften ohnehin so viele kulturell geprägte negative Assoziationen an, dass ich mehr mit der Aufklärung des Drogen-Begriffs beschäftigt wäre, als dazu beizutragen, Psychedelika als mögliche Abkürzung und Hilfsmittel für persönliche Transformation, emotionale Heilung und Spiritualität zu empfehlen.

In diesem ersten Kapitel wollte ich dir vor allem zeigen, wie sich die Arbeit mit ihnen auf mein eigenes Leben ausgewirkt hat. Ich würde lügen, wenn ich sagen würde, dass es einfach war, denn eine Abkürzung kann das Ankommen zwar beschleunigen, aber auch schwieriger machen. Dabei bleibt die Frage offen, ob eine weltweite Skalierung psychedelischer Transformationsarbeit möglich und überhaupt sinnvoll ist. In manchen traditionellen Kulturen geht beispielsweise nur der Oberschamane auf spirituelle Reisen und erzählt seinem Volk von den Botschaften aus dem Götterreich. Doch würde das in unserer individualisierten Gesellschaft auch funktionieren? Würden wir uns von irgendeinem Oberhaupt wirklich etwas sagen lassen? Die Antwort darauf kennst du sicherlich. Deshalb: lieber selbst machen. Doch da sind ja dann wieder die Risiken, von denen man so oft hört. Wir bräuchten also einen prognostizierten Nutzen von Psychedelika, der groß genug ist, um die damit verbundenen Gefahren in Kauf zu nehmen. Lass uns deshalb nun gemeinsam schauen, was Psychedelika wirklich können.

2.

Das wiedererwachte Potenzial der Psychedelika

Die psychedelische Renaissance

August 1997. Harry besucht kurz vor seinem dreizehnten Geburtstag mit seinem Vater und Bruder Schottland, wohin er immer wieder gern zurückkehrt. Er hat sich bereits an dieses Männertrio gewöhnt und auch daran, dass seine geschiedenen Eltern nicht wieder zusammenkommen würden. Eines Abends, kurz vor dem Einschlafen, spürt er wieder seine Angst vor der Dunkelheit aufsteigen, die er einfach nicht loswird. Seine Mutter sagte immer, dass er sie wohl von ihr geerbt habe. Genauso wie seine Nase, die blauen Augen und die Liebe für Menschen. Morgens um halb acht wird Harry überraschend aus dem Schlaf geweckt. Unüblich für ihn, sitzt sein Vater am Fuße des Betts und legt seine Hand aus Harrys Knie. »Mein Junge, Mami hatte einen Autounfall«, sagt er. Harry schießt augenblicklich der Gedanke »Oh, aber ihr geht es gut?« durch den Kopf. »Sie hat es leider nicht geschafft«, erschallt es nun im Raum, und für Harry hört in diesem Moment die Welt auf, sich zu drehen. Selbst heute, 25 Jahre später, kann er nicht genau sagen, was in diesem Augenblick genau passierte. Wie lange er dasaß und versuchte, diese Botschaft zu verstehen. Wann er aufstand oder sich für den Tag anzog – nichts.[3]

Auch Jahre später lehnte Prinz Harry, Sohn von König Charles III. und Diana, Princess of Wales, ab, dass seine Mutter gestorben war. Seine Hoffnung, dass all das doch Teil eines Plans war und sie eines Tages plötzlich wieder in sein Leben treten würde, half ihm, seinen Schmerz zu ertragen. Denn nie erweckte sein Umfeld in ihm den Eindruck, seine wahren Gefühle teilen zu dürfen. Also begann er irgendwann zu trinken und nahm hier und da etwas Kokain. Nichts davon half wirklich, aber er fühlte sich anders, und das war das Hauptziel. Doch dieser missbräuchliche Gebrauch psychoaktiver Substanzen sollte sich schon bald wandeln. In seiner Biografie schreibt Harry von seinen neuen Einsichten, die er durch psychedelische Pilze und das Amazonas-Gebräu Ayahuasca erhielt: »Unter dem Einfluss dieser Substanzen war ich in der Lage, mich von meinen starren Ansichten zu lösen, und erkannte, dass es noch eine andere Welt neben der meiner stark gefilterten Sinne gab. Eine Welt, die genauso real und doppelt schön war – eine Welt ohne roten Nebel, ohne Grund für roten Nebel. Es gab nur die Wahrheit.« [4] Psychedelika säuberten seine Windschutzscheiben und linderten damit seine Schuldgefühle, den Tod seiner Mutter betrauern zu müssen. Denn alles, was sie jemals von ihm wollte und sich von ihm gewünscht hätte, war, dass er glücklich ist.

Prinz Harry ist nicht der erste Prominente, der den eigenen, heilsamen Konsum psychedelischer Substanzen der Öffentlichkeit preisgab. Da wären auch noch Steve Jobs, Will Smith, Miley Cyrus oder Sting. Sogar Elon Musk spricht sich immer wieder positiv für Psychedelika aus. In den großen US-amerikanischen Podcasts scheint es bereits ganz normal zu sein und fast schon zum guten Ton zu gehören, vom letzten lebensverändernden Pilz-Trip zu erzählen. Ein psychedelisches Lauffeuer, das inzwischen auch deutschsprachige Gebiete erreicht hat. Auf Youtube und Spotify teilen Menschen ihre hochemotionalen

Trip-Erfahrungen mit der Welt und das trotz der sozialen oder gar rechtlichen Gefahren. Große TV-Sender wie ARD, SWR und Arte veröffentlichen unaufhörlich Dokumentationen über psychedelische Forschung, Retreats oder Microdosing. Der Hype, den wir in Bezug auf Meditation und Yoga seit Jahren erleben, scheint jetzt auch Psychedelika zu erfassen. Mit dem entscheidenden Unterschied, dass diese Substanzen im Gegensatz zur nüchternen Achtsamkeit größtenteils verboten sind. Intuitiv also eine klare Sache: Wenn etwas verboten ist, ist das zu Recht so, also sollte man es einfach lassen. *Just say no*! Irgendjemand muss sich ja etwas bei diesen Gesetzen gedacht haben.

So die Theorie, aber darauf kommen wir nachher nochmals zu sprechen. Jetzt erst mal eine Feststellung: Der Mensch ist eine Spezies, deren Neugier kein angelernter Charakterzug, sondern ein angeborener Instinkt ist. Wir erforschen erst krabbelnd, dann gehend, rennend und schließlich humpelnd die Welt. Diese Neugier ist bei manchen Exemplaren unserer Spezies mehr und bei anderen weniger ausgeprägt. Ist sie nur groß genug, kann es passieren, dass die Angst vor psychischen Schäden, sozialer Ausgrenzung und rechtlichen Konsequenzen nicht dazu ausreicht, den eigenen Geist vor einem ehrlichen und evidenzbasierten Blick auf die psychedelischen Substanzen zu schützen.

Legalize it!

MDMA-Therapie wird aller Voraussicht nach 2024 in den USA eine zugelassene medikamentöse Behandlung für posttraumatische Belastungsstörungen werden. Wenn alles gut geht, folgt Psilocybin 2027 für therapieresistente Depressionen. Und ein, zwei Jahre später könnten die dafür erfolgten Studien in Europa anerkannt werden und so auch bei uns zu einer medizinischen

Freigabe führen. Nein, das ist kein idealistisches Wunschdenken: Psychedelika werden als legales Medikament in Deutschland mit allergrößter Wahrscheinlichkeit in den nächsten Jahren Wirklichkeit. Löst diese Information etwas in dir aus? Ich vermute nicht viel. Auch für mich erscheint das noch recht unwirklich. Es gibt ja auch keine Referenzerfahrung, mit deren Hilfe ich mir ungefähr vorstellen könnte, wie sich eine Legalisierung auf unser Bild von Heilung und persönlichem Wachstum auswirken könnte.

Während Anfang der 90er-Jahre etwa 200 Publikationen zu Psychedelika pro Jahr veröffentlicht wurden, waren es 2022 über 1300. Der einst als Karrierekiller verschriene Forschungsbereich wächst gerade zum prestigeträchtigen Weltveränderungsinkubator heran. Und plötzlich gibt es auch ganz viel Geld dafür. Denn wenn der Kapitalismus etwas gut kann, dann Menschen mehr von dem zu geben, was sie haben möchten. In diesem Fall mentale Gesundheit. Wo früher für das Aufbringen von Forschungsgeldern der jahrelange Kampf mit der Bürokratie und Spendenaufrufe nötig waren, tragen Biotech-Unternehmen wie COMPASS Pathways heute mal eben über 100 Millionen Euro durch Investoren und den Börsengang zusammen. Das ermöglicht neue Studien, Erkenntnisse und letztendlich die Veränderung des Systems. Doch nicht alle möchten den gängigen Weg der traditionellen Marktwirtschaft gehen. 2020 führte das in Oregon durchgeführte »Measure 109« mit 56 Prozent der Wahlstimmen zu einer Anpassung des regulatorischen Systems in Hinsicht auf psychedelische Therapie. 2023 durfte dort dann das erste Psilocybin Retreat Center aufmachen, das nicht nur psychisch leidenden, sondern allen Menschen die legale Möglichkeit bietet, einen professionell begleiteten Trip zu machen.

Einen Kontinent weiter südlich wird in Brasilien, Costa Rica und Peru der westlichen Welt der traditionelle Gebrauch von

Ayahuasca ermöglicht, ein psychedelischer Sud, der unter schamanischer Begleitung getrunken wird. Und sogar in den Niederlanden sprießen legale Psilocybin-Center aus dem Boden, komplett mit psychologischer und medizinischer Begleitung. Drogentourismus nennen es böse Zungen. Doch wenn der Bedarf zu Hause nicht gedeckt werden kann, dann geht es eben ins Ausland. Das Bewusstsein möchte sich nun mal selbst erweitern.

Merkwürdig, dass überhaupt jemals jemand auf die Idee kam, dass das etwas Schlechtes sei und verboten werden müsse. Denn die Einschränkung der Freiheit, die sich auf den eigenen Körper bezieht, kreiert meist mehr Schlupflöcher als das eine Loch, das sie ursprünglich stopfen sollte. Die Alkoholprohibition der 1920er-Jahre gilt so heute als Brandbeschleuniger der organisierten Mafia-Kriminalität. Die Kriminalisierung von Sexarbeit führte in Ländern wie den USA und China zu einer riesigen Ausbeutung innerhalb der Prostitutionsschattenwirtschaft. Und gesetzliche Einschränkungen bei der Entscheidung, ob die eigene Schwangerschaft abgebrochen werden darf, stürzen viele Frauen in tiefe psychische Miseren – oder treiben sie ins Ausland, um dort den gewünschten Eingriff vornehmen zu lassen.

Und so wurde auch der psychedelische Putz mit jedem Verbot ein Stückchen rissiger. Als MDMA 1986 in Deutschland verboten wurde, stieg die Beliebtheit von 2C-B rasant an. Denn nicht nur die Raverszene, sondern auch Therapeuten, die seit Jahren Patienten mit MDMA behandelten, suchten eine Alternative. Natürlich ließ auch hier das Verbot nicht lange auf sich warten. Was dazu führte, dass Jahr für Jahr neue psychedelische Substanzen auf den Markt kamen. Fanden sie keinen Anklang, waren sie schnell weg vom Fenster. Stießen sie jedoch auf Zustimmung, entstand ein Hype im Untergrund, der über kurz oder lang die Aufmerksamkeit der Behörden auf sich zog und abermals zum Verbot führte. Dann ging das Katz-und-

Maus-Spiel mit einer neuen Substanz von Neuem los. Dieses Spiel erfuhr in den letzten Jahren mit LSD-Derivaten aus den Niederlanden seinen Höhepunkt. Fast jährlich wurde eines davon verboten, nur um einen Tag nach der Veröffentlichung des Gesetzes dem nächsten legalen LSD-Abkömmling die Fackel zu überreichen. Doch das mit Abstand größte aller Schlupflöcher kann gar nicht mehr gestopft werden: der illegale Konsum.

Ich glaube, nichts lässt sich so schlecht verbieten wie psychoaktive Substanzen. Knapp 10 Prozent aller Deutschen zwischen 18 und 64 konsumierten 2021 mindestens eine illegale Droge. Das sind fast fünf Millionen Menschen. Bei LSD waren es 300 000 und bei Psilocybin-Pilzen 250 000 Personen.[5] Die meisten von ihnen haben sich ganz bewusst dem Risiko der Strafverfolgung ausgesetzt. Und es werden seit Jahren nicht weniger, sondern mehr. In den USA hat sich der LSD-Konsum von 2002 auf 2019 vervierfacht.[6] Die weltweiten Google-Suchanfragen zu Psychedelika haben sich seit 2010 fast verzehnfacht.[7] Dieses wachsende Interesse bringt neben mehr Akzeptanz auch eine Vielfalt an interessanten Konsumenten mit sich: gestresste Städter, die schlagartig auf den Naturverbundenheitstrip kommen. LSD-mikrodosierende Unternehmertypen, die ihre kreative Performance-Ader tunen möchten. Heilungssuchende, bei denen bisher nichts in der Tiefe geholfen hat. Eltern, die endlich die lange nötige Paartherapie in psychedelischer Eigenregie angehen. Sich in der Midlife-Crisis Befindende auf Selbstfindungstrip, die auf der Suche nach ihrem wahren Selbst sind. Mental-Health-Enthusiasten, die unbedingt allen von Psychedelika erzählen müssen. Ärzte und Psychologinnen, die mit den Füßen scharrend auf die medizinische Freigabe warten und so lange im Hinterzimmer agieren. Sogar psychedelische Podcaster beginnen sich auf Spotify und Co. zu tummeln. Einer davon bin übrigens ich.

In über 100 Interviews lernte ich faszinierende Menschen und ihre ganz besonderen Geschichten kennen. Ein Gespräch blieb mir dabei ganz besonders in Erinnerung. Eine Ärztin und Psychotherapeutin, die Anfang der 2000er-Jahre im Untergeschoss ihres Hauses heimlich über viele Jahre psychedelische Gruppensitzungen veranstaltete. Ich erfuhr von ihrer persönlichen Transformation und Überzeugung, dass diese Substanzen ein mächtiges Werkzeug für persönliches Wachstum und Heilung sein können. Warum sie heute öffentlich darüber spricht? Nun ja, Psychedelika waren damals wie heute verboten. Und nicht jeder Patient hat alles für sich behalten wollen. So wurde sie eines Morgens unsanft von ihrem Mann geweckt mit den Worten »Friederike, die Polizei ist hier«.[8] Nach zwei Wochen Untersuchungshaft und einem monatelangen Gerichtsprozess konnte sie zwar ihre Freiheit behalten, doch die Arbeit mit Psychedelika war vorbei.

Immer mal wieder kommt eine solche Geschichte an die Oberfläche. Vor allem, wenn etwas schiefgeht. So starben zwei Patienten 2009 bei einer psychedelischen Gruppensitzung, die von einem Arzt für Psychotherapie in Berlin durchgeführt wurde. Die Dosierwaage schien nicht funktioniert zu haben. Verwendet wurde die damals legale Substanz Methylon, die im Gegensatz zu verbotenem LSD oder Psilocybin zu fatalen Überdosierungen führen kann.[9] Die Folgeschäden waren vier Jahre Haft für den Veranstalter – der Medienaufschrei war gewaltig. Oder 2018, als sich eine Undercover-Reporterin von Sat.1 in eine solche Sitzung einschleuste, um sie dann von einem Unterstützungskommando der Polizei stürmen zu lassen. Puh, noch mal Glück gehabt! Denn so konnte sie laut eigener Aussage gerade noch »Schlimmeres verhindern«[10]. Auch wunderte sie sich, dass die Teilnehmenden »eigentlich alle ganz normal waren«[11], obwohl sie doch geplant hatten, harte Drogen wie LSD und

MDMA zu nehmen. Komisch! Wahr dabei ist: Ein illegaler und damit unkontrollierbarer Markt erzeugt mehr Raum für Scharlatane, aufgeblasene Egos und Missbrauch.

Psychedelika: nicht gesellschaftsfähig

In Deutschland, Österreich und der Schweiz werden regelmäßig Hunderte – wenn nicht gar Tausende – mal mehr, mal weniger legale psychedelische Einzel- und Gruppensitzungen organisiert. An mehreren davon nahm ich bereits teil, wobei der Ablauf immer recht ähnlich war. Über einen Freund eines Freundes gelangte ich an den Kontakt des Veranstalters. Das waren meist keine Ärzte oder Psychologen, sondern eher Coaches, Therapeutinnen oder Neoschamanen. Bei einem ersten Treffen beschnupperten wir uns prüfend und hielten Ausschau nach derselben Wellenlänge. Fühlte es sich für beide Parteien stimmig an, wurde zur entsprechenden Sitzung eingeladen. Meist gab es vorher noch Vorbereitungsmaterial in Form eines PDFs oder Videos. Dann folgte der Trip. Von dem ein oder anderen wirst du in diesem Buch hören.

In den Tagen nach der inneren Reise wurde ich nach meinem Gemütszustand gefragt, und mir wurde Hilfe für die Integration des Erlebten angeboten. Es war weder professionell noch gab es eine ärztlich-psychologische Betreuung, sondern viel Eigenverantwortung mit höherem Gefahrenpotenzial – Untergrund eben, außerhalb des Gesetzes und damit ohne Vorgaben und Normen. Manche würden sagen, lieber gar nicht als so. Ich würde sagen, lieber so als gar nicht. Oder auch: weder so noch gar nicht. Denn es könnte auch ohne kompetente Begleitung, also im Alleingang oder mit Freunden gemacht werden. So finden wahrscheinlich auch 95 Prozent des Psychedelikakonsums statt.

Es gibt Festivals, auf denen vermutlich 80 Prozent auf LSD und Co. sind. Ich bekenne mich hiermit dazu, ein wiederkehrender Besucher zu sein, oder zähle mich zu den Leuten, die neugierig die Natur erkunden. Voll auf Pilzen – äußerlich zerstreut, innerlich vereint. Dann gibt es Leute, die sich zu Hause einkuscheln und ihrer Mozart-Playlist einmal frei von Alltagsfiltern lauschen. Habe ich auch schon gemacht. Es war, als ob ich der Bogen wäre, der über die Saiten der Violine streicht. Und natürlich gibt es die Trippenden, die den psychedelischen Rausch als wertvolle Möglichkeit für persönliches Wachstum, emotionale Heilung und spirituelle Erkenntnis nutzen. In mühevoller Sorgfalt werden Körper und Geist genauestens auf die eigenen Absichten abgestimmt. Die Wahl der Substanz, Dosis, Umgebung und der Mitreisenden spielt dabei eine entscheidende Rolle. Denn ist die Substanz einmal eingenommen, gibt es kein Zurück mehr. Es gibt keinen Notausschalter, keine Kontrolle mehr. Eine beängstigende Vorstellung – und doch von Millionen von Menschen angestrebt und angepriesen. Psychedelika sind zunehmend cool, genauso wie Achtsamkeit, Therapie und Retreats, denn mentale Gesundheit ist in.

Doch was sagt dieses wachsende Bestreben, ungefiltert nach innen zu blicken, eigentlich über uns aus? Ist das ein neu geschaffenes Bedürfnis oder ein bisher unterdrücktes? Zu unterdrücken gäbe es immerhin genug. Mit noch in den Knochen steckendem Krieg einen Blick nach innen zu wagen, führt vermutlich bereits nüchtern zu einem Bad Trip. Da verstehe ich, dass die Nachkriegsgeneration aufgehört hat – beziehungsweise nie damit anfing –, die sichere Route der gedeckten Grundbedürfnisse explorativ zu verlassen. Und wehe dem, der eine Destabilisierung riskieren wollte. Es ist nicht verwunderlich, dass die in den 50er- und 60er-Jahren aufblühende psychedelische Forschung ein kurzweiliges Vergnügen war. Wissenschaft ist gut und schön, die unkontrollierte Verbreitung von LSD, die dadurch angefachte Hippie-Bewegung, tödlich endende Missbrauchsvorfälle und das Auflehnen gegen das politische System wiederum nicht. Das resultierende Psychedelikaverbot sehe ich als Metapher für eine Gesellschaft, die nicht wusste, dass das siedende Wasser des pfeifenden Teekessels auch einfach in Tassen gefüllt werden kann. Doch wer diese nicht mehr alle im Schrank hat, muss das unkoordinierte Ausleeren verhindern, um keine Verbrennungen ersten Grades zu riskieren. Aber heute sind wir dank der wundheilenden Zeit, des kulturelles Wandels und technologischen Fortschritts in einer Phase des Umdenkens angelangt.

Und hier stehst du nun. Dabei stellt sich zunächst einmal die Frage: Möchtest du dieses Wagnis eingehen? Damit meine ich erstens das Risiko der Verwendung psychoaktiver Hilfsmittel. Und zweitens das Risiko, dabei eventuell schlafende Hunde zu wecken.

Ich finde, es ist durchaus plausibel, dir die Entscheidungsfreiheit über deinen eigenen Körper zu geben. Die wissenschaftliche Evidenz legt immerhin nahe, dass psychedelische Substanzen bei verantwortungsbewusstem und strukturiertem Gebrauch im Verhältnis zum geringen Gefahrenpotenzial Vorteile aufweisen und eine echte Bereicherung für viele Menschen sein könnten. Also praktisch, logisch, gut. Nur leben wir nicht in einer Welt, in der soziale Normen, gesellschaftliche Bilder und das Gesetz fundamental auf Logik aufgebaut sind. Denn der eigentliche Grund, warum wir uns fragen, ob es okay ist, zu trippen und dass wir uns überhaupt jemals dazu entschieden haben, Psychedelika als etwas Verbotswürdiges zu klassifizieren, liegt tief in der menschlichen Psyche vergraben. Dort, wo niemand gern hinschaut und wo wir nicht mehr klar denken können, sondern nur noch erstarren, wegrennen oder kämpfen.

Feindbild Psychedelika

Anfang Herbst 2001. Eine junge Frau namens Lynn Smith sitzt aufgeregt in den vorderen Zuschauerrängen einer Talkshow, während alle Aufmerksamkeit auf sie gerichtet ist. Die Moderatorin Oprah Winfrey berichtet von Lynns mehrfachem Konsum der Partydroge Ecstasy. Bei einem Gehirnscan soll es nun zu einem schockierenden Befund gekommen sein. Dann folgt ein Einspieler, in dem Lynn mit ihrer Mutter zu sehen ist, die in einem Drug Abuse Treatment Center arbeitet. Beide stehen vor einem Monitor, auf dem Dr. Dominick Conca aufklärend den Scan eines gesunden Gehirns mit dem von Lynn vergleicht. Ein grauenerregender Anblick, denn ihre Hirnmembran erinnert an die Mondoberfläche. Sie ist überzogen von tiefen Kratern, die ins Nichts zu führen scheinen. Die sichtlich mitgenommene Lynn wird mit Sicherheit nie wieder für den kurzen Drogenspaß ihre Gesundheit riskieren. Dann bedankt sich Oprah bei ihr, dass sie der Öffentlichkeit diese erschreckenden Einblicke gewährt. Sie habe heute damit eine Vielzahl von Kindern gerettet.[12]

Einige Wochen vor der Ausstrahlung kontaktierte Oprahs Produktionsteam MAPS, die Multidisciplinary Association for Psychedelic Studies.[13] Es hieß, dass es je eine Show zu den Risiken und eine zu den Vorteilen von MDMA geben solle. Vor allem für zweitere sollte MAPS einen maßgeblichen Beitrag leisten. Rick Doblin, der Gründer von MAPS, war hocherfreut, dass eine große Mainstream-Show seiner Arbeit endlich Aufmerksamkeit schenken wollte. 2023 enthüllte er in einem Podcast, wie MAPS damals während der Vorbereitungen für die Show die angesprochenen Hirnscans in die Hände fielen. Diese sollten nach dem SPECT-Verfahren durchgeführt worden sein, bei dem der Blutfluss im Gehirn gemessen wird. So weit, so gut. Für die TV-Aufnahmen wurden jedoch die Teile des Gehirns, die einen alternierenden Fluss aufwiesen, in einem grafisch manipulierten Bild als Löcher dargestellt. Diese falsche Darstellung hielt den Sender jedoch nicht davon ab, sie auszustrahlen. Löcher im Gehirn passten einfach zu gut in das geplante Narrativ der Show. Zusätzlich wurde während der Dreharbeiten eine 24-jährige Raverin interviewt, die vermeintlich nur positive Auswirkungen durch MDMA erlebte. »Weißt du eigentlich, was du deinem Gehirn da womöglich antust?«, fragte Oprah sie. »Würdest du damit auch weitermachen, wenn du Löcher im Gehirn bekämst?«, fuhr sie besorgniserregend fort und bot ihr einen Gehirnscan an. Am Tag danach kontaktierte die Raverin MAPS, um nach Rat zu fragen. Dort wurde ihr empfohlen: »Ja, mach das definitiv, aber mit anderen Leuten.« Gesagt, getan – nur zeigte das Ergebnis dieses Mal ein gesundes Gehirn statt einer Mondlandschaft. Doch zur Ausstrahlung dieser Resultate kam es nie. Denn ein paar Tage später wurde die geplante zweite MDMA-Show kurzerhand aus dem Programm gestrichen.

Auch im deutschen Fernsehen gab es 2016 einen ähnlichen Fall. Jenke von Wilmsdorff sollte in der Sendung *Das Jenke-Experiment* auf RTL eine Vielzahl psychoaktiver Substanzen testen. So nahm er unter medizinischer Aufsicht LSD ein, erfuhr dessen bewusstseinsverändernde Wirkung und verlor augenscheinlich mehrfach die Fassung. In der Ausstrahlung betonte er, dass ihm deutlich gezeigt wurde, »wie gefährlich diese Droge ist!«[14]. Begleitet wurde er auf seinem Trip von Dr. Henrik Jungaberle. In einem Interview nach der Ausstrahlung sagte dieser, dass RTL ursprünglich sogar geplant habe, Jenke LSD im Partykontext zu verabreichen.[15] Erst nach wiederholtem Pochen auf eine ruhige und sichere Umgebung habe der Sender eingelenkt. Während RTL anfänglich kommunizierte, eine differenzierte Präsentation von Drogen anzustreben, entpuppte sich das eigentliche Ziel als eine möglichst aufsehenerregende Darstellung. Aufnahmen von Jenke, in denen er »Wenn das die Menschen wüssten ...« oder »Das ist eine hoch spannende Erfahrung« sagte, wurden aufgrund von Bedenken hinsichtlich des Jugendschutzes bewusst weggelassen.[16] Doch es wird noch besser. Nicht einmal ein Jahr später sitzt Jenke in der ARD-Sendung *maischberger*. Seine Haltung zu psychoaktiven Substanzen: verändert. Er spricht sich positiv zum verantwortungsbewussten Psychedelikakonsum aus und zeigt der Legalisierung gegenüber eine erstaunliche Offenheit. Immer wieder betont er sogar dabei: »Ich muss jetzt aufpassen, dass das keine Werbeveranstaltung wird.«[17]

Dass Fernsehshows nicht vor Ehrlichkeit und Authentizität strotzen, ist allgemein bekannt. Bloß nicht vom geplanten Narrativ abweichen, das wie ein Baum fest im Boden der Gesellschaft verwurzelt ist. Doch jetzt wollen wir mal diesen medialen Auswüchsen entlang der dicken Äste in Richtung Baumstamm folgen. Im Herbst 2002 wurde eine spannende Studie in der *Science*, einer der weltweit renommiertesten wissenschaftlichen Fachzeitschriften, veröffentlicht. Gesponsort vom National Institute on Drug Abuse (NIDA), wurde sie von Dr. Una D. McCann und einem Team der Johns-Hopkins-Universität durchgeführt. Das Studiendesign ist schnell erklärt: Zwölf gewöhnlichen Totenkopfaffen wurde MDMA verabreicht. Das Resultat? Recht eindeutig: Entzündungen am Gehirn, geschädigte Dopamin produzierende Nervenzellen und zwei tote Primaten.[18] Dieses Ergebnis übertraf alle Erwartungen von Alan I. Leshner. Als Präsident der American Association for the Advancement of Science und zufällig auch ehemaliger Leiter des NIDA hatte er schon seit Jahren nach neuen Beweisen für die

Toxizität von MDMA Ausschau gehalten. In den Jahren zuvor hatte das Narrativ des vermeintlich hirnschädigenden MDMA zunehmend an Popularität verloren. Auch die Zeitbombentheorie, bei der sich die Schäden erst im hohen Alter zeigen sollten, litt an Evidenzmangel. In einer Pressemeldung konnte Leshner nun also endlich herausposaunen, dass der Konsum von Ecstasy wie russisches Roulette mit dem Gehirn ist.[19] Das hat er tatsächlich wortwörtlich so gesagt. Und mal ganz ehrlich: Wenn zwei von zwölf Testsubjekten gestorben sind, scheint das gar nicht so abwegig. Auch Dr. McCann und das Forschungsteam betonten, sich nicht erklären zu können, warum die Tiere gestorben waren.

Doch für Rick Doblin und MAPS waren die Ergebnisse kein Schock. Ihnen war sofort klar, dass hier irgendetwas nicht stimmen konnte. Und so brachten sie die Forschenden dazu, das Experiment zu wiederholen. Das Ergebnis: Die bisherigen Resultate konnten partout nicht repliziert werden, nicht mal unter erleichterten Bedingungen, bei denen die Körpertemperatur der Primaten künstlich erhöht wurde. Zufall? Kaum vorstellbar, bei solch abweichenden Ergebnissen. Das verständlicherweise verwirrte Forschungsteam begann mit der Suche nach der Ursache. Dabei wurde auch eine Gewebeprobe der damals verstorbenen Primaten untersucht – mit unfassbarem Ergebnis. Die Analyse ergab, dass ihnen damals gar nicht MDMA verabreicht worden war. Die Behälter waren zwar mit MDMA beschriftet, tatsächlich enthalten war jedoch reines Methamphetamin. Die verabreichte Menge entsprach einer sechsfachen Überdosis Meth – damit wurde allen auch schnell klar, warum die Tiere reagierten, wie sie es taten. Natürlich wurde die Studie rasch zurückgezogen.[20] An der Ursachenforschung zur Aufklärung der fatalen Verwechslung wollte sich jedoch niemand beteiligen.

Das Verbot von Psychedelika und wie es dazu kam

Bevor wir fortfahren, sei an dieser Stelle eines ganz klar gesagt: Ich möchte dir in diesem Abschnitt zeigen, warum psychedelische Substanzen wirklich verboten sind. Das bedeutet, dass ich fest davon überzeugt bin, dass sie das zu Unrecht sind und auch schon immer waren. Doch ich glaube nicht, dass wir mutwillig die falschen Entscheidungen treffen; das hat und wird niemand von uns jemals wissentlich tun. Und doch werfen die soeben erzählten Geschichten Fragen auf. Warum wurde die MDMA-Studie sabotiert? Weshalb werden wissenschaftliche Messungen so aufbereitet, damit sie einen bestimmten Eindruck vermitteln? Wieso möchten TV-Sender positiven Drogenwirkungen nur begrenzten Raum geben? Kurz gesagt: Was haben wir eigentlich gegen Drogen?

Lass uns dafür ein kleines Gedankenexperiment machen. Versuche, deinen Geist zu leeren und zur Ruhe zu kommen. Atme dazu einmal tief durch. Ich werde dir jetzt gleich ein Wort nennen, und du beobachtest, welche gedanklichen und emotionalen Assoziationen in dir aufsteigen. Verstanden? Dann los: DROGENRAUSCH. Was assoziierst du damit? Vielleicht Bilder, eine Meinung oder sogar ein unangenehmes Gefühl? Bei mir ist es ein ungepflegter Mann, der sich auf dem Boden sitzend sabbernd dem Verstandesverlust hingibt. Das ist auch für mich ein recht erschreckendes Bild. Doch vielleicht entstand bei dir ja eine angenehme Assoziation, denn ein Rausch ist laut Duden ein übersteigerter, ekstatischer Zustand oder ein Glücksgefühl, das jemanden über seine normale Gefühlslage hinaushebt.[21] Und auch eine zweite Definition ist dort zu finden. Ein Rausch ist ein »durch Genuss von zu viel Alkohol, von Drogen o. Ä. hervorgerufener Zustand, in dem eine mehr oder weniger starke Verwirrung der Gedanken und Gefühle eintritt«[22]. Nun ja, eigentlich schließen sich beide Definitionen nicht mal aus. Interessant finde ich jedoch, dass bei Alkohol »zu viel« steht und bei Drogen nicht. Deren bloßer Konsum impliziert anscheinend schon ein Übermaß. Da schwingt auch eine gewisse Einteilung mit: guter und schlechter Rausch, legale und illegale Drogen. In den USA gibt es sogar fünf Stufen der verbotenen Substanzen. Auf Verbotsstufe zwei und drei tummeln sich Kokain, Ketamin und Methamphetamin. Psychedelika finden sind ausschließlich in der ersten Stufe, der schlimmsten von allen. Damit sind sie als »Drogen ohne derzeit anerkannten medizinischen Nutzen und mit hohem Missbrauchspotenzial« klassifiziert. Ist diese Einteilung berechtigt? Ist das allgemeine Wirkungsprofil psychedelischer Substanzen tatsächlich so verheerend?

Es wird Zeit, dass wir uns der Wahrheit stellen und ungeschönt den Ursprung dieser Verbote betrachten. Dazu müssen wir erst einmal zurückspulen, denn Psychedelika sind alt. Sehr, sehr alt. Seit prähistorischen Zeiten verwenden indigene Völker natürlich vorkommende psychedelische Pilze und Pflanzen, denen sie eine göttliche Wirkung zuschreiben. Vor einem hedonistischen Freizeitgebrauch sehen sie dabei meistens ab, um die heilige Verbindung ins Götterreich zu wahren. Erst gegen Ende des 19. Jahrhunderts begann unsere westliche Welt, sich wissenschaftlich für die Psychedelika dieser Kulturen zu interessieren. So synthetisierte Arthur Heffter, ein deutscher Pharmakologe, 1897 die Substanz Meskalin aus dem in Mexiko und dem Süden der USA heimischen Peyote-Kaktus und eröffnete damit die psychedelische Forschung. Drogen waren zu dieser Zeit relativ weit verbreitet und akzeptiert. Opiate wurden auf einer Stufe mit Tanzen, Rauchen, Theaterbesuchen und Glücksspiel gesehen. Kokain war in verschiedensten Konsumgütern zu finden, am bekanntesten als Namensgeber und Wachmacher in Coca-Cola.

Doch zu Beginn des 20. Jahrhunderts wendete sich das Blatt,

und die sedierende Wirkung dieser Substanzen trug zum Wandel der öffentlichen Wahrnehmung bei, in der Konsumierende als intrinsisch faul und nicht förderlich für den sozialen Fortschritt betrachtet wurden. Gepaart mit rassifizierten Stereotypen bestimmter Substanzen konnten Antidrogenfanatiker des US-amerikanischen Federal Bureau of Narcotics die ersten Wellen der heute normalisierten Drogenkriminalisierung durchsetzen. Dabei wurde jede Droge nicht anhand der Substanz selbst, sondern der jeweiligen Konsumierenden bewertet. Vorreiter dieses Vorgehens war Harry Anslinger, Leiter des Drogendezernats seit den 30er-Jahren, dessen hysterische Art und Angstmacherei ein neues öffentliches Drogennarrativ schaffte. So konnte er sogar Cannabis als höchst süchtig machende, gefährliche Droge kriminalisieren, obwohl es dafür keinerlei wissenschaftliche Evidenz gab. Damit kreierte er eine Art öffentliche Legitimation, Drogengesetze mit besonderer Härte durchzusetzen, um die Bevölkerung vor ihrer Zerstörungsgewalt zu schützen. Die USA waren Vorreiter in dieser Bewegung, die westlichen Länder zogen nach.

In diesem soziokulturellen Umfeld erblickte 1943 die psychedelische Jahrhundertkreation LSD in einem Schweizer Labor das Licht der Welt. Die vom Chemiker Albert Hofmann erstmals synthetisierte Substanz sollte Hoffnungsträger und Sorgenkind einer ganzen Generation von Forschenden, Therapierenden, Patientinnen und Patienten, Neugierigen, Politik Treibenden und Hippies werden. Sogar die US-Armee und CIA testeten diese wundersame Substanz als Wahrheitsserum, zur Gehirnwäsche und als Folterwerkzeug an unwissentlichen Bürgern oder Soldaten. Einer davon, der Afroamerikaner James Thornwell, wurde in Gefangenschaft drei Monate lang auf extrem hohen LSD-Dosierungen psychologisch misshandelt. Er konnte sich nie wieder davon erholen.

Solche Berichte brachten dann auch die psychiatrische Gemeinschaft auf den Plan. Bereits Anfang der 50er-Jahre gab es die ersten LSD-Behandlungszentren, die Alkoholsüchtige mit einer Erfolgsrate von unglaublichen 50 Prozent behandelten. Natürlich erzeugte dieser Erfolg auch bald eine rege Nachfrage in anderen Gesellschaftsbereichen. Vor allem der bekannte Autor Aldous Huxley und der Geschäftsmann R. Gordon Wasson spielten eine große Rolle dabei, der Bevölkerung die wundersamen Effekte der Psychedelika vorzustellen. Schon Ende der 50er-Jahre probierten Menschen aus allen Gesellschaftsschichten LSD für medizinische Zwecke. In den Nachrichten lief sogar entsprechende Werbung, und mit Psychedelika arbeitende Therapeutinnen und Therapeuten waren weit verbreitet. Doch nicht alle waren von ihnen überzeugt. Zwar waren diese Substanzen offensichtlich körperlich ungiftig, doch in psychiatrischen Verbänden machte sich zunehmend die Theorie der psychologischen Toxizität breit. Auch die CIA beendete ihre brutalen Experimente mit dem Fazit, Psychedelika seien extrem gefährlich, da sie Schrecken und Psychosen verursachen würden, schließlich litten die Testsubjekte danach oft unter panisch-psychotischen Zuständen.

Die Denkweise psychoaktiver Wirkungskausalität lautete damals also in etwa »Wenn du X nimmst und Y erfährst, dann hat X Y ausgelöst«. So erschien es intuitiv korrekt, psychoaktive Veränderungen im Konsumierenden schnell der Droge zuzuschreiben. Doch die psychedelische Wirkung war neu, aufregend und unkontrollierbar und passte irgendwie nicht richtig in dieses Paradigma. So gab es auch einige Gegenstimmen, die sagten, dass die Rauscherfahrung nicht nur von der Substanz, sondern auch von der Umgebung, der Geisteshaltung und den Erwartungen der Konsumierenden abhängt, nur waren diese Einwände schwer greifbar und wurden deshalb teilweise als unwissenschaftlich angesehen. Diese abweisende Haltung konnte sich dann auch gut mit der immer populärer werdenden Moralvorstellung anfreunden, dass Berauschung jeder Art abzulehnen sei. Alkohol, Kokain und Opium waren offensichtlich süchtig machend und enthemmend – warum sollte das für andere Drogen nicht gelten? Das LSD wurde auf diese Weise langsam, aber sicher zum Feind und Sündenbock stilisiert. Und mit ihm all seine Befürworter, die in den Augen des Establishments ohnehin faul und kriegsuntüchtig waren. So wurde »der Hippie« der 60er-Jahre zum Volksteufel der Drogendebatte und Auslöser einer moralischen Panik. Auch wurden zu dieser Zeit religiöse Organisationen gegründet, um innere Spiritualität mit Psychedelika zu erforschen. Der amerikanisch-christlichen Tradition gefiel das überhaupt nicht. Die *New York Times* veröffentlichte 1967 einen Artikel, in dem es hieß, LSD sei eine Bedrohung für alle Aspekte traditioneller Religionen. Schlagzeile für Schlagzeile nahm das Narrativ des teuflischen Kontrollverlusts seine Gestalt an:

- LSD: Die explosive Gefahr der Droge, die außer Kontrolle geriet
- Befürchtung von geistigen Schäden durch LSD
- Mörderischer Verdächtiger erzählt von LSD-Orgie
- LSD-Opfer sah sich als Seelen stehlender Teufel
- LSD verbunden mit toten Jugendlichen
- Erschießt diese teuflischen ACID-Barone!

In den Augen der meisten Amerikaner waren Drogen, die nicht als Medizin dienten, böse – Freiheit hin oder her. Steht die Unversehrtheit der Kinder, des Miteinanders und der eigenen Person erst einmal auf dem Spiel, werden Logik und Verstand schnell über Bord geworfen. Heute wissen wir, dass vieles davon

Fehlalarm war. Doch die rasche Verbreitung von Psychedelika hat der »Alarmanlage« Angst schlichtweg nicht genug Zeit zur Adaptation gelassen. Dem Angstgefühl ausgeliefert, blieb nur das Verbot psychedelischer Substanzen. Es wurde 1970 in den USA und ein Jahr später im Rest der Welt eingeführt.[23]

Zeit für den Paradigmenwechsel

In einer Sondersitzung des britischen Beirats für Drogenmissbrauch im Jahr 2009 wurden die 20 gängigsten Freizeitdrogen auf Basis von 16 Kriterien analysiert. Diese waren unter anderem: Schäden an der Gemeinschaft, Beeinträchtigung der psychischen Funktionsfähigkeit, Körperverletzung, Verlust von Beziehungen und wirtschaftliche Kosten. Zusätzlich wurden die Überkategorien Selbstschädigung und Fremdschädigung geschaffen.

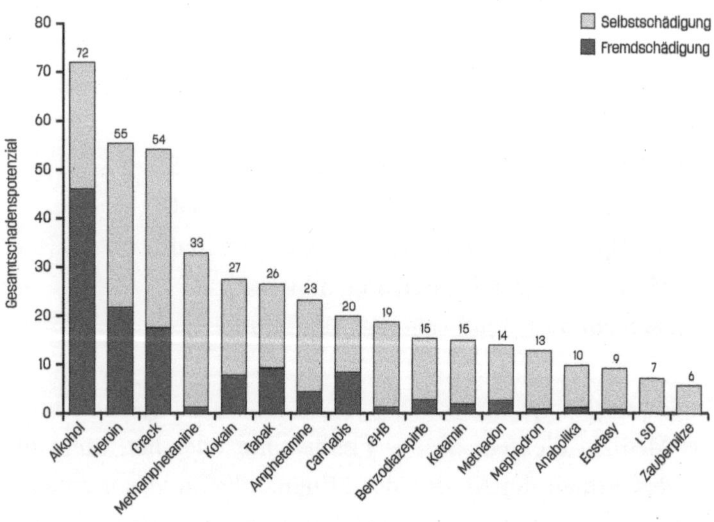

Abb. 1: Das Schadenspotenzial geläufiger Drogen nach Nutt[24]

Das Ergebnis: Alkohol ist allen voran die gefährlichste Droge für Mensch und Gesellschaft. Spannend ist auch, dass LSD und Psilocybin-Pilze die einzigen Substanzen ohne Fremdschädigungspotenzial sind. Der Psychopharmakologe und Psychiater Prof. Dr. David Nutt, der die Studie leitete, betonte außerdem, anhand dieser Daten werde deutlich, dass das System zur Einstufung von psychoaktiven Substanzen nicht nur auf Überlegungen zum Schadenspotenzial beruhe.[25] Das verdeutlichen auch die jährlich knapp 2000 Drogentoten in Deutschland, wenn wir sie mit den 74 000 Alkoholtoten und 127 000 Tabaktoten vergleichen. Da können wir die Zahlen drehen und wenden, wie wir möchten. Die Legalität einer psychoaktiven Substanz sagt kaum etwas über ihr Schadenspotenzial aus. Übrigens: David Nutt wurde kurz nach Veröffentlichung der Studie seines Postens als Vorsitzender des Beirats für Drogenmissbrauch enthoben. Die Ergebnisse empirischer Wissenschaft gefielen wohl nicht jedem.

»Der Wissenschaft glaube ich nicht«[26], erwiderte einmal ein Abgeordneter der CSU auf einen ähnlich gelagerten Fakt. Auch dass Cannabis verboten sei, »weil Cannabis eine illegale Droge ist«[27], ist ein oft zitierter Satz der ehemaligen Drogenbeauftragten Marlene Mortler. Ich finde, die Einstellung zu Drogen scheint in unserer Kultur einen fast schon religiösen Charakter zu besitzen, ähnlich wie Politik, Fleischkonsum, Umweltschutz und die Coronaimpfung. Eine Studie aus dem Jahr 2016 untersuchte dieses Phänomen. Dabei wurde die politische Ausrichtung der Teilnehmenden mit gegensätzlichen Meinungen infrage gestellt und währenddessen die Gehirnaktivität gemessen. Besonders leuchteten die Amygdala, also das Angstzentrum, und das Ruhezustandsnetzwerk auf, in dem unter anderem die Identifikation mit unseren Wertvorstellungen verarbeitet wird. Werden diese infrage gestellt, springt sofort die Angst an, und wir werten konträre Meinungen quasi als persönliche Beleidigung.[28] Sicherlich eine wichtige Funktion einer stabilen Psyche, doch auch ein möglicher Hemmer einer progressiven Gesellschaft.

Stell dir mal vor: Wenn wir von heute auf morgen all unsere Drogengesetze aus sämtlichen Schriftstücken und Erinnerungen löschen würden, wie würden wir das Recht rund um den Rausch neu gestalten? Genauso, wie es jetzt ist? Die ärztliche Psychotherapeutin Dr. Friederike Meckel Fischer sagte mir 2020 in einem Interview: »Man kann es ja nicht verstehen. Dass, wenn man etwas genommen hat, nicht verstehen kann, was daran verboten sein soll.«[29] Ich glaube, es ist genau der richtige Zeitpunkt für solche Aussagen – nicht zu früh und nicht zu spät. Vor 20 Jahren hätte kein Verlag dieses Buch hier veröffentlicht. Doch heute, in Zeiten der Hochverfügbarkeit von Information, darf ich hoffentlich zu einer wichtigen Veränderung beitragen. Und nicht nur auf dem Buchmarkt gibt es diesen Sinneswandel. Wo Oprah Winfrey früher noch Kinder vor MDMA rettete, gibt sie heute Forschern zu Psychedelika wie Roland Griffiths eine weltweite Bühne.[30] Wo die *Science* damals noch russisches Roulette mit Ecstasy spielte, zählte sie MDMA 2021 zu den Top 10 der wichtigsten wissenschaftlichen Durchbrüche.[31] Wir sind mitten in den Anfängen eines großflächigen Paradigmenwechsels bezüglich unserer Perspektive auf psychoaktive Substanzen. Ich bin überzeugt davon, dass die nächste Generation erstaunt auf unseren am Ende des 20. und Anfang des 21. Jahrhunderts stattfindenden Kampf gegen die Drogen zurückblicken wird. Und sie werden genau dasselbe sagen, was die Menschen heute über die Alkoholprohibition der 1920er-Jahre sagen: »Was haben die nur gemacht? Warum meinten einige Menschen, Millionen von anderen kriminalisieren zu müssen? Warum dachte irgendjemand, dass dieses Verbot eine gute Idee ist?«

Und auch ich frage mich: Wo stünden wir heute, wenn die Psychedelika-Forschung die letzten 70 Jahre über Bestand gehabt hätte? Denn diese Substanzklasse kann viel mehr als nur berauschen. Ihr einzigartiges Wirkungsprofil lässt enormes Potenzial für die Entwicklung des menschlichen Bewusstseins vermuten. Doch ihr tiefes Eingreifen in unsere Psyche erfordert eine ruhige, offene Umgebung. Während diese das letzte Jahrhundert über nur begrenzt verfügbar war, so scheint heute der richtige Zeitpunkt dafür gekommen zu sein. Fast schon, als ob Psychedelika nur darauf gewartet hätten, dass wir endlich bereit für sie sind.

Wie Psychedelika auf das Bewusstsein wirken

Was passiert eigentlich, wenn wir den Cocktail aus Bewusstsein und Psyche noch mit Psychedelika anreichern? Anfang 2022 hatte ich darüber ein erleuchtendes Interview mit dem Psychologen und Neurobiologen Dr. Tobias Buchborn.[32] Er erforscht in Mannheim die therapeutische Anwendbarkeit psychedelischer Substanzen bei der Behandlung von Suchterkrankungen. Zu unserem Online-Videogespräch kam er leger gekleidet, schwarze Mütze mit schwarzem Pullover. Auf mich wirkte er gespannt und erfreut, öffentlich über seine Forschungsthemen zu sprechen. Endlich konnte ich mal all die doofen Fragen zu Psyche und Psychedelika stellen, die ich mich immer schon gefragt hatte. Also etwa »Woher weiß das LSD eigentlich, an welchen Rezeptoren es im Gehirn andocken soll?« oder »Warum führt das dann zu einer Verzerrung der Wahrnehmung?«.

Er erklärte mir, dass unsere Persönlichkeit eine skelettartige Struktur besitzt, ohne die unsere Psyche zusammensacken würde. Dieses Gerüst besteht vor allem aus einer Sache – Wiederholungen: wann du jeden Morgen aufstehst, dein Kleidungsgeschmack, welcher Partei du besonders viel Sympathie schenkst und welcher eher wenig, wie du die Welt siehst, kategorisiert und dich in ihr verhältst. Und mit welchen Emotionen du auf deine Umwelt reagierst. Das alles entstand auf Basis sich immer wiederholender Muster im Laufe deines Lebens. Aus ihnen formte sich dann die Brille, mit der du heute dich und dein Leben siehst. Damit das so bleibt, besitzt dein Persönlichkeitsskelett noch eine weitere Schutzschicht, eine bewachende Instanz, die meistens Ego genannt wird. Das Konzept des Egos stammt ursprünglich aus Sigmund Freuds Strukturmodell der Psyche aus dem Jahr 1923. In der psychedelischen Forschung wird es heute als selbstorganisierender, multifunktionaler Prozess beschrieben, der maßgeblich bei der Bildung und dem Schutz deines Persönlichkeitsskeletts beteiligt ist.[33] Das Problem: Der Großteil dieses Prozesses ging in deinen ersten sechs bis sieben Lebensjahren vor sich, zu einer Zeit, in der dein Gehirn noch wie ein Schwamm nicht die langfristig stabilsten, sondern am schnellsten verfügbaren Baumaterialien für besagtes Skelett zusammentrug.

Ein Bekannter sagte mir mal, beim Bau eines Hauses gebe es nur drei Faktoren: schnell, billig und gut. Du kannst nur zwei davon wählen. Baust du es günstig und schnell, so leidet die Qualität. Möchtest du es billig und trotzdem mit hoher Qualität? Dann musst du viel selbst anpacken, und das braucht Zeit. Also doch lieber schnell und gut? Kein Problem, Geld macht alles möglich. Und so ähnlich bist auch du entstanden – metaphorisch gesprochen, versteht sich. Wenn beim Bau deiner selbst mal etwas schiefging, wurde das eben mit Bauschaum und Mörtel irgendwie so hingebogen, dass erst einmal weitergebaut werden konnte. Einmal mit Farbe darüberstreichen, sieht schon keiner, steht ja trotzdem alles – also wo ist das Problem? Doch auf diesen unter der Oberfläche verborgenen Notfalllösungen wurde nun der Rest deines Skeletts errichtet. Diese werden als defiziente innere Arbeitsmodelle bezeichnet. Sie wirken unbewusst in unserer Persönlichkeit, prägen unserer Verhalten jedoch in hohem Maße. Sie sind der Grund, weshalb wir immer wieder in den gleichen toxischen Beziehungen enden. Wieso wir Probleme mit Autoritätspersonen haben. Und wieso wir immer in eine trotzige Kinderrolle fallen, wenn wir uns angegriffen fühlen – also in einer bestimmten Art und Weise getriggert werden. Daran möchte unser Ich jedoch zunächst einmal nichts ändern, denn alles funktioniert ja mehr oder minder. Und das ist meistens auch gut so, da eine undichte Stelle bei unsensiblen Reparaturversuchen auch aufbrechen und das ganze Skelett zum Wanken bringen kann. Ein besonders intensives Werkzeug hierfür kennen wir bereits. Es ist wahrscheinlich das beste und zugleich das gefährlichste.

Wenn die Neuronen Tango tanzen

Psychedelika gehören zu den wenigen psychoaktiven Substanzen, die eine ähnliche Struktur wie körpereigene Moleküle haben. Einmal im Magen angekommen, werden sie von den Schleimhäuten absorbiert und gelangen über die Pfortader, Leber, rechte Herzkammer, Lunge und linke Herzkammer ins Blutsystem. Darin überwinden sie die Blut-Hirn-Schranke und landen bei den Nervenzellen, Synapsen und schließlich Rezeptoren des Gehirns. Speziell den Serotoninrezeptor 2A mögen sie ganz besonders. Die Psychedelika, die vornehmlich an diesem Rezeptor andocken, nennen wir die klassischen Psychedelika. Alle anderen werden als Psychedelika im weiteren Sinne bezeichnet.

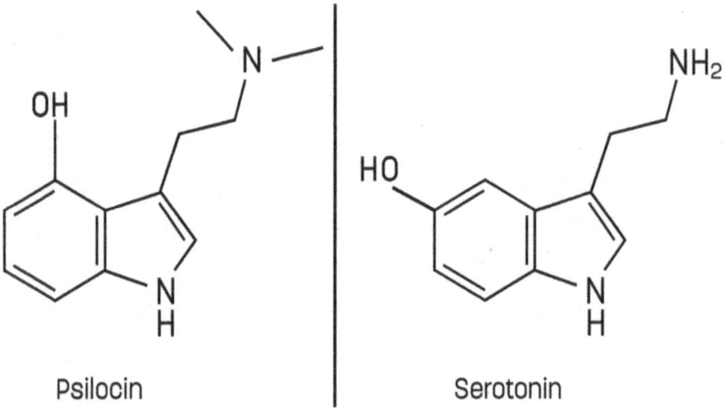

Psilocin Serotonin

Abb. 2: Die Strukturformeln von Psilocin (die umgewandelte, aktive Form von Psilocybin) und Serotonin im Vergleich

Serotoninrezeptoren 2A sind in nahezu allen Organen und besonders zahlreich im Ruhezustandsnetzwerk des Gehirns vorhanden. Das ist ein hierarchisch besonders hochstehendes Netzwerk mit viel Bestimmungsgewalt über andere Hirnregionen. Wir könnten es mit einem Dirigenten im Gehirn vergleichen. Es ist außerdem die jüngste Ergänzung der Evolution zu unserem Hirn und der Teil von ihm, der uns maßgeblich von anderen Tieren unterscheidet. In ihm dockt das psychedelische Molekül nun an die Rezeptoren an und bettet sich hier fast wie in einer Art Tasche ein. Dies führt zu einer Verzerrung der sogenannten Konformation, der räumlichen Anordnung der Atome. Dieser Vorgang wirkt sich in der Folge auf die Proteininteraktion innerhalb der Nervenzelle aus.

Hier zeigt sich der Unterschied von Psychedelika und Serotonin. Eigentlich bilden unsere Nervenzellen Teams untereinander, um so ihre Informationen dominanter durchs Gehirn verteilen zu können. Doch diese Dominanz wird durch Psychedelika beeinträchtigt, und die Neuronen fallen aus ihrer Synchronisierung. Wie fiese Störenfriede, die die wunderbar einstudierte Choreografie der Musicaldarsteller behindern, bringen die psychedelischen Moleküle die Neuronen dazu, ihr eigenes Ding zu machen. Zu tanzen, wie es ihnen beliebt, oder mit anderen Darstellern neue Kunststücke auszuprobieren. In Schlausprache heißt das: Psychedelika erhöhen die Entropie der neuronalen Vernetzung, was nichts anderes bedeutet, als dass sie die Zufälligkeit der Hirnkommunikation steigern.[34]

Diese Störung geht dann vor allem vom Ruhezustandsnetzwerk aus. Normalerweise ist dieses Netzwerk besonders aktiv, wenn wir uns in unserer gedanklichen Innenwelt aufhalten. Dabei herrscht dort viel einstudierte Ordnung, was eine niedrige Entropie bedeutet. Doch Psychedelika erhöhen diese Entropie in einer Intensität, wie sie das Gehirn nur aus frühen Kindheitstagen kennt. Wie bei einem Schokoladenbrunnen fließt diese weiße Entropie-Schokolade nun von diesem oberen Netzwerk langsam nach unten. Hier vermischt sie sich mit den zartbitteren Hirnregionen, die für die Modellierung unserer Außenwelt zuständig sind. Langsam beginnen so die schwarz-weißen Trennlinien zu verschwimmen, und die Hierarchien flachen ab.[35] Die Unterscheidung zwischen außen und innen verblasst, während das Ich sein Du verliert. Doch gibt es ohne Du noch ein Ich?

Auflösung der Ich-Grenzen als Chance

Der psychedelische Rausch macht es fast unmöglich, die Grenzen des Selbst aufrechtzuerhalten. Er führt zu einer Störung der Ich-Funktion, was erst mal ungut klingt, jedoch therapeutische Vorteile hat. Denn die erhöhte Entropie sorgt auch dafür, dass die Glaubwürdigkeit dominanter Glaubenssätze im Ruhezustandsnetzwerk herabgesenkt wird.[36] Also beispielsweise, wie überzeugt du davon bist, dass du nicht gut tanzen kannst. Oder dass du es nicht wert bist, ein erfülltes Leben zu führen. Oder auch die Überzeugung, dass du lieber nicht zu groß denken solltest. Kurz: Alles, was über Eltern, Umfeld und Gesellschaft vermittelt wurde und sich über die Jahre in deinem Selbstbild verfestigt hat. Es sind die Eigenschaften, die du klar mit »ich« zum Ausdruck bringst, also ich bin, ich kann nicht, ich sollte nicht. Diese Ich-Funktion ist es demnach, die dich mit persönlichen Eigenschaften, Menschen, Berufen, politischen Gruppierungen, Glaubenssystemen, Ernährungsformen, Musikrichtungen oder deiner Lieblingsfarbe identifiziert und dich an ihnen anhaften lässt. Hier zwei passende Auszüge aus psychedelischen Erfahrungsberichten:

»Ich konnte die Menschen beobachten und hatte das Gefühl, zum ersten Mal Menschen in ihrer natürlichen Umgebung zu sehen, und nicht nur Menschen beim Einkaufen, sondern einfach Menschen, die ihr Leben leben.«[37]

»Ich sah mich jetzt von außen, ohne mein eigenes emotionales Urteil.«[38]

Die Grundpfeiler deiner Persönlichkeit werden im psychedelischen Rausch ins Wanken gebracht, bis hin zur temporären Vernichtung. Das geht wirklich tief. Es ist keine Reparatur der Dachziegel, sondern eher eine Kernsanierung des Fundaments. Und ganz ehrlich: Hier hört der Spaß auf, Trippen ist definitiv kein Kindergeburtstag. Aber auch nicht nur etwas für Profis. Die psychedelische Bewusstseinserweiterung ist wohl einer der fundamentalsten Eingriffe in die menschliche Psyche, den es gibt. Ein bisschen wie eine psychische Operation am lebenden Objekt – und für diesen Eingriff sind sie wie gemacht.

Es ist fast schon etwas eigenartig, dass Psychedelika genau das für unsere Probleme verantwortliche Hirnnetzwerk aufweichen. Gäbe es sie nicht, müssten wir sie wohl erfinden. Wer würde nicht gern durch eine Pille eins werden mit dem Universum? Nicht gern Zugang zu seinem Unterbewusstsein bekommen? Nicht wollen, verschüttete Emotionen ans Tageslicht zu befördern? Ach ja, die meisten Menschen eigentlich. Und doch wagen immer mehr Menschen diese inneren Reisen, sei es aus Neugier, Gruppenzwang oder Leidensdruck. Für manche springt dabei eine große Lebensveränderung heraus. Andere haben eine interessante Erfahrung, die schnell zu einer verblassenden Erinnerung wird. Und bei wieder anderen machen diese Erfahrungen mehr kaputt als ganz. Da wundert es mich manchmal, dass so viel Nachfrage nach Psychedelika besteht, das sind ja durchaus risikoreiche Substanzen. Zugleich erstaunt es mich auch, wie wenig Nachfrage besteht. Denn alle Menschen müssen diese ja unbedingt nehmen, damit wir endlich die Welt retten können! Spaß beiseite. Ich finde, dass wir ein ungeheures Glück haben, in dieser Zeit zu leben. Wir sind zu spät geboren, um neue Kontinente zu entdecken, und zu früh, um das Weltall zu bereisen. Doch wir sind genau just in time für die Erforschung unseres Geistes.

Fluch und Segen

Psychedelika versetzen das Gehirn ins Chaos. Mit steigender Entropie nimmt auch seine Flexibilität zu und ermöglicht das Durchbrechen negativer Denkmuster und depressiver Programmierungen. Ein mächtiges Zeitfenster, in dem gefühlt Wunder passieren können. Das Problem: Klingt das psychedelische Chaos ab, gewinnt das alltägliche langsam, aber sicher wieder die Oberhand. In Studien wurde dieser Effekt zum Leidwesen der hoffnungsvollen Teilnehmenden bestätigt. »Die Depression kommt eigentlich fast immer wieder zurück«[39], erzählt Dr. Rosalind Watts, die einige der Psilocybin-Studien am Imperial College London leitete, in einem Interview. Psilocybin führte zwar bei allen Teilnehmenden zu einer Verbesserung ihres Leidens, doch diese stellte sich nur dann langfristig ein, wenn es zu tatsächlichen positiven Veränderungen im Leben kam.

Diesen Punkt halte ich für äußerst wichtig. Ein positives Gefühl mündet nicht wie von Zauberhand in einer positiven Veränderung. Für unseren verkorksten Geist ist es nun mal einfacher, einen Sturm positiver Gefühle auszulösen, als dann noch den mühsamen Wandel in der Wirklichkeit folgen zu lassen. Verbuddeln wir uns zu tief in das Narrativ der psychedelischen Allheilmittel, werden auch Psychedelika zu einer illusorischen Choreografie, mit der wir um unbequeme Wahrheiten herumtänzeln. Bei manchen endet der psychedelische Bewegungsablauf auf lange Sicht in Harmonie und Erfüllung, bei anderen eher im Gegenteil. Niemand kann vorhersagen, was passieren wird. Psychedelika scheinen eine besonders hohe Variabilität in den langfristigen Effekten zu besitzen. Denn ihr vermeintlich geringes Schadenspotenzial korreliert nicht zwangsläufig mit einem hohen Nutzenpotenzial. Ab wann ergibt es also wirklich einen Sinn, sie zu konsumieren? Was sind ihre Stärken und Schwächen? Oder besser gefragt: Wie kannst du für dich eine verantwortungsbewusste Entscheidung für oder gegen den Konsum von Psychedelika treffen?

Die drei Psychedelika-Schwächen

Hunderte Millionen Jahre Evolution, 86 Milliarden Neuronen, nahezu unendliches Zustandspotenzial – das menschliche Gehirn gehört zu den komplexesten Systemen, die wir kennen. Und damit bist auch du eine ganz besondere Schneeflocke, die es so noch nie gab und auch nie wieder geben wird. Nun fügen wir diesem Mix an Individualpotenzial genügend Zeit und Raum bei, und schon befinden wir uns in einer wahren Flut an unterschiedlichen Menschen, Vorlieben, Wünschen, Abneigungen, Stärken und Schwächen. Die einen bevorzugen den heißen Sommer, die anderen den kuscheligen Winter. Manche mögen Mathematik, andere hassen sie abgrundtief. Und einige möchten sich selbst transformieren, während andere sich mit der Ist-Situation abfinden. Verändern möchten sich die einen mit Seminaren zur Persönlichkeitsentwicklung, während die anderen Therapien und Coachings bevorzugen. Für die einen sind Meditationen und Eisbäder das Nonplusultra, für andere ist es das Wellness-Wochenende. Und so manche haben Gefallen an Bier, während andere LSD bevorzugen. Vielleicht glaubst du jetzt, dass ich dir auf jeden Fall psychedelische Erfahrungen empfehlen werde. Das tue ich nicht unbedingt, denn nehme ich meine rosarote Brille für einen Moment ab, so kristallisieren sich insbesondere drei Schwächen heraus, von denen ich dir nun erzählen möchte.

1. Die Illusion der Wahrheit

Erinnerst du dich an meine Beschreibung im ersten Kapitel, wie ich in mir eine neue Wahrheit finden konnte? Das war hilfreich, denn wenn wir eine neue Perspektive als wahrer einschätzen als die alte, folgt Veränderung manchmal ganz automatisch. Doch hier haben wir schon das Problem: die graduelle, illusorische Natur von Wahrheit. Persönliche Veränderung ist eher ein Heranrobben an unsere Wahrheit als ein letztendlicher Fund. Dabei tricksen Psychedelika etwas, indem sie dir ihren Erkenntnisgehalt gern als die ultimative Wahrheit verkaufen. Nett gemeint, doch das kann auch ein Nährboden für ideologische und radikale Selbst- und Fremdwahrnehmungen sein, die wiederum einen verhängnisvolleren Rattenschwanz nach sich ziehen. Psychedelika entreißen dir die Kontrolle, also gibst du dich bewusst der psychedelischen Unkontrollierbarkeit hin und damit auch deiner unbewussten Befangenheit. Unbemerkt rüstet deshalb deine dunkle Seite ihr Waffenarsenal auf, um weiterhin im Schutz der Schatten zu stehen. Neurotische, grandios narzisstische oder selbstverurteilende Persönlichkeitsstile verschmelzen mit deiner neuen psychedelischen Wahrheit. Das führt dazu, dass deine persönliche Transformation sich zwar tiefgründig anfühlt, doch dein Kern davon unberührt bleibt. Du glaubst dann, dich wirklich verändert zu haben, dabei trägst du einfach nur andere Klamotten. Ein Phänomen, das querfeldein auftritt, auch ohne Psychedelika. Doch meiner Beobachtung nach scheinen diese Erfahrungen als besonders starker Auslöser hierfür zu wirken. Was hilft: Entwickle Bescheidenheit und Bewusstheit für die Grenzen der psychedelischen Erfahrung. Wir werden später noch darauf im Detail eingehen.

2. Gefahr im Verzug

Psychedelika sind ungefährlicher als die meisten anderen psychoaktiven Substanzen. Doch hüte dich davor, sie deswegen als ungefährlich einzustufen. Mein Schwiegervater sagt immer, dass es gut ist, unterschätzt zu werden. Psychedelika mögen das jedoch überhaupt nicht und werden dir dafür die Leviten lesen. Klar, auch andere Psychowerkzeuge haben ihre Gefahren. Damit meine ich Methoden, mit denen die menschliche Psyche vorsätzlich in eine gewisse Richtung beeinflusst werden kann. Vor einigen Jahren beobachtete ich etwa einen Ego-getriebenen Social-Media-Influencer, wie er es 26 Minuten in einem Eisbad aushielt. Danach war er für Monate erkältet – auf Wiedersehen Immunsystem. Es gibt auch Coaches und Therapierende, die ihre inneren Konflikte auf ihre Kundinnen und Kunden projizieren und damit unbewusst deren Prozess sabotieren. Und sogar auf Meditationsretreats werden manchmal Psychosen in Menschen ausgelöst.

Dennoch haben diese anderen Werkzeuge verglichen mit Psychedelika alle eines gemein: Sie haben einen Ausschalter. Diesen wirst du bei Psychedelika vergebens suchen. Ist dir das im Vorfeld nicht bewusst, steigt das Risiko der Rebellion deines Egos gegen die erbarmungslose psychedelische Invasion. Fehlender Respekt vor Psychedelika erhöht die Risiken dieses gefährlichen Rauschs: Angst, Schweißausbrüche, Verwirrung, Paranoia oder Psychosen können auftreten. Währenddessen mag das ja noch okay sein, aber was, wenn auch der nüchterne Geist Schaden davonträgt?

Klingt schlimm, und das ist es auch. Ich könnte jetzt eine ellenlange Liste der Gefahren von Psychedelika aufzählen und damit wahrscheinlich das halbe Buch füllen. Doch das hier ist schließlich keine Packungsbeilage. Bei Risiken und Nebenwirkungen fragen Sie ihren Arzt, Dr. Google oder Apotheker Herr Youtube. Mir ist an dieser Stelle vor allem wichtig, dir klarzumachen, dass ein so fundamentaler Eingriff in deine Hirnfunktionen auch ein fundamentales Risiko mit sich bringt. Bitte merk dir das und triff anhand dessen informierte Entscheidungen.

3. Der fehlende Beipackzettel

Kürzlich war ich in der Apotheke und kaufte mir ein schleimlösendes Nasenspray. Schnupfen hatte ich keinen, aber Lust zu basteln – doch das ist eine andere Geschichte ... Jedenfalls waren auf der Verpackung in klar verständlichem Deutsch detaillierte Angaben zum Medikament zu finden: 0,09 Milligramm Xylometazolinhydrochlorid pro Sprühstoß. Bei 25 Grad lagern und die Packungsbeilage beachten, auf der alles über die sichere Anwendung, Dosierung, Konsumhäufigkeit und Kontraindikationen nachzulesen war. Ohne sie dürfen Fertigmedikamente in Deutschland nicht in den Verkehr gebracht werden.

Die Annäherung an Psychedelika läuft jedoch in der Regel etwas anders ab. Zunächst einmal ist die Mehrzahl dieser Substanzen in den meisten Ländern der Welt verboten. Also steht man vor der Wahl, auf sie zu verzichten, legale Alternativen zu suchen oder sich strafbar zu machen. Als Nächstes muss mühsam im Internet nach verlässlichen Angaben zur Einnahme gesucht werden. Doch jeder sagt hier etwas anderes, und im echten Leben kann man ja keinen fragen. Bei mir ging das alles gut, bisher. Doch ich kenne zahlreiche Gegenbeispiele, bei denen Unkenntnis zu einer schwierigen Erfahrung beitrug. Das Risiko des unsicheren Gebrauchs, der sozialen Stigmatisierung und der rechtlichen Konsequenzen ist beim Psychowerkzeug Psychedelika sicherlich mit am höchsten – und dann ist Veränderung nicht mal vorprogrammiert.

Psychedelika – gefährlich nützlich

Manchmal frage ich mich, ob es unter all den Politik-Treibenden, Polizistinnen, Richtern, Anwältinnen, Hausmännern, Studentinnen, Eltern, Lehrerenden und uns allen nicht auch Personen gibt, die sich diese simple Frage stellen: Wenn Psychedelika laut Allgemeinmeinung so gefährlich sind, warum werden sie dann von so vielen Menschen genommen? Diese Frage erscheint mir offensichtlich. Was ist es, was sie solche Risiken eingehen lässt? Sie müssen für sie einen Nutzen besitzen, der das Risiko aufwiegt. Immerhin ist durch die direkte Einnahme von serotonergen Psychedelika wie LSD, Psilocybin oder DMT bisher noch niemand gestorben.[40] Nur ein Elefant, dem 1962 die 300 000-fache Normaldosis LSD gespritzt wurde. LSD-Chemiker William Leonard Pickard hingegen überlebte die 100 000-fache Überdosis. Er meinte sogar, dieser Jahrhunderttrip habe sein Leben bis heute zum Positiven geprägt.

Psychedelika wirken kaum toxisch auf den Körper. Nur der Geist zeigt sich fragil, wenn eine Sollbruchstelle vorhanden ist. Prof. Dr. Matthias Liechti aus Basel sagt ganz klar, dass Psychedelika keine psychischen Erkrankungen auslösen, falls keine Veranlagungen hierzu vorhanden sind.[41] Auch sei eine Sucht quasi unmöglich. Werde einer Ratte LSD gegeben, dann würde sie es nicht freiwillig nochmals nehmen, Nikotin, Kokain und Co. hingegen schon. Unbedachten, gefährlichen Psychedelikakonsum gibt es natürlich, nur wird das dann Drogenmissbrauch genannt, nicht Sucht. Auch eine große Populationsstudie aus dem Jahr 2015 konnte keine Beweise dafür finden, dass Psychedelika ein unabhängiger Risikofaktor für psychische Probleme sind. Ernsthafte, adverse Reaktionen seien extrem selten.[42] Andere Studien zeigten sogar das Gegenteil, nämlich Hinweise darauf, dass Psychedelikakonsum mit positiven Veränderungen des Gesundheitsverhaltens korreliert.[43] Kurz gesagt: Verglichen mit vielen anderen psychoaktiven Substanzen weisen Psychedelika ein geringes Schadenspotenzial für Körper und Geist auf. Deshalb hier noch mal eine Klarstellung: Psychedelika sind nicht harmlos. Sie sind ohne Zweifel gefährlicher als Meditation, Therapie und Nüchternsein. Doch sie haben zugleich und vielleicht gerade deshalb ein sehr großes Potenzial, enormen Nutzen für das eigene Leben zu bringen. Und das für ganz viele Leute, normale Menschen wie dich und mich. Deshalb liegt es am Individuum, sich für oder gegen das psychedelische Risiko zu entscheiden. Lösen wir uns von der Grundsatzfrage, ob Psychedelika gefährlich sind oder nicht, so bleibt stattdessen die Frage übrig: Sind sie zu gefährlich für ihren Nutzen? Oder andersherum: Sind sie zu nützlich, um diese Gefahren nicht zu riskieren?

Wenn's hilft, dann hilft's

Die psychedelische Wirkung flutet Patricks Wahrnehmung und führt vor seinem geistigen Auge zu gewaltigen Visionen. Diese zeigen jedoch nicht die Zukunft, sondern emotional-verbildlichte Interaktionen aus seiner Vergangenheit. Mit Freunden, mit seiner Familie. Erinnerungsfetzen, die nie richtig verarbeitet wurden. Doch jetzt tauchen sie scheinbar mühelos auf und überbringen ihm Botschaften. Er erlebt Gespräche mit Freunden aus der Schulzeit, wie viel Zuneigung er von ihnen erfuhr. Und da ist plötzlich dieser Gedanke: Eigentlich bin ich doch schon der, der ich immer sein wollte. Ich bin wertvoll für mich und die Menschen in meinem Leben. Und wie ein einfahrender Zug taucht daraufhin die tiefste Dankbarkeit in ihm auf, die er jemals spüren durfte. Doch in ihr zeigen sich unerwartet seine Eltern. Ganz klar sieht er das Gesicht seiner Mutter, die ihn wütend anklagt: »Ich weiß, dass du das nicht hören möchtest, aber ich sag's trotzdem. Oft bist du so kurz angebunden mit mir, dabei würde ich so gern mehr Zeit mit dir verbringen.« Er versteht plötzlich und dieses Mal wirklich. Es ist ein tiefes emotionales Verständnis. Und sofort wird ihm klar, was zu tun ist. Das nächste Mal, wenn er seine Mutter sieht, nimmt er sie so lange in den Arm, bis sie beide weinen. Der Trip geht weiter, stundenlang durchströmen ihn wunderschöne und schmerzhafte Erinnerungen aus seinem Leben. Wie zwei Jahre Therapie in 2 Stunden. Tränenüberströmt nimmt er jetzt seine Schlafmaske ab und blickt mir in die Augen. Wertfrei und mit offenem Herzen erwidere ich seinen Blick.

»Es lag eigentlich alles auf der Hand, nur wollte ich es nicht verstehen«, erzählte Patrick mir ein paar Wochen nach seiner Reise. »Aber das ist das Tolle an diesen Substanzen, denn da verstand ich die Dinge wirklich. Weil ich sie erlebte, durchlebte und mit positiven Gefühlen überschreiben konnte.« Er fuhr fort, wie er mit Psychedelika nach einer gescheiterten Ehe erstmals wirklich zu sich selbst finden konnte. Diese Erfahrungen zeigten ihm, dass es nichts mehr gäbe, was er noch irgendwo finden müsse, um er selbst zu sein. Doch was in der Theorie wie »Ist ja logisch!« klingt, führte erst nach seinen psychedelischen Praxiserfahrungen zu einem glücklichen und verbundenen Leben.

Wahrheit zu erkennen und zu leben, macht glücklich

Die Vielfalt der psychedelischen Folgewirkungen ist nahezu grenzenlos. So lernte ich Menschen kennen, die durch ihre inneren Reisen den Mut aufbrachten, sich bei alten Freunden zu entschuldigen, und reinen Tisch machten, wo vorher unter den Teppich gekehrt wurde. Menschen, die endlich ihr eigenes Potenzial erkannten, ein ganzheitlicheres Verständnis für ihr Leben gewannen und größeres Mitgefühl für sich selbst und andere erfuhren. In so vielen Gesprächen erzählten mir ganz normale Leute von ihren unerwarteten Lebenswendungen. Wie sie plötzlich realisierten, wie viel Kraft sie in Wirklichkeit in sich tragen. Dass es keinen Grund mehr gebe, sich zurückzustellen, für andere zu leben und sich selbst zu schaden, anstatt ein glückliches Leben zu führen. Die Reise nach innen ließ Ballast von ihnen abfallen, der ihren Ballon zum Abheben brachte. Und von da oben sahen ihre innere Welt und all die Alltagsprobleme plötzlich ganz anders aus: zuversichtlich und machbar. Ob lästiger Beruf, schwierige Familienverhältnisse, ungesunde Angewohnheiten oder spirituelle Leere – die psychedelischen Lichtstrahlen beleuchten neue Wege zum Horizont. Sie erscheinen dabei oft sehr offensichtlich und in einem nie dagewesenen Detailgrad.

Und sie betreffen auch unser Zusammensein. Denn was ich oft sehe, sind Auswirkungen auf Liebesbeziehungen. Psychedelika schaffen für viele eine ehrliche, emotional tiefe Verbindung zu sich selbst und folglich auch zu der eigenen Partnerin oder dem Partner. Die Angst, den anderen zu verlieren, weicht der Gewissheit, dass nur ein aufrichtiger, verletzlicher Kontakt zueinander in einer Beziehung münden kann, in der sich beide wirklich erfüllt fühlen. Denn Ehrlichkeit ist es, was letztendlich zu echter Nähe führt. Jedoch kann mit der sterbenden Lüge und dem Durchschauen von lange aufrechterhaltenen Illusionen auch so mache Beziehung ihr Ende finden. Das kann kurzfristig zu mehr Schmerz führen, aber langfristig zu mehr Glück – eine Erkenntnis, die viele mit Psychedelika erstmals bewusst in ihrem Leben zulassen. Sie erinnert mich auch an den Tag, an dem meine Frau mir unter Tränen und Psilocybin-Einfluss offenbarte, wie schwer sie sich damit tue, mir einfach zu sagen, was sie sich wirklich wünscht. Jahrzehntelang die eigenen Bedürfnisse zu unterdrücken hatte ihr bisher eher falsche Harmonie statt echter Verbundenheit gebracht. Dieses Erlebnis schweißte uns beide noch unzertrennlicher zusammen.

Die Zeit ist reif

Es gibt ein Leben vor und nach Psychedelika. Denn oftmals geht mit ihnen eine fundamentale Veränderung des Lebensgefühls einher und der Art und Weise, wie wir das Leben sehen. Nicht die Welt verändert sich, sondern unsere Sicht auf sie. Jede noch so kleine Geste heute bildet dann das Fundament für ein schöneres Morgen. Und aus einer neuen Perspektive erscheint es fast schon unmöglich, am Alten festzuhalten – ohne darüber nachzudenken oder es anzuzweifeln, sondern einfach nur, weil es sich richtig anfühlt.

Nicht die Frage nach dem Nutzen von Psychedelika erscheint mir wichtig, sondern jene nach dem Nutzen eines besseren Lebens. Eines Lebens, in dem wir Leid reduzieren und Freude fördern. Und damit meine ich uns alle. Wir brauchen einen Paradigmenwechsel in unserer Sicht auf mentale Gesundheit. Ich frage mich: Ist es eigentlich gesund, wie wir sind? Die meisten Studien mit Psychedelika befassten sich schließlich nur mit kranken Menschen, die aus ihnen einen hohen Nutzen ziehen konnten. Der Trugschluss ist nun zu glauben, dieser Nutzen verblasse mit der Linderung der Symptome. Nicht alle Anzeichen des Leidens sind sichtbar, weder von außen noch von innen, und wir alle leiden irgendwie, irgendwo, irgendwann. Kurz: Wir sitzen alle im selben Boot.

Hier stehen wir also jetzt. Wahrscheinlich beide mit der Vermutung, dass Psychedelika ein hilfreiches Werkzeug für persönliches Wachstum und emotionale Heilung sein könnten. Eine Art Abkürzung zu dem, was irgendwo in den Untiefen unserer Selbst existiert. Bereit, uns auf den Weg zu machen zu neuen Ufern, neuen Perspektiven und zu dem, wer wir wirklich sind. Zu einem Ort, an dem alle Fäden zusammenlaufen, an den Ursprung des Lebensflusses. Wo du vergessen darfst, was dein Verstand dir als dein Ich verkaufen möchte. Und hier möchte ich nun mit dir ein neues Gemälde der menschlichen Psyche malen: bunt, modern, kreativ, originell, gewaltig und ehrlich. Eines, mit dem du dir gern bis ans Ende deiner Tage die Wände deines Lebens schmücken möchtest.

3.

Die Normalisierung des Leidens

Der Handel mit dir selbst: Wie du Authentizität gegen Verbundenheit eintauschst

Als Mensch hast du zwei psychische Kernbedürfnisse: Verbundenheit und Authentizität. Sind beide erfüllt, fühlst du dich glücklich und zufrieden. Wie als Baby, als du nicht anders konntest, als authentisch zu schreien, lachen und weinen, während deine Eltern (hoffentlich) in bedingungsloser Liebe über dich wachten. Doch genau zwischen diesen beiden Bedürfnissen steckt auch der verheerende innere Konflikt, der für all die kleinen und großen Probleme von uns verantwortlich ist. Lass es mich dir erklären.

Kernbedürfnis 1 – Verbundenheit: Bei seiner Geburt ist der Homo sapiens das wohl hilfloseste Geschöpf der Welt. Viele Jahre bleibt er relativ unautonom und kann sich weder richtig wehren, fortbewegen noch präzise kommunizieren. Sein Überleben hängt davon ab, wie gut es ihm gelingt, seine Eltern dazu zu bringen, sich liebevoll um ihn zu kümmern. Der Tod wäre fast sicher, würde diese Verbundenheit auch nur einen Tag reißen. Die Psychologie unseres Bindungsstils, der daraus erwächst, endet jedoch nicht mit unseren Windeln, sondern beeinflusst fortan all unsere menschlichen Beziehungen, egal ob mit Freunden, Arbeitskolleginnen, Partnern, Vorgesetzten oder Schwiegereltern – das Streben nach Liebe, Anerkennung und Respekt, um eine stetige Verbundenheit zu gewährleisten, wird uns unbemerkt durchs Leben begleiten. Und das immer unter der (unbewussten) Annahme, dass getrennte Verbindung den Tod bedeuten könnte.

Kernbedürfnis 2 – Authentizität: Es ist ein bisschen so wie früher in der Schule. Hast du versucht, cool zu sein, warst du es nicht. Und so ist auch jeder Versuch, vorsätzlich authentisch zu sein, zum Scheitern verurteilt. Du kannst nicht sein, wer du bist, ohne zu wissen, wer du bist. Authentizität bedeutet, das Leben aus einer tiefen Kenntnis über das eigene, einzigartige Selbst zu formen. Was wie ein schwammiger Aufruf zur Selbstentdeckung klingt, ist ebenfalls tief in unseren Überlebensinstinkten verankert. So duldete das gefährliche Umfeld unserer afrikanischen Vorfahren nicht, dass sie die Warnsignale ihres authentischen Bauchgefühls unterdrückten. Authentisch sein heißt nicht, rigoros unsere innere Wahrheit dem Rest der Welt aufzuzwingen oder uns nur noch um uns selbst zu kümmern. Es bedeutet, uns nicht von den Erwartungen der Welt in eine bestimmte Form pressen zu lassen, sondern kraftvoll und selbstbestimmt zu der Autorin oder dem Autor unseres Lebens zu werden.

Das tragische Tauschgeschäft

Das Leben könnte so schön sein: Geliebt, verbunden und authentisch stehst du in innigem Kontakt mit dir selbst und der Welt. Zu wissen, wer du bist, was du willst und was nicht, und daraus dein Leben zu formen, erfüllt dich mit Glück und kreativer Lebendigkeit. Dabei gibt es scheinbar keinen Grund, von deinem tiefen Bedürfnis nach Authentizität abzuweichen. Niemand möchte, dass du nicht du selbst bist. Doch leider gibt es Menschen, die wollen, dass du bist, wen sie irrtümlich für sich selbst halten.

Du lebst in einem sozialen Geflecht, das sich im Lauf deines

Lebens von der bedingungslosen Elternliebe in eine schier unendliche Komplexität aus Wünschen, Erwartungen und Vorgaben ausweitet. Damit du darin bestehen kannst, steht dein Bedürfnis nach Verbundenheit an oberster Stelle. Für uns als Angehörige der Spezies Mensch, für die eine Stammesgemeinschaft für Tausende von Jahren lebensnotwendig war, ist Verbundenheit synonym für Leben, denn aus dem sozialen Verbund ausgeschlossen zu werden, bedeutete den fast sicheren Tod. Ist die Verbundenheit gefährdet, würden wir buchstäblich alles tun, um sie zu erhalten, sogar uns selbst dafür verbiegen und gegen unsere wahre Natur handeln. Wir tauschen sie sozusagen gegen Verbundenheit ein. Und genau das ist es, was wir täglich tun. Als deine Mutter dir sagte, du sollst nicht so nervig herumtoben, gab es nur zwei Möglichkeiten: Entweder du hörst auf sie und begräbst damit deine authentischen Impulse nach Ausgelassenheit und Freude oder du riskierst ihre Wut und damit eine Beeinträchtigung eurer Verbindung. Oder als deine Mitschüler dich für deine Eifrigkeit im Schulunterricht hänselten. Wolltest du weiter Teil der Klassengemeinschaft sein oder deine Motivation und dein Interesse fürs Lernen aufgeben? Und auch als du für dein fehlgeschlagenes Studium von Freunden belächelt wurdest, hattest du die Wahl. Entweder ihnen deine tiefe Trauer und Verzweiflung eröffnen oder sie zugunsten von Verbundenheit gegen falschen Gleichmut eintauschen. Täglich werden wir mit etlichen kleinen Versionen derartiger Entscheidungen konfrontiert. Jedes Mal wenn du das Gefühl bekommst, dass du eigentlich etwas anderes sagen wolltest, oder dich nicht getraut hast, für dich einzustehen, hast du dich selbst gerade verbogen und deine Authentizität als Handelsware benutzt. Die Frage ist dabei: Zeigst du dich ehrlich, wie du bist, und riskierst Trennung, oder setzt du lieber auf sichere Verbundenheit, indem du dein authentisches Selbst verleugnest?

Dieser Konflikt zwischen Verbundenheit und Authentizität ist Ursprung, Fundament und Dünger für eine Vielzahl der psychischen Probleme der Menschheit. Doch natürlich wird es nicht nach einem einzigen Tauschgeschäft problematisch, sondern erst dann, wenn die Konditionen sich über Monate oder Jahre nicht ändern. Der bekannte Arzt und Autor Dr. Gabor Maté spricht in seinem Buch *Der Mythos des Normalen* vom »Trauma mit kleinem t«. Während Trauma üblicherweise mit Schocktraumata wie Krieg und Unfällen assoziiert wird, spricht er vom Entwicklungstrauma, das sich in einer Trennung vom eigenen Selbst ausdrückt. Das Wort »Trauma« leitet sich übrigens aus dem Griechischen ab und bedeutet Wunde. Ob du es also möchtest oder nicht: Es sind deine Verwundungen und deine Methoden und Strategien, mit ihnen umzugehen, die maßgeblich zu deinen problembehafteten Gefühlen, Gedanken und deinem Verhalten führen. All deine Selbstzweifel, irrationalen Ängste, sozialen Blockaden, depressiven Verstimmungen und die damit einhergehenden Einschränkungen deines Glücks verdecken den wahren, authentischen Ausdruck deiner selbst. Sie gehen aus Strategien hervor, die wir als Kind anwandten, um die Verbindung zu unseren Bezugspersonen aufrechtzuerhalten und damit unser Überleben zu sichern, rauben uns aber heute die Lebensfreude. Und damit diese Verbundenheit weiterhin bestehen bleibt, werden die dafür eingetauschten, authentischen Bedürfnisse gut bewacht. Entweder intern von Kontrollzwang, Gedankenkarussell oder Selbstabwertung oder extern von einem unwiderstehlichen Drang nach Anerkennung, Alkohol oder der nächsten Instagram-Story. Ablenken, wegrennen und betäuben, bis der Arzt kommt – wortwörtlich. Denn irgendjemand in uns will bloß nicht wieder authentisch sein und damit die mit dem Tod assoziierte Trennung riskieren.

Einmal wieder Kind sein: Die ursprüngliche Unbeschwertheit erleben

Es ist irgendwie gemein: Geboren als nichts, als du selbst, bricht die Welt gnadenlos Teile von dir ab, sodass du Jahrzehnte später, also jetzt, die Scherben wieder mühsam zusammensuchen und -kleben musst. Mir kommt das richtig tragisch vor, weil es in vielen Fällen scheinbar nicht anders geht. Gleichzeitig unsere Bedürfnisse nach Verbundenheit und Authentizität zu erfüllen, scheint in unserer vermeintlich hoch entwickelten Gesellschaft schwer zu verwirklichen zu sein. Das Ganze wird dadurch erschwert, dass die meisten von uns lieber mit ihrem Selbst-Krückstock ins Grab gehen würden, als sich der unangenehmen Selbst-Konfrontation zu stellen. Doch da du diese Zeilen liest, bin ich mir fast sicher, dass du dabei nicht mehr mitmachen, sondern zurück zu dir kommen und dich selbst finden möchtest. Vorbei an all den Schutzstrategien deines Egos, die dein wahres Ich verbergen, um dorthin zu gelangen, wo all das liegt, was das Leben lebenswert macht: das ausgelassene Lachen deiner Unbeschwertheit, die unbändige Kreativität, die aus dem Vertrauen in dich selbst hervorgeht, oder die kindliche Neugier, die Welt zu entdecken. Genau genommen wirst du dich jedoch nicht selbst finden, sondern *wiederfinden*. Es ist kein Hin-zu, sondern ein Zurück-zu. Diesen Weg möchte ich mit dir nun erforschen. Dazu möchte ich dir eine kleine Geschichte erzählen. Wann wurden wir eigentlich erwachsen? Oder anders gefragt: Wann hörten wir auf, Kind zu sein? Diese Frage stellte ich mir erstmals an einem warmen, psychedelischen Sommertag im Jahr 2018.

Mit meinem guten Freund Moreno wandere ich einen typisch schwäbischen Berg hinauf. Auf einer vor Grün strotzenden Wiese lassen wir uns nieder, und als ich mich hinlege, tauche ich unter die Oberfläche der kniehohen Gräser ab. Stille kehrt ein, während mein Geist langsam beginnt, sich in mir abzusetzen – wie Plastikflocken in einer Schneekugel nach einer jahrzehntelangen Schüttelphase. Aus dieser Ruhe steigt nun ein flüsterleiser Impuls empor, der meine Aufmerksamkeit einfordert. Wie wäre es, jetzt barfuß über diese saftig-weiche Wiese zu rennen? Doch das macht man ja nicht, denn da gibt es bestimmt Disteln, Wespen und Zecken. Hm. Scheiß drauf. Aufgeregt ziehe ich meine Socken aus und betrete vorsichtig das grüne Meer. Mit einem explosiven Tiefstart renne ich abrupt los. Ich spüre meine nackten Fußsohlen, wie das Adrenalin ihre Schmerzschwelle nahe an die Taubheit bringt. Den warmen Wind, der auf mein Gesicht peitscht, während sich meine periphere Sicht zusammenzieht und nichts mehr wichtiger ist, als zu rennen. Die Grashalme werden von meinen Fersen mit voller Wucht plattgedrückt, ich spüre, wie sie an meinen Zehen vorbeistreifen. Das ist pure Lebendigkeit. Nachdem ich alles gegeben habe, werde ich langsamer. Eine unbändige Energie steigt in mir auf, größer als alles, was ich aus meinem Alltag kenne. Ich lasse sie übernehmen und fange erst an, freudig zu springen, dann ausgelassen zu lachen. Nun schreie ich vor Glück. Ich fange an zu leben und bin wiederbelebt.

In den Tagen nach dieser Erfahrung bemerkte ich einen neuen Farbton in meinem Leben. Zuvor war ich oft in meinem Kopf gefangen gewesen, blockiert von Ängsten und Zweifeln vor dem, was passieren würde, wenn ich meinem authentischen Bauchgefühl folge. Nun wusste ich, dass es mir eigentlich egal war, was dann passieren würde. Ein Kind kümmert sich auch nicht um langfristige Konsequenzen. Diese Einsicht veränderte etwas in mir: Leichtigkeit erschien, Ernsthaftigkeit wich. Und ich erkannte: Es war die Abwesenheit des kindlichen Vertrauens, die dazu geführt hatte, dass sich mein Leben irgendwann vorbestimmt und schwer angefühlt hatte.

Emotionen in einer Welt voller Gedanken

Was war wohl dein allererster Gedanke? Als du das Licht der Welt erblicktest, war da erst einmal nicht viel außer Hunger und Müdigkeit. Machten deine Eltern lustige Gesichter und Geräusche, fingst du an zu lachen. Warst du verletzt, fühltest du Schmerz und begannst zu weinen. Deine Gefühle waren und sind auch heute ohne Verzögerung und Gedanken mit deiner Umwelt synchronisiert. Vermutet wird, dass mit der Sprachentwicklung nach dem ersten Lebensjahr eine frühe Vorstufe des komplexen Denkens entsteht.

Mit etwa zwei Jahren nimmst du dich das erste Mal als ein Ich in einer Welt voller Nicht-Ich wahr. Ein weiteres Jahr darauf fängst du an, Bezug auf dich als Person und deine Fähigkeiten zu nehmen. Das Lob deiner Mama für das erfolgreich zusammengesetzte Puzzle führt zu dem Gedanken »Ich bin gut im Puzzeln«. Das Wettrennen im Hausflur zu »Ich bin schneller als mein kleiner Bruder«. Dein Vater, der dich mit wütendem Gesichtsausdruck tadelt zu »Ich bin nervig«. Diese Gedanken beziehen sich dabei immer auf ein vorausgehendes Gefühl, denn wir fühlen, bevor wir denken. Die Emotionen inspirieren dann Gedanken, die wiederum neue Gefühle inspirieren. Wo es vorher noch ohne viel Denken funktionierte, fluten jetzt im frühen Kindesalter immer mehr Gedanken dein Bewusstsein. Stillschweigend wird deine innere Blumenwiese ab sofort auch mit Gedankengut gedüngt, mit dem Ergebnis, dass die einstige Wildwiese sich zu einem französischen Garten wandelt, der jeden Spießer mit Stolz erfüllen würde.

Die Rolle des Egos: Sicherheit geht vor

Es ist ein kleiner Hochleistungsrechner im präfrontalen Kortex des Gehirns, der uns von jeder anderen Spezies unterscheidet. Dank ihm können wir denken, abwägen und verstehen. Unserem Verstand verdanken wir unseren heutigen materiellen Wohlstand. Er kreierte Werkzeuge, Geld und Autobahnen und minimierte Unsicherheit, Lebensbedrohung und Zufälligkeit. Der Zweck seiner Existenz ist also: Kontrolle ausüben, Entropie reduzieren. Und dafür geht er über emotionale Leichen. Du fühlst dich traurig nach deiner Scheidung? »Endlich bin ich frei, Zeit für ein Bier!« Die erwartete Beförderung geht an deinen Kollegen, und du spürst Wut in dir hochkochen? »Ach, na ja, ich muss mich wohl mehr anstrengen.« Und beim Gedanken an deine momentane Lebenssituation kriegst du die Krise? »Mal schauen, was es Neues auf Instagram gibt.« Beschwichtigung, Beruhigung, Ablenkung – mit einem trickreichen Waffenarsenal kontrollieren deine Gedanken dein limbisches System im Gehirn, das deine Emotionen reguliert. Dein Verstand weiß genau, wie er mit bestimmten Gedanken bestimmte Gefühle auslösen kann, um so die Kontrolle über deinen Geisteszustand zu haben. Sein Beweggrund ist auf tiefster Ebene recht simpel: das Überleben sichern – Motivation genug, um Macht über alle anderen Teile deines Bewusstseins auszuüben. Erinnerst du dich noch an das Ruhezustandsnetzwerk, den Dirigenten des Gehirns? Der präfrontale Kortex, in dem dein Verstand seine gedankliche Kommandozentrale betreibt, ist ein Hauptbestandteil von ihm. Als hierarchisch hoch gelegenes Netzwerk stabilisiert und steuert er von hier oben den Verlauf deines Lebens. Manchmal wird er in diesem Zusammenhang auch als das Ego bezeichnet – der innere Buhmann der Persönlichkeitsentwicklungsbewegung, wie es in »Ah, da warst du wohl im Ego«, »Mein Ego hat mich im Griff« oder »auf einem Egotrip sein« anklingt.

In der Psychoanalyse gilt das Ego als Kontrollorgan der Psyche, das deine Identität mit moralisch-sozialen Erwartungen in Einklang bringt. Fällst du einmal aus der Reihe, wird es dich mit wüsten Gedanken und Emotionen beschimpfen, um wieder Ordnung herzustellen. Stell es dir als den Teil von dir vor, der deine Authentizität eintauscht, wenn Verbundenheit in Gefahr gerät. Es ist jedoch weniger ein Tauschhandel nach außen als ein Verbannen nach innen in den sogenannten Schatten, den Platz in deinem Unbewussten für verdrängte Impulse und Gefühle. Hier sollen diese wahren, doch vermeintlich gefährlichen Emotionen auch bleiben. Deshalb wird dein Ego alles wortwörtlich Erdenkliche tun, um die Kontrolle über sie zu behalten. Dafür wendet es besonders gern seine beiden bevorzugten Tricks an:

1. **Unterdrückung:** Du drückst deine Emotionen bewusst weg, sodass niemand sieht, dass du dich beispielsweise schämst, wütend bist oder trauerst. Ein Beispiel: Der Erziehungsstil deiner Ehefrau ist viel nachsichtiger als deiner, und du bemerkst, wie das zu Inkonsistenzen bei euren Kindern führt. Du versuchst, es positiv zu sehen, aber innerlich macht es dich richtig wütend. Doch weil du einer Auseinandersetzung in Bezug auf Erziehungsfragen lieber aus dem Weg gehst, behältst du diese Emotion schon seit Jahren für dich.

2. **Verdrängung:** Du bemerkst gar nicht erst, dass du eine Emotion wegdrückst. Erst danach oder gar Jahre später wird dir klar, welches Gefühl in dir entstanden war. Auch dazu ein Beispiel: Deine Eltern teilen dir in angespannter Stimmungslage mit, dass deine Oma nun ihrem Tumor erlegen ist. Gefasst antwortest du, dass es ja ohnehin abzusehen war – Indianer kennen keinen Schmerz. Vierzehn Jahre später erinnert dich

eine alte Frau plötzlich an deine verstorbene Großmutter, und du brichst in Tränen aus.

> ### Psychedelika und das Ego
> Ganz kurzer Zwischenstopp. Vielleicht fragst du dich, weshalb ich mich dafür entschieden habe, so tief mit dir in die menschliche Psyche, das Ego, Gedanken und Co. einzusteigen. Aus meiner Sicht ist das größte Hindernis bei der Transformationsarbeit mit Psychedelika das des fehlenden Verständnisses für das Auto, in dessen Tank der psychedelische Stoff gefüllt wird. Im Laufe dieses Buches wirst du sicherlich erkennen, wie wertvoll es war, dass wir Verständnis dafür geschaffen haben, wie dein inneres Kraftfahrzeug gebaut wurde und wie die TÜV-relevanten Mängel entstanden sind.

Wie das Ego unsere Gefühle im Zaum hält

Unsere Gefühle zu kontrollieren, ist zeitgleich überlebenswichtig, schädlich und faszinierend. Wird eine deiner authentischen Emotionen vom Ego als gefährlich deklariert, wird sie durch eine friedlichere ersetzt. Damit du damit d'accord gehst, präsentiert dir dein Ego diese Notfalllösung als deine Persönlichkeit: Ich bin halt so. Das wäre erst mal nicht weiter schlimm, wenn diese Form der Selbstverzerrung nicht mindestens vier Nebenwirkungen hätte:

1. **Verringerte Reaktionsflexibilität:** Das starre Festhalten an der Vorstellung »so muss ich sein« raubt dir die Fähigkeit zu wählen, wie du auf die Hochs und Tiefs des Daseins reagierst. Dein Leben fühlt sich immer mehr wie auf Schienen an.

2. **Verlust deines Bauchgefühls:** Mit dem Eintauschen authentischer Emotionen verlierst du die Grundpfeiler deiner Intuition. Ihren Platz nehmen nie enden wollende Gedankenschleifen ein, die lieber keine finale Entscheidung treffen möchten als eine falsche.
3. **Toxische Selbstwahrnehmung:** Ohne gesunden Ausdruck richten sich eingefrorene Emotionen irgendwann feindselig gegen dich selbst. Scham, Selbstverurteilung und der Verlust von Mitgefühl für dich beeinflussen dein Selbstbild.
4. **Entfremdung vom jetzigen Moment:** Die Trennung von dir selbst hinterlässt Wunden, die von nun an überdeckt werden müssen. Mit Kopfkarussell, Unruhe, Ängsten, Selbstzweifeln, Depressionen, Essstörungen, Süchten etc. wird dein Verstand alles Erdenkliche tun, um nicht mehr das wahrnehmen zu müssen, was wirklich gerade da ist.

Diese vier Nebenwirkungen sind übrigens auch typische Folgen von Trauma, denn es gibt keinen Unterschied zwischen seelischen Wunden und emotionaler Verdrängung. Beide sind untrennbar miteinander verwoben, rauben dir deine angeborenen Fähigkeiten und verursachen eine permanente Verzerrung deiner Sicht auf dich und die Welt. Nach meiner Erfahrung ist dieser Umstand für viele immer noch schwer zu akzeptieren. Das Wort »Trauma« wurde zu lange nur mit Extremereignissen und psychisch kranken Menschen in Verbindung gebracht. Doch heute wissen wir: Auch der böse Blick einer Mitschülerin, die Blamage auf dem Abiball oder die Trennung von deiner Ex-Freundin können tiefe Wunden hinterlassen. Und das taten sie auch oft – wir alle sind traumatisiert. Doch viel mitbekommen davon hast du nicht. Denn dein innerer Beschützer namens Ego wird weiterhin brav deine innere Blumenwiese mit seinen Gedanken dominieren. Doch nicht, weil er dich hasst oder weil er will, dass du unglücklich bist. Nein, dein Ego möchte dir aus tiefstem Herzen helfen. Wie ein langjähriger Freund, der dir immer wieder schlechte Ratschläge erteilt, bei denen du dich fragst, ob er denn kein bisschen Lebenserfahrung hat. Für das Ego ist kein Risiko es wert, dein Ableben aufs Spiel zu setzen. Deshalb wirst du notfalls fürs Erste nur provisorisch verarztet. Es gibt also immer Beweggründe für die Aktionen deines Egos. Auch wenn es kontraintuitiv erscheint: Alle psychischen Probleme ergeben einen Sinn. Deshalb wirft dein Ego stetig weiter Holz ins Feuer deines Kamins, auch wenn alle im Raum schon schwitzen: Alles nur zu deinem Besten! Und damit das so bleibt, entwirft das Ego seine gutgemeinten, aber fehlgeleiteten Lösungen im tief liegenden Bunker deines Unterbewusstseins. Damit nicht mal du selbst verstehst, warum du so und so fühlst, denkst und handelst. Sein Motto lautet: Lieber auf Nummer sicher gehen – wie eine überfürsorgliche Mutter, die immer zu wissen glaubt, was das Beste für ihr Schatzilein ist.

Obwohl es nicht böse gemeint ist, liegt die Ursache fast all deiner psychischen Probleme in dieser Überfürsorglichkeit des Egos. Doch da diese Einsicht ganz schön viel Selbstverantwortung voraussetzt, suchen die meisten Menschen die Lösung ihrer Probleme immer noch irgendwo da draußen. Ist ja normal und macht schließlich jeder so, dann muss es wohl richtig sein – immer schön an den anderen orientieren. Doch was, wenn ich dir sage, dass alle anderen genau das Gleiche tun. Dann müssten wir mal schauen, was alle tun, aber niemandem hilft. Oder noch schlimmer: was alle fühlen, aber niemand fühlen müsste, und was niemand fühlt, aber alle fühlen könnten.

Die Entfremdung vom Menschsein

Endlich hatten wir genug Geld gespart, die Jobs gekündigt und die Flugtickets gebucht. Unser Lebenstraum einer Weltreise wurde Wirklichkeit. Erster Stopp: Thailand. Ich weiß noch genau, wie wir in Bangkok landeten und alles so unwirklich erschien. Kein Rückflugticket, gefühlt endlos Zeit und eine fremde Kultur, in der alles anders war. Vor allem fielen uns die neuartigen Wärmekameras auf, mit denen die Touristenmassen gescannt wurden. Schon bald sollte sich herausstellen, dass Thailand fürs Erste unsere letzte Reisestation sein würde und dass Februar 2020 nicht unbedingt die beste Startzeit für eine Weltreise war.

Für die meisten war die Coronapandemie eine anstrengende Zeit: geschlossene Lokale, abgesagte Events, Maskenpflicht und sozialer Abstand. Doch immerhin haben wir sie überlebt, was man von knapp 212 000 Deutschen, Österreichern und Schweizern nicht behaupten kann.[44] Doch besonders spannend finde ich, wie schnell alles wieder zurück zur Normalität fand – als ob nie etwas gewesen wäre. Und das, obwohl währenddessen alles so unwirklich, fast unmöglich erschien. Ich weiß noch, als ich im März 2020 sagte: »Die können ja nicht einfach ein Land zumachen. Das kann nicht sein.« Was ich für nicht möglich hielt, wurde Realität, wurde normal. Doch was heißt das eigentlich, wenn etwas normal ist?

Anfang des 19. Jahrhunderts wurde das Wort »normal« noch ausschließlich in der Mathematik verwendet. Dann, in den 1840er-Jahren, nahm der belgische Astronom und Statistiker Adolphe Quetelet eine Studie vor, um den durchschnittlichen Brustumfang schottischer Soldaten zu ermitteln. Das Ergebnis: 101 Zentimeter, der erste kalkulierte Durchschnitt eines menschlichen Merkmals. Mit seinem astronomisch-mathematischen Denken kam er zu der Schlussfolgerung, dass der Brustumfang eines individuellen Soldaten eine Instanz eines natürlich auftretenden »Fehlers« darstellte, während der durchschnittliche Brustumfang die Größe des »wahren« Soldaten repräsentierte: einen perfekt geformten Krieger, frei von jeglichen körperlichen Makeln oder Unregelmäßigkeiten, so wie es die Natur vorgesehen hatte. Für Quetelet war der Durchschnittsmensch die Vollkommenheit selbst. Er postulierte, dass die mächtigsten Menschen in der Geschichte dem Durchschnittsmenschen ihrer Zeit und ihres Ortes am nächsten kamen.

Heute klingt das alles ziemlich abwegig, denn durchschnittlich zu sein, ist nun eher mit negativen Assoziationen verbunden. Quetelets Arbeit prägte in den folgenden Jahrzehnten die Idee, dass wir normal und unnormal sein können, wobei diese Ideale natürlich ständig im Wandel sind. Was einst als unnormal angesehen wurde, kann unerwartet schnell zum guten Ton gehören. So wurde Homosexualität Mitte des 20. Jahrhunderts noch als psychische Krankheit behandelt, während sie heute als normale Ausprägung sexueller Orientierung gilt. Ein anderes Beispiel sind intensive Emotionen wie Wut und Trauer, die vormals von westlichen Wissenschaftlern als primitiv bezeichnet wurden, um rassistische Weltanschauungen und den Kolonialismus zu rechtfertigen. Nun ja, ganz gesellschaftsfähig sind authentische Emotionen leider immer noch nicht.

Die Kategorisierung in gut und schlecht, normal und unnormal macht selbst vor der menschlichen Natur keinen Halt. Normal ist nicht, was natürlich ist, sondern was wir als normal bewerten. Und das ist nicht zwangsweise das, was uns guttut. Ein Glück, dass unsere Gesellschaft immer moderner wird. Mit Künstlicher Intelligenz, Mikrorobotik und Biotechnologie bewegen wir uns auf eine Welt zu, in der es weltweit normal sein wird, sich satt zu essen, 80 Jahre alt zu werden und mit ChatGPT eine Beziehung zu führen. Doch die dadurch wachsende Diskrepanz zwischen Natur und Normalität verursacht unsichtbare Nebenwirkungen, die wir schon längst wieder als normal abgestempelt haben.

Entfremdet sein ist »in«

80 Prozent der Berufstätigen sind koffeinsüchtig. Aber das ist ja normal. Genauso wie unser Stresslevel, das seit Jahren ansteigt und in der Coronapandemie zu einem neuen Höhepunkt gelangte.[45] Mehr arbeiten, mehr leisten, mehr wert sein – und natürlich keine Zeit für nichts haben, vor allem nicht für uns selbst. Dann muss noch irgendwie ein Ausgleich zum stressigen Alltag gefunden werden, sei es durch Drogen, Facebook oder Essen. Wusstest du, dass 75 Prozent aller Mexikaner 2019 als übergewichtig galten? 1996 waren es noch 25 Prozent. Und sogar in China verdoppelte sich die Zahl der Übergewichtigen zwischen 1991 und 2011 auf 42,3 Prozent. In Deutschland sind es über 52 Prozent, und es werden jedes Jahr mehr. Laut Prognosen soll bis 2035 über die Hälfte der Weltbevölkerung übergewichtig sein.[46]

Hätten wir diese Daten nicht, würde es uns nicht mal auffallen. Und obwohl 91 Prozent aller Deutschen glauben, dass Gesundheit wichtig ist für ein glückliches Leben, zeigen diese Statistiken eine unbewusste kognitive Dissonanz zwischen Sagen und Tun. Niemand möchte ungesund leben, doch Stress beraubt uns der Fähigkeit, bewusste Entscheidungen zu treffen, indem er Serotonin reduziert und unser Gehirn in Richtung eines kurzfristigen, Dopamin-getriebenen Vergnügens lenkt. Hauptsache, sich irgendwie den nächsten Kick holen, ob Coca-

Cola, Kaffee und Kuchen, das Feierabendbier, witzige Memes in WhatsApp-Gruppen, TikTok oder Videospiele. Versteh mich nicht falsch, nichts von alldem ist schlecht, die Dosis macht bekanntlich das Gift. Doch diese wird nicht von deinem Verstand festgelegt, der vorgibt, alles im Griff zu haben, sondern von den großen und kleinen Traumata, die du im Lauf des Lebens erfahren hast, und ihrem Pflaster Stress. Die Devise lautet: Bloß nicht zur Ruhe kommen, denn dann würden wir mit all den unangenehmen Gedanken und Gefühlen konfrontiert werden, und das würde ja erst recht Stress auslösen. Es gibt jetzt übrigens sogar einen Namen für eine Angststörung, die auftritt, wenn das Smartphone nicht in der Nähe ist: Nomophobie. Ist das zum Lachen oder zum Weinen?

Wir leben in totalem Überfluss, und doch scheint etwas schiefzugehen. Wie kann es sein, dass wir immer ungesünder, einsamer, neurotischer, gestresster und depressiver werden, obwohl uns doch nun unglaubliche technologische Errungenschaften zur Verfügung stehen? Unsere Biologie, die sich über Jahrmillionen entwickelt hat, ist im Wesentlichen gleich geblieben, aber unsere Lebenswelt hat sich radikal gewandelt. Dabei stelle ich fest: Was wir heute als normal ansehen, ist nicht gut für uns. Noch nie standen wir uns als Menschheit so nahe und sind uns gleichzeitig so fremd. Mit einem Klick können wir in Sekundenbruchteilen jedem Menschen dieser Welt eine Nachricht schreiben, während wir den Kassierer im Supermarkt keines Blickes würdigen. Nicht mit Absicht, sondern als Folge unserer inneren Verletzungen. Denn wenn wir unsere Authentizität für Verbundenheit hergeben, dann hat das immer Nebenwirkungen. Addieren wir diese kollektiv auf, ist das Ergebnis eine kranke Gesellschaft, deren chronifizierte Verdrängung authentischer Emotionen zu einer allmählichen Entfremdung von ihrer eigenen Natur führt.

Hin- statt wegschauen

Was komplex klingt, ist es auch tatsächlich. Wer nach eindimensionalen Ursachen sucht, wird an der eigenen Kurzsichtigkeit scheitern. Also fangen wir mal simpel an: Leiden entsteht häufig aus vorangehendem Leiden. Deshalb möchte ich an dieser Stelle kurz auf kollektive Traumata eingehen: Kriege, Hungersnöte, Pandemien, Sklaverei, Genozide oder die Unterdrückung der Frauen. Der traumatische Rattenschwanz dieser kollektiven Ereignisse hatte Auswirkungen auf individuelle Personen und formte unsere Welt auf unkontrollierbare Weisen. Im Fernsehen sehen wir Flüchtlinge und Kriegsschauplätze und realisieren nicht, dass diese Wunden auch noch in unseren Knochen stecken. Wenn unsere Urgroßeltern dem jahrelangen Druck der ständigen Lebensbedrohung des Zweiten Weltkriegs ausgesetzt waren, dann machte das etwas mit ihnen. Es hinterließ Spuren, denn wer mit dem Überleben beschäftigt ist, hat keine Zeit für Authentizität und Liebe.

Ich kenne kaum Menschen aus der Babyboomer-Generation, also die zwischen 1946 und 1964 Geborenen, die ihre Erziehung als liebevoll und emotional-verfügbar beschreiben würden. Ich sage dir: Du bist nicht die erste Instanz in deiner Ahnenreihe, der essenzielle emotionale Nähe fehlte. Aber vielleicht die letzte. Und deshalb darfst du heute anfangen hinzuschauen. Mit dem Verständnis, wie gesellschaftliche Geschehnisse dich prägten und wie die Gesellschaft durch die Erlebnisse einzelner Menschen geprägt wurde.

Unsere größte Hassliebe ist die Veränderung. Als neugieriges Anpassungswunder bewandern wir Mutter Erde seit etwa 300 000 Jahren und entwickelten uns in diesem Zeitraum von einfachen Jägern und Sammlern zu einer globalisierten Industriespezies, die nun sogar auf interstellare Entdeckungsreise geht. Es gibt im Außen ein ganzes Universum zu erkunden. Doch gibt es dieses nicht auch in uns selbst? Jetzt hätten wir langsam auch Zeit, dort mal genauer hinzuschauen, nur eben nicht immer Lust. Der weltweit renommierte Zukunftsforscher Sven Gábor Jánszky prognostizierte, dass wir in den nächsten drei Jahrzehnten mit der Situation konfrontiert werden, nicht mehr unbedingt arbeiten zu müssen. Das übernimmt dann Künstliche Intelligenz. Dieser Trend korreliert außerdem mit dem wachsenden Interesse vieler Menschen, bewusster zu leben. Die Beliebtheit von Yoga und Therapie, Meditation und Achtsamkeit sind Anzeichen dieser Bewegung. Wer weniger mentalen Aufwand für die Abdeckung der Grundbedürfnisse aufwenden muss, findet sich plötzlich in der neuartigen Situation wieder, sich tiefgreifend mit sich selbst auseinanderzusetzen zu können. Was für ein Privileg! Erstmals in der Menschheitsgeschichte darf der Blick kollektiv nach innen gerichtet werden. Dies führt meiner Meinung nach zu einer gewissen Verantwortung, die wir nun übernehmen dürfen. Wir erkennen an, dass der aktuelle und als normal empfundene Stand unserer mentalen Gesundheit ein Problem ist, das es wert ist, gelöst zu werden. Und das nicht nur von Weltverbesserern und Regelmachern, denn auch du bist Teil dieser Menschheit, die sich von sich selbst entfremdet hat. Aber keine Sorge, das haben wir alle. Wie ich mal einen Arzt sagen hörte: »Ich habe noch nie einen gesunden Menschen gesehen.«

Kaputt und trotzdem ganz sein

2021 führte ich das Leben, das ich mir immer gewünscht hatte. Isabel und ich bereisten die Welt, trafen interessante Menschen und konnten von unterwegs unsere Unternehmen aufbauen.

Passioniert kreierte ich Youtube-Videos, Podcasts, Blog-Artikel und Instagram-Storys, um Psychedelika in unserer Gesellschaft endlich zu normalisieren. Nebenher veranstalteten wir noch psychedelische Retreats, besuchten Festivals, und ich ging mit meinen Eltern auf jeweils einen Mutter-Sohn- und Vater-Sohn-Urlaub. Quoll mein Leben bald vor lauter Fülle über? Mein Kalender jedenfalls war zu dieser Zeit zum Bersten gefüllt, und die Termine waren perfekt aneinandergereiht. Spontan entspannen oder mal krank sein – unmöglich. Brauche ich ja nicht, dachte ich. Nach sieben Jahren Persönlichkeitsentwicklung, emotionalen Durchbrüchen und Arbeit mit Psychedelika würde mir mein Geist schon sagen, wenn er ein Problem hat.

In den Herbstmonaten hatte ich dann öfter mit Gastritis-ähnlichen Symptomen zu tun. Ungewöhnlich, da mein Magen bisher immer recht anstandslos funktionierte. Ein »echter Saumagen« würde es im Volksmund lauten. Im November wurden die Beschwerden regelmäßiger und schlimmer. Ein Arzt diagnostizierte eine chronische Magenschleimhautentzündung und verschrieb mir Pillen, um dem Magen eine säurearme Heilmöglichkeit zu bieten. Nachdem das keine Veränderung gebracht hatte, folgte im Januar 2022 eine Gastroskopie in einem Krankenhaus in Thailand. Also das mit dem Schlauch, der in den Rachen gesteckt wird – eher unangenehme Sache. Ergebnis: eindeutige Gastritis, jedoch ohne feststellbare bakterielle Ursache. Die Entzündung war also kein Hirngespinst, doch so langsam begann ich, daran zu zweifeln, ob sie jemals wieder gehen würde. Es war ja ansonsten eigentlich alles in Ordnung in meinem Leben. Nur diese quälenden Schmerzen, die mich tagein, tagaus zermürbten, schienen gekommen zu sein, um zu bleiben.

Im Juni sagte mir ein deutscher Arzt, nachdem er alles, was im Protokoll stand, geprüft hatte, mit vorsichtiger Stimme: »Das kann jetzt eigentlich nur noch was Psychisches sein.« Doch das war unmöglich! Seit Monaten durchkämmte ich meine Psyche nach Antworten, ohne dass etwas aufgetaucht wäre. Ich war überzeugt, momentan keine psychischen Probleme zu haben, und beklagte mich immer mehr beim Leben und meinen Mitmenschen. Einer davon, Alexander, schenkte mir daraufhin das Buch *The Mindbody Prescription* von Dr. John E. Sarno. Darin beschreibt er die faszinierende Verbindung zwischen körperlichen Schmerzen und unserem Geist.[47] Ich war sehr skeptisch, da ich augenscheinlich keine psychischen Probleme hatte. Doch meine Optionen waren langsam aufgebraucht. Der Autor betont, wie wichtig es ist, daran zu glauben, dass der Schmerz im Körper mit der Psyche zusammenhängt. Blockiert von einer inneren Abwehrhaltung, hielt mein Verstand diese Möglichkeit zwar für denkbar, aber suchte weiterhin nach einer äußeren Lösung für das Problem. Trotzdem kam in mir Bewegung auf. An einem warmen Sommertag im August schien dann plötzlich etwas einzurasten. Ich fing an zu glauben, und zwar zu 100 Prozent, dass die chronische Entzündung psychische Ursachen hat. Für meine rationale Seite fühlt es sich auch heute noch komisch an, dir jetzt Folgendes zu sagen, doch genau so war es: Ab diesem Tag begann die Gastritis zu heilen, und in den Monaten danach wichen die Schmerzen wieder aus meinem Leben.

Der Stress und ich

Für mich ist unsere Psyche das faszinierendste Etwas, das es gibt. Je mehr ich über sie herausfinde, umso mehr bemerke ich ihre raffinierte Funktionsweise. Sie besteht gleichsam aus Abertausenden eigenständigen Akteuren, die alle auf ihre Weise das Beste für mich möchten. So gibt es in mir einen Teil, der mir Mut macht und mich zu Glanzleistungen anspornt. Und einen anderen, der mich vor Überlastung und Erschöpfung schützt. Geraten ihre Interessen in einen Konflikt, handeln sie den bestmöglichen Kompromiss aus – zumindest im Idealfall. Nur leider sind manche dieser inneren Anteile einmal Leidtragende und Wächter seelischer Wunden geworden, die sie zukünftig unbedingt vermeiden wollen. Anstatt an einem Strang zu ziehen, bekriegen sich gegensätzliche Anteile daher im Schatten meiner Psyche ein Leben lang in dem Glauben, immer noch beschützen zu müssen, was sie einst so sehr verletzte. Indem ich dem Umstand Glauben schenkte, dass mein körperliches Leiden auf psychische Ursachen zurückzuführen war, gab ich einem inneren Anteil die Sicherheit, sich mir offenbaren zu dürfen. Mit verschiedensten therapeutischen Sitzungen und Gesprächen konnte ich der wahren Ursache für meine Schmerzen auf den Grund gehen. Es stellte sich heraus, dass ich gar nicht wusste, was Stress eigentlich ist. Wie fühlte er sich an? Das wusste ich nicht, denn ich war nie gestresst, zumindest nicht an der Oberfläche. Doch innen drin sah es anders aus. So brutal in den Schatten gedrückt, wusste mein innerer Überlastungswächter sich nicht mehr anders zu helfen, als seine Botschaft über meinen Körper auszudrücken. In diesem Prozess traten dann auch all die unterdrückten Gefühle auf, die mit meinem Leiden zusammenhingen – schuld zu sein, wertlos zu sein, nicht geliebt zu werden, nicht gut genug zu sein, zu versagen und zuallerletzt: zu sterben. Dieser Prozess war unangenehm, doch notwendig, um wieder an der vollen Pracht des Lebens teilzunehmen. Hinter diesem QR-Code verbirgt sich ein tiefgehender Video-Workshop, in dem ich dir zeige, was du direkt ab heute tun kannst, um Stresssymptome neu zu bewerten und ihre emotionale Botschaft zu erkennen – mit oder ohne Psychedelika.

Unterdrückte und unterdrückende Gefühle

An dieser Stelle möchte dir kurz von einem Modell erzählen, das mir half, Klarheit in dieses Gefühlswirrwarr zu bringen. Ich habe es vor einiger Zeit in einem Buch des Psychiaters und Psychotherapeuten Dr. Samuel Widmer erstmals gesehen und auf meine Erfahrungen und Wahrnehmungen angepasst.[48]

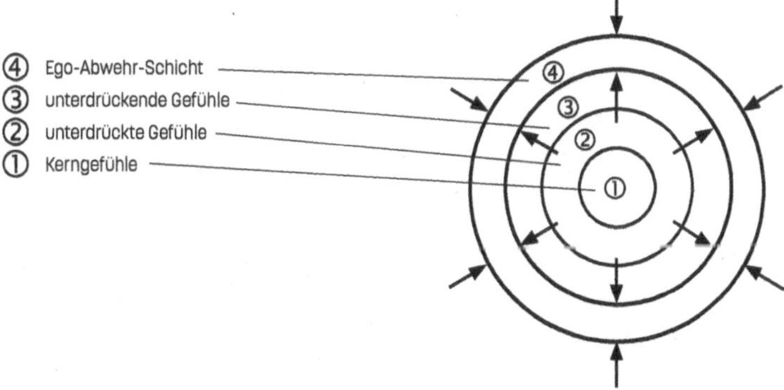

Abb. 3: Modell der unterdrückten und unterdrückenden Gefühle nach Widmer[49]

Das Modell der unterdrückten und unterdrückenden Gefühle geht davon aus, dass unser grundlegender Zustand von den Kerngefühlen Frieden, Freude und Liebe geprägt ist. Doch manchmal traten – besonders in der Kindheit – Gefühle auf, die in negativer Hinsicht so intensiv, herausfordernd oder überwältigend waren, dass wir sie nicht verarbeiten konnten, beispielsweise Verzweiflung, Hilflosigkeit, Einsamkeit, Verlassen- oder Ausgeschlossensein. Als Schutzmechanismus verfestigten sie sich dann als umschließende Mauer, die so lange um die genannten Kerngefühle bestehen bleibt, bis wir wieder in der Lage sind, diese intensiven Gefühle zu fühlen und damit die Mauer aufzulösen. Doch weil diese Emotionen nun mal kaum zu ertragen sind, wird eine weitere unterdrückende Sicherheitsschicht darum errichtet. Darin befinden sich Gefühle, die in unserer Gesellschaft typischerweise weit verbreitet, doch nicht sonderlich beliebt sind: Hass, Neid, Eifersucht, Geiz, Gier oder Niedergeschlagenheit. Du kannst sie als Ablenkungsstrategie betrachten, um die tiefer liegende Gefühlsmauer im Verborgenen zu halten. Damit machen diese unterdrückenden Gefühle die Schicht darunter zu den unterdrückten Gefühlen. Doch weil fast alle Emotionen in unserer Gesellschaft nicht akzeptiert werden, gibt es ganz außen noch zusätzlich eine Ego-Abwehr-Schicht, die uns mit Gedankenkarussell, inneren Kritikern, Selbsthass, Angst und Trotz davon abhalten möchte, auch nur eine einzige Ebene tiefer zu gehen. Diese Tricks der Ego-Abwehr-Schicht sind jedoch nicht die Ursache psychischer Leiden. Stattdessen sind psychische Probleme selbst Abwehrstrategien gegen unterdrückte und unterdrückende Gefühle. Stell es dir vor wie eine emotionale Autoimmunerkrankung, bei der das emotionale Immunsystem überlastet ist und sich gegen sich selbst richtet.

Echte Menschlichkeit ist nicht perfekt

Einsicht ist der Weg zur Besserung, denn sie eröffnet dir ein Gespräch mit dir selbst, das dir bisher verwehrt geblieben war. Und von dieser Art Austausch brauchen wir dringend mehr. Oder wie geht es dir gerade – ganz gut? Hm, doch ein paar kleinere Probleme? Ah, aber wird schon besser? Ja, gut, dann passt's ja. Ein Großteil unseres tagtäglichen inneren und äußeren Dialogs läuft ungefähr auf diese Art und Weise ab – vermeintliches Interesse, das aus ins Leere laufenden Hülsen besteht. Die Autorin Brené Brown beschreibt das als typische Abwehrstrategie unserer riesigen Angst, wirklich nach innen zu schauen.[50] Wir geben vor, jemand zu sein, der wir nicht sind, da wir selbst nicht wissen, wer wir wirklich sind. Und wir perfektionieren und überdecken Angriffsflächen, damit niemand aus unseren Fehlern Kapital schlagen kann.

Ich kann das nach meiner eben erzählten Leidensgeschichte bestätigen. Das war eine Erfahrung, die mich demütig vor dem Leben gemacht hat. Was ich daraus gelernt habe, ist Folgendes: Indem wir anfangen, es für möglich zu halten, dass wir leiden, ermächtigen wir uns selbst, ein leidarmes Leben zu führen. Das Erlangen eines solchen Störungsbewusstseins ist immer der erste Schritt in Richtung Lösung. Haben wir nur genug Leidensdruck, wird Veränderung von allein passieren – sollte man meinen. Als ich 2015 meine Reise nach innen begann, ging es mir eigentlich gut. »Schwere Probleme, mit denen sich andere herumschlagen, habe ich nicht, denn ich bin ja glücklich und habe keine Schwierigkeiten« lautete damals ungefähr mein innerer Monolog. Heute weiß ich: Das menschliche Leiden passiert größtenteils im Hinterzimmer. Bewacht von Ego und Co. können wir so ein halbwegs gutes Leben führen, ohne uns mit unseren tieferen Themen beschäftigen zu müssen. Nur ist die allgemeine Beschreibung eines guten Lebens nicht unbedingt das, was ich heute als ein echtes, erfülltes und lebendiges Leben bezeichnen würde. Doch ebendas ist nun mal, was wir tief im Inneren wirklich möchten. Und dafür ist zunächst einmal nur der simple Schritt der Einsicht notwendig. Doch zugleich ist das auch der schwerste, denn eine Störung würde ja bedeuten, dass du irgendwie kaputt bist, oder?

Frag dich mal Folgendes: Wenn niemand perfekt ist, sind dann alle kaputt? Und wenn alle kaputt sind, sind dann alle so, wie sie sind, perfekt? Ich finde, das Zweite klingt schöner. Denn wir sind vor allem eins: menschlich. Und welche Menschen sind es, die besonders suspekt und irgendwie nicht vertrauenswürdig wirken? Richtig, die ohne Fehler. Dabei sind es doch genau diese Fehler, die uns jemanden anderen wirklich lieben lassen. Wenn wir das doch nur auch über uns selbst sagen könnten, hätten wir keine Probleme mehr. Machen wir aber nicht, denn etwas in uns ist äußerst verletzt und verkauft sich dir als mangelhaftes Produkt, angemeldet zur Retoure, die nie abgeschickt wird. Doch damit ist jetzt Schluss. Kaputt sein bedeutet, emotional verletzt zu sein. Leiden heilen bedeutet, emotional zu heilen. Und darin steckt das Potenzial, von deinem schlechten, mittelmäßigen oder guten Leben hin zu deinem wahren Leben zu kommen. Auf dem Weg dahin brauchst du dich nicht zu verändern oder zu reparieren. Es geht darum, dich wiederzuerkennen und dir selbst das Steuer zurück in die Hand zu geben. Nun ist es an der Zeit, dass wir alle Fäden auf tiefster Ebene miteinander verknüpfen. Lass uns gemeinsam herausfinden, worum es hier eigentlich wirklich geht.

Der Weg raus ist der Weg rein

Schmerz ist der Feedback-Mechanismus der Natur, um dich zu einer Veränderung zu bewegen. Schaffst du es nicht, ihn auszuhalten und ihm zuzuhören, drängst du ihn durch Ablenkung, Betäubung oder Flucht in den Hintergrund. Der dort akkumulierte Schmerz beginnt dann, sich als vielfältiges Leiden auszudrücken. Zu leiden besteht also nicht aus akutem Schmerz, sondern ist die Erfahrung deines unterdrückten Schmerzes. Indem du anfängst, diesen anzunehmen und zu fühlen, wird er abgebaut, und das ist es, was dich letztendlich von deinem Leiden befreit.

Meine chronische Gastritis hat mich über fast ein Jahr zutiefst leiden lassen, doch alles, was ich sah, war Schmerz, den ich loswerden wollte. Mit der Einsicht in seine psychischen

Ursachen öffnete ich mich dem darunter liegenden Gefühl des Leidens, das nun das zugrunde liegende Gefühl des Schmerzes preisgab, das wiederum das Tor zu mir selbst öffnete. Eindrucksvoll wurde mir das in einer intensiven psychedelischen Gruppenerfahrung gezeigt.

Mit einer Schlafmaske über den Augen liege ich auf einer Yogamatte und starre ins schwarze Nichts. In gespannter Erwartung freue ich mich auf das, was kommt. Sicherlich wird es wieder hilfreich sein, geht es mir durch den Kopf. Jetzt gerät die Außenwelt in den Hintergrund, während die Anspannung bleibt. Was zuvor eine angenehme Aufregung war, wandelt sich zu körperlichem Schmerz, der beginnt, sich von meinen Händen über meine Arme auszubreiten. »Och nee, muss das sein?« Es muss. Ich erinnere mich daran, alles anzunehmen, was auftaucht, und fange an, den Schmerz zu akzeptieren. Er wird jedoch nicht schwächer, sondern immer stärker. Ich möchte ihn doch fühlen, wieso also nimmt er zu? Minutenlang kämpfe ich gegen den Schmerz, der sich scheinbar nicht fühlen lassen möchte. Leidend vor Schmerzen, die sich nun pulsierend von meinen Armen in meinen ganzen Körper ausbreiten, realisiere ich plötzlich: Ich möchte schmerzhafte Gefühle nur deshalb annehmen, damit sie wieder weggehen. Wie ein Eisbecher in der prallen Sonne schmelzen daraufhin meine Kontrollschichten und offenbaren das Gefühl, zurückgelassen zu werden, allein zu sein. Ich schüttle wild meinen Körper, weine, schreie und drücke damit wortwörtlich aus, was gefühlt werden möchte. Gekauert in mich selbst fange ich an, wortlos nach Hilfe zu rufen, nach Wärme, Liebe und Verbundenheit. Was muss sich tun, um diese zu bekommen? Da dämmert es mir, wie ich Liebe als Transaktion verstehe. Gibt es sie überhaupt, die bedingungslose Liebe, von der so viele sprechen? Da taucht meine Mutter vor meinem geistigen Auge auf, begleitet von der Erkenntnis, dass diese Frau mich so sehr liebt, dass sie für mich sterben würde. Für einen Moment wird es ganz still und im nächsten schwappt das Gefühl purer Liebe aus einer tiefen Kammer hinauf in den jetzigen Moment. Das ist sie, die bedingungslose Liebe. Ich glaube es nun, ich vertraue nun – es gibt sie wirklich.

Die Kontrolle loslassen

Auch wenn es nur für kurze Zeit war, konnte ich nach diesem Erlebnis einen Zugang zu diesem Gefühl der bedingungslosen Liebe spüren. Wie eine Tür, die nach langer Zeit geöffnet wurde und von jetzt an einen kleinen Spalt offen blieb. Dadurch wandelte sich mein Umgang mit dem wichtigsten Menschen in meinem Leben: mir selbst. Denn ich war es schließlich, der mich selbst antrieb, mit meiner Arbeit möglichst viel zu erreichen, größer zu werden und weiterzukommen. Hinter diesem zwanghaften Bestreben stand letztlich ein kleiner, verletzter Junge, der sich nicht geliebt fühlte und sich aufgrund emotionaler Wunden von seiner Authentizität und anderen Menschen trennte, um sich vor weiteren Verletzungen zu schützen. Diese Trennung aufrechtzuerhalten, kostet viel Kraft und Energie und bedarf einer starken Kontrolle. Damit uns das leichterfällt, betrachten wir diese Trennung als etwas ganz Normales, indem wir uns als Person damit identifizieren. Hier ein paar Beispiele:

- Ich kann das nicht.
- Daran wird sich sowieso nichts ändern.
- Ich habe keine psychischen Probleme.
- Er muss den ersten Schritt auf mich zugehen, da ich schließlich im Recht bin.

- Das habe ich alles schon verarbeitet, da gibt es nichts mehr.
- Ich muss das allein schaffen.
- Ich habe nur kleinere Probleme, an sich ist alles super.
- Ich bin depressiv, aber ich komme da allein raus.
- Niemand kann mich verstehen.
- Keiner will wirklich für mich da sein.

Diese Identifikationen sind es, die uns genau dort halten möchten, wo wir gerade sind. Immer stärker prägen sie das, was wir in Hinsicht auf uns selbst als wahr ansehen. Mit jeder weiteren Annahme soll mehr Sicherheit geschaffen werden, indem unser Handeln, Denken und Fühlen kontrolliert wird. Und mit jeder weiteren Kontrollschicht bewegen wir uns ein Stück weiter weg von unserer wahren Natur. Immer tiefer graben wir uns so in diese selbsterfüllenden Prophezeiungen. Doch Kontrolle ist nicht die Lösung, Kontrolle ist das Problem. Denn was passiert eigentlich, wenn wir sie loslassen? Wenn wir einfach mal versuchen, nichts im Griff zu haben? Wenn wir aufhören zu machen, fängt es in uns an zu tun. Ich nenne das die Sehnsucht nach uns selbst. Es ist eine Art innere Intelligenz, die dann erscheint, wenn wir in die Stille kommen.

Warum sind wir wohl die am stärksten abgelenkte, stimulierte und betäubte Gesellschaft aller Zeiten? Weil wir unter all den Kontrollschichten versuchen, unsere authentische Stimme zum Schweigen zu bringen, und uns das heute einfacher gemacht wird denn je. Noch nie hatten wir so viel Angst vor uns selbst. Doch damit hört es jetzt auf! Die Zeit ist reif innezuhalten, sich zu besinnen und umzudrehen. Und dafür musst du nichts tun, denn in dir existiert bereits ein authentisches Navigationssystem, dem du nur den Raum zu geben brauchst, nach dem es dein ganzes Leben lang gerufen hat. Es besteht weder Bedarf, dich selbst zu finden, noch dich zu heilen oder zu verbessern. Wenn du nach wahrer Veränderung suchst, dann hör auf zu suchen, und fang an, dich sein zu lassen. Je verzweifelter du versuchst, etwas zu erreichen oder an etwas festzuhalten, desto anstrengender und komplizierter scheint es zu werden. Wie ein Schmetterling, der flieht, wenn du nach ihm greifst, aber bereitwillig auf deiner ruhigen Hand verweilt. Damit meine ich nicht, untätig auf die große Erleuchtung zu warten. Vielmehr ist es eine Einladung, dich mit Vertrauen und Offenheit dem ureigenen Fluss deiner selbst hinzugeben. Darin findest du alle Botschaften, die du brauchst, um harmonisch im Einklang mit dir selbst und der Welt zu leben. Darin liegen die verschollenen, unterdrückten, betäubten und verbannten Anteile deiner selbst, die dich wieder vervollständigen werden. Du weißt ja: Du bist nicht kaputt, sondern emotional verletzt. Und genau da dürfen wir ansetzen.

Emotionale Heilung – dort hinschauen, wo das Ego am liebsten wegsieht

Tiefe Veränderung geschieht nicht durch In-die-Hände-Klatschen und Tschakka-Grölen oder einen eisernen Willen und Disziplin, sondern durch emotionale Heilung. Genauso wie Antidepressiva deine Depression und Ritalin dein ADHS nicht heilen werden, wirst du mit klassischer Persönlichkeitsentwicklung und Verhaltensanpassung zwar Symptome lindern, doch tief in dir weiterhin emotionalen Ballast mitschleppen. Ich bin kein Fan des Wortes Heilung im klassischen Sinne. Viele assoziieren damit, dass etwas kaputt ist. Niemand möchte Heilung brauchen, da niemand als kaputt angesehen werden möchte. Doch von seiner Wortherkunft her bedeutet heilen buchstäblich, ganz zu werden. Es dürfen also Teile, die dir abhandengekommen sind, wieder zurückfinden. Doch diese sind nicht außerhalb von dir, sondern in deinem Inneren in Vergessenheit geraten. Heilung bedeutet also, dich an dich selbst zu erinnern.

Emotionale Heilung bedeutet, diejenigen Emotionen zu erkennen, zu fühlen und zu integrieren, die zuvor abgespalten und als zu gefährlich angesehen wurden. In einer neuen, korrigierenden Referenzerfahrung werden sie so vervollständigt, wie es damals nicht möglich gewesen war. Das geschieht, wenn du dich offenherzig dorthin bewegst, wo dein Ego sich davor hütet hinzuschauen. Dort, wo deine Authentizität einst begraben wurde, um dich in einer eng verbundenen Beziehung mit deinen Mitmenschen zu halten. Denn emotionale Verletzungen geschehen in Beziehung, zeigen sich in Beziehung und heilen in Beziehung. Um dich also wieder vor dir selbst und der Welt zu öffnen, braucht es deinen Mut zur Verletzlichkeit. Mit neuen, korrigierenden Verbindungserfahrungen schaffst du ein sicheres Lernfeld, um die Emotionen zu integrieren, die bisher stecken geblieben sind. Vergiss Disziplin, Ziele-Setzen und Effizienz. Hast du den richtigen Nährboden geschaffen, musst du die Blumen nicht mehr andauernd kontrollieren und anweisen, wie sie zu wachsen haben. Mit emotionaler Heilung schaltest du ihre innere Intelligenz frei, damit sie sich wieder so entfalten können, wie es in ihren Samen angelegt ist. Ich sage nicht, dass es einfach wird. Ich sage, es ist notwendig.

Psychedelische Bausubstanz

Egal warum du gekommen bist: Neugier, Unterhaltung, Blockaden loswerden, Ängste überwinden oder persönliches Wachstum. Du möchtest in jedem Fall von A nach B kommen. Auf die ein oder andere Weise soll sich dein Bewusstseinszustand wandeln, denn mit einem Hauch Störungsbewusstsein hat sich allmählich der Wunsch nach Veränderung in dir ausgebreitet. Klar ist: Schlechtes muss weg, Gutes muss her. Dann nach ein paar Jahren Selbsthilfebüchern, Seminaren und Einfach-ganz-viel-darüber-Nachdenken die Ernüchterung: Irgendetwas hat sich schon verändert, doch innerlich drückt immer noch der Schuh. Warum kann ich nicht einfach so sein, wie ich es gern hätte? Langsam sickert die Antwort durch: Meine Bruchbude sieht mit neuem Anstrich zwar besser aus, doch ohne Aufarbeitung der Bausubstanz fordern ihre Bewohner weiterhin Mietminderung. Beim genaueren Hinschauen entpuppt sich der geizige Vermieter als mein Ego, das mich aus Überfürsorglichkeit in einer stabilen Scheinwelt gefangen hält. Mit reichlich Empathie, Gefühlsbereitschaft und ganz viel Zeit widme ich mich nun den Renovierungsarbeiten. Mein Ego wandelt sich langsam zum Bauaufseher, der augenblicklich einschreitet, sollte es ihm mal zu schnell gehen. Vor allem die ganz tiefen Risse in den Kellerwänden sind noch tabu. Doch das ist okay. Mir wird klar, dass es nicht darum geht, irgendwo anzukommen. Ich möchte nicht in einem Haus vom Fließband leben, das in seiner Perfektion kalt wirkt. Stattdessen genieße ich mit dem Gefühl der Akzeptanz und Hingabe diesen Prozess hin zu mir selbst. Ich war nie kaputt, sondern immer schon dabei, ganz zu werden.

Und doch frage ich mich manchmal: Wenn es einen kleinen Trick, eine kleine Hilfestellung gäbe, um das Ganze ein wenig zu beschleunigen, würde ich sie in Anspruch nehmen? Vielleicht so etwas wie eine kurzzeitige Beurlaubung meines Egos, damit ich selbst auch mal mitentscheiden kann. Oder ein Werkzeug, mit dem sogar ich als Laie den Zugang zu tieferen Bauschichten meines Hauses bekomme. Klingt zu schön, um wahr zu sein. So etwas kann es doch gar nicht geben, denn sonst würde es schließlich jeder Mensch benutzen. Womöglich wäre dieses Werkzeug auch so kompliziert zu verwenden, dass niemand wirklich verstehen würde, wie es denn funktioniert. Seine Wirkmechanismen müssten so ausgeklügelt sein, dass eine ganze Bibliothek nötig wäre, sie zu beschreiben. Doch vielleicht fangen wir damit einfach mal im nächsten Kapitel an.

4.

Wie Psychedelika das Leben verbessern

So wirken Psychedelika

Das Wort Psychedelika besteht aus den altgriechischen Wörtern *psychē*, »Geist, Psyche, Seele«, und *dēloún*, »offenbaren, kundtun«. Der Name ist Programm. Nach der Einnahme werden in kürzester Zeit die Grundpfeiler deiner Wahrnehmung eingerissen und dir eine Welt eröffnet, die vorher nicht sichtbar war. Eine radikale Abweichung des Alltagsbewusstseins. Doch wie erreichen wir damit bitte schön eine Lebensverbesserung? Werden dir rosa Elefanten die Geheimnisse des Lebens zuflüstern? Oder fällst du auf einen illusorischen Drogentrick rein, der dich glauben lässt, plötzlich alles verstanden zu haben?

Klischees simplifizieren Sachverhalte, doch sie berauben dich der Chance, wahrhaftig zu begreifen. Indem du anfängst, Psychedelika wirklich zu verstehen, kann ihre Wirkung sozusagen passender in die Zahnräder deiner Psyche einrasten und dir damit präziser dienen. Lass uns also den Vorhang weiter aufziehen. Mit meinen Erfahrungsberichten habe ich dir bereits Einblicke in den psychedelischen Rausch gegeben, nur lernst du aus der Erzählung einer Pianistin nicht das Klavierspielen. Deshalb möchte ich mich nun mit dir an ein besseres Verständnis der psychedelischen Wirkung heranrobben. Dazu schauen wir uns die subjektive Wahrnehmung eines solchen Trips an und leiten davon beschreibbare Effekt ab, die wir in drei Kategorien einteilen: visuelle Effekte, kognitive Effekte und diverse Effekte. Danach setzen wir alle in Beziehung und finden den gemeinsamen Nenner solcher Erfahrungen. Ich möchte dir zeigen, was im tiefsten Kern dazu führt, dass Psychedelika uns helfen, ein besseres Leben zu führen.

Doch eines muss an dieser Stelle noch dringend gesagt werden. Du wirst es nie wirklich verstehen können, bevor du es nicht selbst erfahren hast. Stell dir einmal einen Urmenschen vor, der vor Zehntausenden von Jahren friedlich mit seiner Stammesgemeinschaft in der Savanne lebt. Nennen wir ihn einfach Ahn. Eines Tages wird Ahn aus heiterem Himmel in das New York des Jahres 2024 teleportiert. Verängstigt und doch neugierig blickt er wild umher. Fassungslos beobachtet er Straßen, Handys, Hochhäuser, Autos, Würstchenbuden, Fahrräder, Modekleidung, Reklametafeln, Hunde und Neonlichter. Und so schnell wie er gekommen ist, wird Ahn urplötzlich wieder in seine Zeit zurückgebeamt. Sein Stamm atmet erleichtert auf, schart sich um ihn und fragt, was denn passiert sei. Doch Ahn fehlen buchstäblich die Worte, um auch nur ansatzweise beschreiben zu können, was er gesehen hat. Er versucht es mit vielen Umschreibungen und Metaphern, doch er weiß, dass sie es niemals so verstehen können, wie er es wirklich erlebt hat.

1. Visuelle Effekte

Ist das jetzt das die Wirkung oder Placebo? So sieht mein Sofa doch normalerweise nicht aus, oder? Nun gibt es keinen Zweifel mehr. Meine Topfpflanzen sind eigentlich nicht so grün und der Couchtisch nicht so grau. Und erst das Gold meines

Eherings. Huch, ist das jetzt der Zeitlupenmodus? Bewege ich meine Hand von links nach rechts, zieht sie eine Art Spur hinter sich her. Das glaubt mir doch keiner. Nun blicke ich wieder ins Zimmer und sehe, wie es zum Leben erwacht. Keines der Bilder an der Wand sieht noch gerade aus, sie verziehen sich auf unmögliche Weise. Die Wände kommen näher und rücken wieder nach hinten, fast als ob sie atmen würden. Es kommt mir alles so unwirklich vor. Ich fange an zu lachen und schließe die Augen. Aus dem schwarzen Nichts pulsiert nun ein geometrischer Farbstrudel empor. Ohne Übergang erblicke ich eine fantastische Welt, die sich Schicht für Schicht vor meinem geistigen Auge selbst zu kreieren scheint. Das glaubt mir wirklich keiner! Wieder muss ich herzlich lachen.

In der frühen Phase eines psychedelischen Trips liegt der Fokus oft auf den visuellen Veränderungen. Das normalisiert sich dann meistens im Lauf der Erfahrung, und andere Effekte treten in den Vordergrund. Gewöhnlich werden die visuellen Effekte von Medien und Volksmund als die charakteristischste Wirkung dargestellt. Vermutlich, weil sie sich relativ einfach wiedergeben lassen. Im Fachjargon werden sie auch »Optics« oder »Visuals« genannt. Im vorangegangenen Beispiel können wir einige typische erkennen.

Farberweiterung

Bei diesem Effekt wird die Helligkeit und Lebendigkeit von Farben erhöht. Alles sieht plötzlich klarer, komplexer und intensiver aus als im nüchternen Zustand. Grün wird grüner, Blau blauer und Rot roter. In einer Studie aus den 60er-Jahren wurde festgestellt, dass Psychedelika fast alle Metriken der Farbwahrnehmung beeinflussten.[51]

Leuchtspuren

Fotografen spielen mit der Belichtungszeit, um bei einem dunklen Motiv mehr Licht einzufangen. Doch ist dabei zu viel Bewegung im Spiel, verziehen sich einzelne Objekte und werden mit Schlieren abgebildet. Da Psychedelika deine Wahrnehmung aus den Fugen hieven, kann es bei einem Trip zu ähnlichen Effekten kommen. Wenn du deine Hand vor dir hin- und herbewegst, kann sie hinter sich eine Spur herziehen. Bei sehr hohen Dosierungen geht das so weit, dass sämtliche visuellen Veränderungen als eine allumfassende Schliere – anders gesagt: als Einheitsbrei – wahrgenommen werden.

Morphen, atmen und verdrehen

Wenn die Toten zum Leben erwachen: Egal, wo du hinblickst, beginnen Gegenstände sich zu bewegen. Es ist mindestens so verrückt, wie es sich anhört. Die Textur, Form und Struktur einzelner Objekte oder der gesamten Szenerie verschmelzen, morphen und verdrehen sich querfeldein. Je länger du starrst, umso stärker scheint die Wirkung dieses Effekts zu werden. Blinzelst du und blickst erneut auf denselben Punkt, ist alles wieder zurück an Ort und Stelle, doch es fängt augenblicklich an, sich wieder zu bewegen.

Innere Visionen

Woher weißt du mit absoluter Sicherheit, dass du gerade nicht träumst? So täuschend echt scheinen die nächtlichen Traumwelten zu sein, dass dir währenddessen nicht auffällt, dass dein bester Freund eigentlich gar nicht Bundeskanzler ist und du auch nicht mit Marilyn Monroe auf dem Abiball tanzen kannst. So erinnere ich mich an einen psychedelischen Trip, bei dem ich lautstark zu Isabel rief: »Habe ich meine Augen offen oder zu? Schau mal.« »Zu«, antwortete sie, und ich konnte es einfach nicht fassen. Der Effekt der inneren Visionen tritt bei geschlossenen Augen auf und beschreibt die Wahrnehmung traumartiger Bilder. Diese können als geometrisch unmögliche Fantasiewelten in Erscheinung treten oder tatsächliche - auch frühkindliche - Erinnerungen abbilden.

Abschließend noch ein Wort zu Halluzinationen, die nach ihrer Definition eine Wahrnehmung beschreiben, die nicht wirklich da ist. Die meisten Halluzinationen unter Einfluss von Psychedelika sind sogenannte Pseudohalluzinationen. Das bedeutet, dass sich die trippende Person vollkommen bewusst darüber ist, dass die Halluzination nicht wirklich auch in der Realität existiert. Erst bei starken Verzerrungen deiner mentalen Fähigkeiten geht dieses Bewusstsein flöten. Was uns zur nächsten Kategorie der psychedelischen Effekte bringt.

2. Kognitive Effekte

Ich sitze auf dem Boden wie ein kleiner Junge und begutachte meine Hände, als ob ich sie vorher noch nie gesehen hätte. Seit über drei Jahrzehnten dienen sie mir als lebenswichtige Werkzeuge. Ich spüre eine tiefe Dankbarkeit in mir aufsteigen und schließe die Augen.

Das Gefühl wird tiefer, als ich es jemals zuvor empfunden habe. Ich blicke erneut auf meine Hände, doch plötzlich erkenne ich sie nicht mehr als die meinen. Wie eine dritte Person betrachte ich mich selbst. Gedanken und Gefühle sind noch da, doch ihre Wurzel scheint nicht in mir zu enden. Wenn ich nicht unbedingt ich sein muss, kann ich dann selbst entscheiden, wer ich sein möchte? Die Grenzen zwischen mir und nicht mir sind nun aufgelöst. *Ich* verliere an Bedeutung. Es *ist* nur noch.

Vermutlich werden bei diesem Beispiel 99 Prozent der Menschen nur Bahnhof verstehen. Falls du auch dazugehörst, dann nicht mehr lange. Denn was für manche wie psychotisches Verrücktengefasel klingen mag, lässt sich relativ gut erklären, wenn wir ein wenig Verständnis für die menschliche Psyche mitbringen. Und da wir dieses in den vorigen Kapiteln hoffentlich erlangt haben, können wir jetzt die wichtigsten kognitiven Effekte des psychedelischen Rausches begutachten.

Emotionserweiterung

Wir sind emotionale Wesen, und auch der rationalste Physikprofessor agiert aus einer emotionalen Unterströmung. Der Effekt der Emotionserweiterung beschreibt nicht das aktive Auslösen bestimmter Emotionen wie Angst oder Euphorie, sondern die Intensivierung ohnehin vorhandener emotionaler Zustände. Diese Wirkung reicht sogar bis in die unterbewussten Regionen deiner Emotionen. Das bedeutet, dass unterdrückte oder verdrängte Gefühle ebenfalls intensiviert werden und erstmals das Licht der Welt erblicken können – ob du es möchtest oder nicht. Betrittst du die psychedelischen Räume gestresst und verängstigt, so werden auch diese Zustände verstärkt. In diesem Effekt unterscheiden sich Psychedelika also von anderen psychoaktiven Substanzen, zugleich spielt er eine zentrale Rolle bei ihrer heilsamen Wirkung.

Derealisation

Kannst du dir selbst dabei zuschauen, wie du diese Zeilen liest? Das geht, wenn auch nur für einen kurzen Moment. Jetzt stell dir vor, dass sich das Blatt wendet und du dich standardmäßig selbst beobachtest. Das Gefühl, sich von sich selbst getrennt als außenstehender Beobachter wahrzunehmen, wird in der Medizin Derealisation genannt. Bei einem psychedelischen Rausch kann dieser Effekt temporär auftreten und dir dabei helfen, dein eigenes Leben einmal aus einer neutralen Außensicht zu betrachten. Hallo, Perspektivenwechsel!

Unterdrückung persönlicher Voreingenommenheit

Der Effekt der *personal bias suppression* unterdrückt eine vorhandene Voreingenommenheit in Bezug auf persönliche und kulturelle Annahmen und Präferenzen, mit denen du wissentlich oder unwissentlich die Welt filterst und interpretierst. Dazu drei passende Zitate aus Erfahrungsberichten:

»Meine Perspektive war nicht mehr von Kultur, Drama und bedeutungslosen Problemen getrübt. Die Schönheit meines Daseins, meiner Liebsten und meiner Position im Universum wurden endlich in Perspektive gesetzt.«[52]

»Dinge waren plötzlich unterhaltsam, die ich zuvor extrem langweilig fand.«[53]

»Ich fühlte mich weniger kritisch gegenüber meiner Persönlichkeit, als ich es teilweise normalerweise bin.«[54]

Während deine persönliche Voreingenommenheit verschwindet, öffnet sich ein Zeitfenster ungehemmter Wahrnehmung, in dem dein Ego seine Relevanz verliert. Darin können sich tiefe Zustände der Introspektion und Einsicht einstellen, die im nüchternen Zustand eher selten sind.

Ego-Auflösung

Erinnerst du dich an die Identifikationen, die dich dort halten möchten, wo du gerade bist? Ich bin dies, ich bin das, oder das bin ich nicht. Das Lieblingswort deines Egos ist »ich«. Doch mit steigender psychedelischer Dosis wird deinem Ego Stück für Stück ein wenig »ich« genommen. Das kann so weit gehen, dass Gedanken von »ich bin« unmöglich werden. Doch was ist »bin« ohne »ich«? Wer warst du noch mal, bevor du ein Ich warst?

Ist Wahrnehmung ohne ein Ich überhaupt möglich – oder sind sie ein und dasselbe? Das Kurz- und Langzeitgedächtnis scheinen jedenfalls eng verdrahtet mit deinem Ich zu sein. Deshalb führt der Effekt der Ego- oder auch Ich-Auflösung stufenlos zu einer Hemmung deines Gedächtniszugriffs. Klingt irgendwie ein wenig gruselig, oder? Doch auch wovor du dich fürchten sollst, steckt schließlich irgendwo in deiner Erinnerung. Und genau deshalb kann dieser Effekt einen wertvollen Beitrag zu einer positiven Veränderung nach einer psychedelischen Erfahrung leisten.

Dies waren aus meiner Sicht die relevantesten kognitiven Effekte für die Transformationsarbeit mit Psychedelika. Natürlich gibt es daneben noch viele weitere, wie beispielsweise Kreativitätssteigerung, Gedankenschleifen oder eine verzerrte Zeitwahrnehmung. Doch für den Rahmen dieses Buches möchte ich dir jetzt nur noch drei weitere spannende Effekte zeigen, die sich weder den visuellen noch den kognitiven zuordnen lassen.

3. Diverse Effekte

Immer tiefer sinke ich auf dem Bauch liegend in meine Yogamatte, während die Welt um mich herum in mich hineinzufallen scheint. Die aus dem Lautsprecher dringenden melodischen Klänge werden zum einzigen Inhalt dieses wundersamen Films meiner Realität. Sie verschmelzen mit mir und meinen Sinnen. Ich sehe die Musik, wie sie sich durch die Beine des Esstischs hindurchschlängelt, als in mir ein Gefühl der Angespanntheit aufsteigt. Hektisch blicke ich umher, doch es hilft nichts. Da dies nicht mein erster Trip ist, weiß ich bereits, dass dieses Gefühl ein Tor ist, durch das ich hindurchschreiten darf. Nun bemerke ich, wie die Anspannung weicht und augenblicklich Visionen aus meiner Zeit in der sechsten Klasse erscheinen. Ich realisiere, wie einsam ich damals war und wie ich mir nie erlaubte, das auch zu fühlen. Es folgt ein Emotionsausbruch. Impulsiv agiere ich die Gefühle Trauer, Wut und Angst aus – oder besser gesagt: Sie werden nachgeholt. Nach einigen Minuten ist alles vorbei, und ich atme auf. Ganz weit aus dem Hintergrund höre ich eine Art Tinnitus, der Sekunde für Sekunde lauter wird, bis er ohrenbetäubend wird und mich zwingt, meine Augen zu schließen. Ist dies der Himmel? Stille. Leere. Einheit.

Zugegeben, diesen Erfahrungsbericht habe ich stark gekürzt, doch die Essenz ist wirklich so passiert. Spannenderweise unter dem Einfluss von oral konsumiertem THC, also Cannabis. Doch dazu erzähle ich dir in einem späteren Kapitel Genaueres, wenn wir die einzelnen Substanzen behandeln. Jetzt schauen wir uns dieses subjektive Erlebnis im Detail an. Vermutlich erkennst du darin schon ein Muster, das sich durch viele meiner Erfahrungen zieht: das Ausagieren verdrängter Emotionen.

Katharsis

Die These ist einfach: Durch das Ausagieren innerer Konflikte werden diese reduziert. Deshalb folgen auf einen ordentlichen Wutausbruch meist Einsicht und Gelassenheit. Emotionen sind dazu da, bewegt zu werden. In dem Wort steckt schließlich sogar *motion* (engl. »Bewegung«). Denn werden sie zum Stillstand gezwungen, müssen sie fortan mit einem gewissen Energieaufwand in dieser Bewegungsunfähigkeit gehalten werden. Ist das nicht mehr möglich, wird der emotionale Zug wieder auf seine Schienen gesetzt, um sich nun doch endlich zu seinem Ziel zu bewegen. Eine typische Wirkung von Psychedelika ist es, ebensolche kathartischen Erfahrungen zu erleichtern. Wir könnten es als eine Form der emotionalen Entgiftung bezeichnen. Dies hängt auch eng zusammen mit der regressiven Wirkung dieser Substanzen, durch die Menschen vorbei an Ego-Abwehrmechanismen zurück in frühere Erlebnisse ihres Lebens schlüpfen.[55] Bei psychedelischen Begleitungen habe ich den Effekt der Katharsis schon oft beobachten können. Es gehört fast schon zu einem hilfreichen Trip dazu, Emotionen ungebändigt auszuagieren. Ob durch Schreien, Weinen, Um-sich-Schlagen, Lachen, Kichern oder Tanzen – die Bandbreite ist so groß wie das Leben selbst. Und Emotionen sind es schließlich, die es lebenswert machen.

Synästhesie

Farben schmecken oder Musik riechen – mit diesen Aussagen sensationalisieren die Medien manchmal die sinnesvermischende Wirkung von Psychedelika. Doch wahr ist es trotzdem. Stell dir einmal fünf abgetrennte Abschnitte in einem großen Becken vor, die mit verschiedenfarbigen Flüssigkeiten gefüllt sind. Sie repräsentieren je einen Sinn: Sehen, Hören, Schmecken, Riechen und Fühlen. Plötzlich entstehen Risse und Löcher in den Trennwänden, und die Farben bilden neuartige Kombinationen, die bisher unmöglich waren. In gewisser Hinsicht kann man Psychedelika als Cocktailmixer deines Bewusstseins sehen. In der höchsten Form der Synästhesie verschmelzen all deine Sinne zu einer einzigen vereinten Wahrnehmung, in der es zwecklos ist, Sinne überhaupt zu kategorisieren.

Einheitserfahrung

Es ist unmöglich, sich die Erfahrung des Einsseins vorzustellen. Denn jede Vorstellung bringt bereits eine Trennung mit sich: zwischen dem Sich-Vorstellenden und dem, was er sich vorstellt. Psychedelika gehen einen anderen Weg: Sie lassen dich etwas erfahren, sodass du dir nichts vorzustellen brauchst. In diesem Fall die nonduale Natur der Realität, in der du dich als eins mit allem anderen erkennst – Erleuchtung in Sekunden, statt zwanzig Jahre im Kloster meditieren zu müssen. Spirituell Suchende reißen sich förmlich um solche tiefen Einblicke in das Sein, denn nur ein einziger kann dein Leben auf fundamentale Weise verändern. Es ist ein wenig wie beim sogenannten Overview-Effekt. Dieser tritt ein, wenn Astronauten vom Weltraum aus die Erde in ihrer Gesamtheit als blaue Perle im schwarzen Weltraum sehen. Häufig zieht auch er Lebensveränderungen nach sich. Es kann also hilfreich sein, sich als Teil von etwas großem Ganzen wahrzunehmen. Psychedelika können diesen Effekt bewirken, ohne dass du in den Weltraum reisen musst, indem sie dich erkennen lassen, dass du und der Rest des Universums im Grunde genommen ein und dasselbe seid.

Realitätsfilter absenken – Wahrnehmung anreichern

Das waren sie nun, die aus meiner Sicht wichtigsten Effekte, die Psychedelika in dir auslösen können. Hast du etwas bemerkt? Sie alle erscheinen unterschiedlich, und doch zieht sich ein roter Faden durch sie hindurch. Vielleicht lässt es sich nicht auf den ersten Blick erkennen, doch sie alle lassen sich auf eine einzige psychedelische Wirkung zurückführen. Lass es mich dir zeigen.

Sehen wir uns zuerst deine nüchterne Wahrnehmung an. Momentan kannst du diese Schrift hier klar von ihrem weißen Hintergrund unterscheiden. Du weißt, dass du gerade ein Buch liest und damit auch ein bestimmtes Ziel verfolgst, sei es Unterhaltung oder Lernbegierde. Doch diese Informationen erscheinen nicht einfach zufällig in deinem Bewusstsein. Sie sind Abstraktionen der Vorgänge in deinem Gehirn, sozusagen die Benutzeroberfläche, die deine Hirnvorgänge vereinfacht darstellt, damit du barrierefrei durchs Leben navigieren kannst. Dazu gehören eine Vielzahl eigenständiger Prozesse, beispielsweise die Umwandlung der Signale aus Trommelfell und Auge in Rot, Grün und Mozart. Oder die Reaktion auf äußere Gefahren mit Angst, Wut und Kampf.

Stell es dir wie eine große Kommandozentrale mit vielen bunten Knöpfen und Hebeln vor, mit denen für Stabilität, Sicherheit und Vorhersehbarkeit gesorgt wird. An diesem Ort wird deine komplette Wahrnehmung gesteuert. Denn die ist nicht grenzenlos, sondern wird von hier aus mit unzähligen Filtern und Restriktionen in ein bekömmliches Format konvertiert. Dadurch nimmst du nicht wahr, was wirklich ist, sondern deine persönliche Version der Realität. So nehmen beispielsweise russische Muttersprachler die Farbe Blau anders wahr als englische, weil in ihrer Sprache feiner zwischen Blautönen unterschieden wird.[56] Ein anderes Beispiel sind Nachrichten, die bei manchen Frust und Ängste auslösen und bei dir vielleicht nur ein lethargisches Schulterzucken. Diese Filter sind so individuell für dich modelliert, dass sie nur den Bruchteil der verfügbaren Informationen durchlassen, der dich bei der Bewältigung des täglichen Lebens unterstützt. Auf diese Weise kannst du in der überwältigenden Vielfalt an Reizen überhaupt funktionieren. Doch was passiert nun, wenn wir diese Realitätsfilter durch Psychedelika absenken und damit die Pforten der Wahrnehmung langsam öffnen?

Viele Menschen berichten während und auch nach einem psychedelischen Trip, dass sich die Welt echter anfühlt als im nüchternen Zustand. Der Eingriff in die Wahrnehmungsfilter wird von deinem Gehirn also nicht als künstlich abgestraft. Erinnerst du dich noch an die Beschreibung, wie ungehindert Psychedelika im Gehirn an die Serotoninrezeptoren andocken? Es ist fast so, als ob ihr Wirkungsmechanismus deinem Gehirn bereits bekannt wäre. Auch beim Meditieren, Bestaunen der Natur oder einfach mal Nichtstun werden die Bewusstseinsfilter kurzzeitig abgesenkt. Nur vielleicht nicht in der konstanten Intensität, wie Psychedelika es tun. Diesen weniger stark gefilterten Zustand würde ich nicht als künstliche, sondern als angereicherte Wahrnehmung bezeichnen. Sie ist gleichsam die Schöpferin und Henkerin der psychedelischen Wirkung. Aus ihrem Schaffen entstehen angstvolle Bad Trips und heilsame Wunder. Der Schlüssel für persönliche Transformation ist also nur ein Wahrnehmungswechsel, ein anderer Blick, um im Alten Neues zu sehen. Und genau da möchte ich mit dir nun reinzoomen. Denn wenn dich im Leben etwas voranbringen wird, dann ist es, deine Wahrnehmung zu ändern.

Urlaub vom Ego nehmen

Ich trieb auf der Wasseroberfläche und betrachtete den blauen Himmel über mir, der doch eigentlich gar nicht da sein sollte, weil ich eine Schlafmaske trug. Dann nahm ich ein paar tiefe Atemzüge und ließ innerlich los: meine Gedanken und meine Versuche, alles rational zu verstehen. Wie durch Zauberhand sank ich auf den Meeresboden, umringt von bunten Tiefseebewohnern und Korallen. Doch plötzlich empfand ich eine tiefe Spaltung in meiner Brust. Während die linke Körperseite in Ordnung zu sein schien, blieb die rechte kalt. Die Kälte drückte sich aus durch Trauer, Schmerz und Leere. Dann sah ich meine Eltern vor mir, beide nahmen eine dieser Seiten ein – meine Mutter links, mein Vater rechts. Ich spürte, wie einer der Begleiter des Trips seine Hand auf meine rechte Schulter legte. Es rauschten Bilder meines Vaters durch meinen Kopf. Auf einmal zogen sich beide Körperhälften magisch an, wie zwei Magnete rasten meine Zellen aufeinander zu, und mein ganzer Körper fing an zu vibrieren. Dann sprudelte Energie in Richtung Herzmitte. Als sich beide Seiten trafen und miteinander verschmolzen, passierte das Unfassbare: eine energetische Explosion meines Herzens. Ich sah vor meinem inneren Auge alle Farben der Welt. Es war so viel Liebe und Dankbarkeit da, dass ich nicht wusste, wohin mit dieser Flut an Gefühlen. So legte ich meine Hände auf mein Herz, um meinen bebenden Körper zu beruhigen. Ich lachte vor Glück, ich weinte vor Dankbarkeit. Das Leben ist Liebe, und Liebe ist der Schlüssel zu allem.

Das war ein Ausschnitt aus einem Erfahrungsbericht von Kevin N., den ich im Rahmen einer psychedelischen Gruppenerfahrung begleiten durfte. Sein Erlebnis zeigt eindrucksvoll, dass Psychedelika nicht deine Gedanken verändern, sondern dich jenseits von ihnen durch einen Strudel der Empfindungen und Gefühle jagen. Wir könnten das als ein mit Lebendigkeit gefülltes Gedankenvakuum bezeichnen. Der bekannte spirituelle Lehrer Eckhart Tolle beschreibt die Auswirkungen von LSD und Co. als ein »Wegfallen des konzeptionellen Geistes«[57]. Denn worauf ein Großteil deiner normalen Wahrnehmung beruht, ist Konzeptionalisieren, Einordnen und Verstehen. Und natürlich noch einen Sinn aus alldem ableiten, um damit dann wieder neue Konzepte zu kreieren. Dein Gehirn ist also eine Art bedeutungsstiftende Konzeptmaschine, und seine Kommunikationsfrequenz sind deine Gedanken. Laut Tolle besitzen wir die Fähigkeit, uns unter unsere Gedanken herabzusenken oder über sie emporzusteigen. Ersteres bewirken vor allem Substanzen wie Alkohol oder Kokain. Damit findest du unterhalb deines Gedankenchaos endlich Ruhe von all dem Lärm da oben. Beim Meditieren hingegen machst du dein Ego nicht mundtot, sondern befreist dich aus seinen Klauen, indem du es von oben betrachtest.

Und jetzt der Clou: Mit Psychedelika lassen sich diese beiden Varianten der Gedankendistanzierung in einer brillanten Symbiose vereinen, wobei je nach Substanzmenge ihr Verhältnis variiert. Bei Kleinstdosierungen werden Gedanken nur marginal unterdrückt, während es gleichzeitig leichterfällt, Einstiege in prüfende Selbstreflexionen zu finden. Mittelstarke Dosierungen hinterlassen große Krater im Gedankenteppich, durch die du gelegentlich hindurchfällst und im Gedankenvakuum landest. Bei ganz hohen Dosierungen wird dir die totale Gedankenfreiheit erst auffallen, wenn sich nach einigen Stunden der erste Gedanke zurückmeldet. Das klingt jetzt vielleicht so, als ob dir deine Gedanken bereitwillig die Türklinke in die Hand geben wollten. Allerdings hast du es hier nicht mit irgendjemandem, sondern deinem Ego zu tun. Stell es dir vor wie einen riesigen Berserker, der dir auf die Brust trommelnd Schutz bieten möchte, während er eigentlich ein ganz lieber Kerl ist. Drohen ihm Psychedelika mit ihrem absoluten Kontrollanspruch, trommelt er besonders eifrig. Doch diese Substanzen haben eine ausgefeilte Strategie entwickelt, um sich an deinem Ego vorbeizumogeln.

Der trojanische Trip

Psychedelika erhöhen die Entropie im Gehirn, also werden sich während eines Trips Gedanken, Gefühle und Konzepte eher zufällig als kontrolliert einstellen. Das kann freiere Assoziationen und damit mehr Kreativität und Verbundenheit begünstigen. Es entsteht eine Art inneres Paralleluniversum, das sich nicht an die herkömmlichen Naturgesetze der Psyche halten muss. Im höheren Dosierungsbereich wie bei Kevins Erfahrung werden beispielsweise vergrabene Schichten deines Selbst symbolartig nach oben abstrahiert. So kann ein innerer Konflikt, der dich unterbewusst seit Jahren zerrissen fühlen lässt, zu einer getrennten Wahrnehmung beider Körperhälften führen. Das Ganze lässt sich mit einem trojanischen Pferd voller Erkenntnis vergleichen, das vom geschwächten Ego nichtsahnend durchgewunken wird. Psychedelika lassen dich so in der Sprache der emotionalen Symbolik mit deiner inneren Intelligenz kommunizieren. Unterbewusstes wird Überbewusstes – das bestätigt auch die Wissenschaft.

Der britische Neurowissenschaftler Dr. Robin Carhart-Harris hat 2019 mit einigen Kollegen das REBUS-Modell entwickelt, was für *relaxed beliefs under psychedelics* steht.[58] Es schreibt die hilfreiche Wirkung der Psychedelika ihrem entropischen Effekt auf unsere Hirnaktivität zu, der dazu beiträgt, dass hierarchisch hoch liegende Konzepte gelockert werden. Die Glaubwürdigkeit übermächtiger Glaubenssätze wird abgeschwächt, also jener, die an der Wurzel all unserer mentalen Probleme liegen. Tief liegenden Schichten wie dem limbischen System, das für Emotionen zuständig ist, wird hingegen freie Kommunikation nach oben gewährt. Auch erzählte Carhart-Harris in einem Podcast, wie sein Forschungsteam herausfand, dass diese erhöhte Hirnkommunikation direkt mit einer verbesserten mentalen Gesundheit nach dem Trip korreliert.[59] Klingt doch ziemlich bahnbrechend: die neue Fünf-Stunden-Therapie.

Die Ego-Beurlaubung bringt noch weitere Begleiterscheinungen mit sich. Wie beispielsweise das Team von Dr. Tobias Buchborn festgestellt hat, begünstigt dieser Effekt die emotionale Integration früher Lebensereignisse, die die Grundlage für unseren heutigen Charakter und damit auch unsere Ego-Abwehrmechanismen sind.[60] Es geht also einfach gesagt um emotionale Heilung. Auch wurde in einer weiteren Studie aus Deutschland der Erfolg der psychedelischen Therapie einer gesteigerten Motivation zur Akzeptanz zugeschrieben.[61] Denn wer akzeptiert, der ist auch damit einverstanden, sich die unangenehmen Aspekte seiner selbst anzusehen – oder alle, die vom Unterbewusstsein verbarrikadiert wurden. Und zu diesen gehören schließlich auch schöne, erfüllende und glücklich machende Aspekte von dir. Nicht jede psychedelische Erfahrung ist eine Nachtmeerfahrt in die Tiefen der Psyche. Nur ist das eben nicht voraussagbar. Niemand kann prognostizieren, wie Psychedelika bei dir wirken werden. Auch bei mir ist jeder Trip ein Griff in die Wunderkiste. Das Einzige, was relativ sicher ist: Es wird irgendetwas Unerwartetes passieren.

Schon witzig, oder? Wir können vorher nicht wissen, was uns letztendlich verändern wird. Das Ziel darf bekannt sein, doch der Weg möchte erst noch gefunden werden. Und in diesem Prozess verändert sich dann meist auch noch das Ziel. Psychedelika sind in ihrer einzigartigen Wirkung unerreicht und tragen das Potenzial, uns von alten Wegen zu trennen und neue zu offenbaren. Sie lockern die Identifikation mit deinem Jetzt-Ich und geben einen Einblick auf das Zukunfts-Ich. Frei von sozialer, kultureller und persönlicher Konditionierung taucht so ein neuer Pfad auf. Er erscheint geheimnisvoll und irgendwie unsicher, doch eine innere Stimme sagt, dass er zur Wahrheit führen wird. Ich frage mich, was wohl schlimmer wäre: ihn zu gehen, ohne zu wissen, wohin er führt, oder ihn nicht zu gehen und damit nie zu erfahren, wohin er geführt hätte.

Mit Psychedelika Zugang zu deinem authentischen Selbst finden

Vor Kurzem ging es um die Entscheidung, einen Mitarbeiter zu entlassen oder nicht. Ein Teil von mir wusste, dass es das Beste für unser Unternehmen wäre und damit auch für ihn.

Allerdings meldete sich auch eine zweite Stimme zu Wort, die die Hoffnung ausdrückte, dass wir nur etwas an unserer Zusammenarbeit feilen müssen, damit alles wieder gut wird. Doch die erste Stimme war stärker. Irgendetwas in uns weiß anscheinend immer, was wir wirklich tun sollten – in diesem Fall: das Arbeitsverhältnis auflösen. Und doch schob ich meine Entscheidung vor mir her und wartete auf Zeichen oder Wunder. Bis die Wahrheit so sehr drückte, dass ich mich und ihn endlich erlöste. Das Gefühl danach war so befreiend! Ich glaube, ich sollte wirklich öfter auf meine innere Stimme hören.

Im Hochsommer 2017 tauchte während meinen psychedelischen Erfahrungen wiederholt eine interessante Wahrnehmung auf. Während des Rausches erschienen wie gewohnt neue Einsichten über mein Leben. Diese wirkten enthüllend, hilfreich und wahr. Doch kaum setzte wieder die Nüchternheit ein, wurden diese Erkenntnisse von meinen inneren Blockaden daran gehindert, sich zu entfalten. Das klärende Gespräch mit meiner Freundin, das ich nun endlich angehen wollte – ach, mache ich morgen. Jeden Tag meditieren, weil es mir einfach guttut – jeden zweiten Tag ist ja auch okay. Offener für andere Meinungen sein – aber dagegen sein ist schließlich einfacher.

Jetzt aber zu besagter Wahrnehmung. Ich bemerkte, dass es sinnvoll war, meinem psychedelischen Bewusstseinszustand mehr Vertrauen zu schenken als meinem nüchternen. Die Stimme, die während des Rausches zu mir sprach, nannte ich den psychedelischen Jascha. Er versprach mir, mein Leben zu verbessern, wenn ich nur anstandslos auf ihn höre. Den Rat anderer anzunehmen, fiel mir generell schwer, wir glauben schließlich immer am besten zu wissen, was das Beste für uns ist. Ist jedoch genug Vertrauen vorhanden, gewichten wir fremde Meinungen höher bei unseren Entscheidungen. Und jetzt stell dir einmal vor, dieses Vertrauensplus nach innen zu richten. Denn als ich dem psychedelischen Jascha mehr und mehr die Zügel in die Hand drückte, passierte etwas Wunderbares.

Authentizität leben: Der inneren Stimme vertrauen

Ich kannte es von mir, mich häufig nicht aktiv zu entscheiden, sondern lediglich Entschiedenes retrospektiv zu bewerten. Zumindest dann, wenn ich nicht das tat, was ich eigentlich hatte tun wollen und eher aus blockierter Angst, statt aus Selbstvertrauen agierte. Doch das änderte sich, als ich dem psychedelischen Jascha das Steuer in die Hand drückte. Sein Pilotprojekt bestand darin, kurze Zeitfenster echter Entscheidungsfreiheit zu kreieren. Diese konnten sowohl in ganz banalen als auch in bedeutsamen Momenten auftauchen. In der Psychologie würden wir das als erhöhte Reaktionsflexibilität bezeichnen. Hier einige persönliche Beispiele:

- Ich bemerke am Mittagstisch auf der Arbeit, dass ich gerade eigentlich keine Lust auf Gespräche habe. Doch der Gruppenzwang lässt mich am Stuhl kleben. Das Zeitfenster öffnet sich: Ich verabschiede mich und verlasse die soziale Situation.
- Eine Freundin fragt mich nach meiner Meinung zu ihrem Streit mit ihrer kontrollierenden Mutter. Ich zögere. Dann das Zeitfenster: Ich beschreibe ihr empathisch, dass ich finde, dass ihre Mutter meiner Wahrnehmung nach recht hat. Sie reagiert beleidigt. Einige Tage später bedankt sie sich für meine Ehrlichkeit, da sie sich dank ihrer mit ihrer Mutter aussprechen konnte.

- Ich verabschiede mich von meinem Vater, da ich auf Weltreise gehe. Wir stehen am Bahnhof, das Ganze ist relativ unspektakulär. Wieder das Zeitfenster: Ich sage ihm, dass ich ihn lieb habe. Tränen fließen.
- Ich schreibe ein Buch über Psychedelika. Mit meinen persönlichen Erfahrungen würde ich dem Geschriebenen viel mehr Nachvollziehbarkeit und Glaubwürdigkeit verleihen. Doch macht mich das nicht auch äußerst verwundbar vor Tausenden von Menschen? Es ist offensichtlich, was als Nächstes passierte.

In diesen Kontext möchte ich einen neuen Begriff einwerfen. Einen, den manche schon nicht mehr hören können. Authentisch sein oder noch schlimmer: das authentische Selbst, das *Higher Self*. Von New-Age-Anhängern als unser wahres Ich gefeiert, von anderen als nerviges Konzept für innere Vermeidung belächelt. Und doch halte ich die Unterteilung in authentisch und unauthentisch für hilfreich.

Üblicherweise wird das authentische Selbst als unser wahrer Kern beschrieben, der immer genau weiß, was das Richtige für uns wäre. Um ihn herum wachen beschützende Schichten unseres Egos. Sie gelten als eher unauthentisch, da sie einst auf Kosten unserer Authentizität eingetauscht wurden.

Achtung: Disclaimer

Das ist alles nur ein Konzept. In deinem Gehirn gibt es keinen authentischen Kern. Dein Ich, Ego, Selbst, Blabla ist kein Ding, sondern ein Prozess, dem wir der Einfachheit halber einen Namen gegeben haben.

Psychedelika lassen dich nun auf welche Weise auch immer in direkten Kontakt mit diesem authentischen Kern treten. Zumindest fühlt es sich laut Trippenden so an. Sie empfangen Botschaften aus ihrem Unterbewusstsein, die sie ohne aufkommende Zweifel annehmen können. Sie fühlen sich verbunden mit sich selbst, sodass ihnen plötzlich genau bewusst ist, wer sie wirklich sind und was sie wirklich möchten. Auf Psychedelika fühlen sie sich mehr wie sie selbst als im nüchternen Zustand. Aber auch weniger lebensfähig, also bitte nicht mit einem alltäglichen Authentizitätsbooster verwechseln. Der psychedelische Jascha ist also eine Stimme, die direkten Zugang zu meinem authentischen Selbst hat. Vertraue ich ihm ganz, gewährt er mir als Mittelsmann einen Weg vorbei an meinen Blockaden und Ängsten. Ich erinnere mich gut an viele psychedelische Erfahrungen, in denen ich mir immer wieder sagte: »Glaub ihm einfach, glaub ihm einfach, hinterfrag es nicht.« Denn so einfach wie es hier klingt, war das Ganze dann doch nicht. Zuerst war es nur ein Vertrauensvorschuss, dann kamen korrigierende Erfahrungen, und schließlich spürte ich bedingungsloses Vertrauen. Doch der psychedelische Jascha ist natürlich nur eine Metapher für mich selbst. Bedeutet: Mit Psychedelika lernte ich einfach gesagt nur, mir selbst zu vertrauen.

Lügen entlarven, die wir uns über uns selbst erzählen

Vertraust du dir selbst, hast du nichts mehr zu befürchten. Denn auch der unbequemsten Wahrheit wirst du dann mit dem Gefühl begegnen, dass schließlich alles gut wird. Dies führt mich zu einem weiteren wichtigen Aspekt der psychedelischen Wirkung. Dazu erst mal eine Feststellung: Wenn wir etwas herausfinden, was unsere bisherigen Annahmen über uns infrage stellt, dann haben wir uns zuvor gewissermaßen selbst belogen. Und wenn wir laut Studien im Schnitt zweimal am Tag andere belügen, dann ist es nur eine Frage der Dialogmenge, wie oft wir das Ganze mit uns selbst machen.[62] Bei durchschnittlich 50 000 Gedanken am Tag dürfte da schon einiges zusammenkommen.[63] Jetzt wäre es doch wirklich ausgesprochen spannend, ein Wahrheitsserum einzunehmen und zu schauen, wie sich dadurch unser innerer Dialog verändert.

Ich erinnere mich an eine meiner ersten psychedelischen Erfahrungen, bei der ich zuvor auf einem Stück Papier notierte Fragen beantwortete. Als ich den Stift ansetzte, passierte etwas Merkwürdiges. Je mehr ich versuchte zu schreiben, desto blockierter fühlte sich meine Schreibhand an. Als ob sie es mir nicht erlauben wollte. Ich fühlte dabei ganz eindeutig ein unangenehmes Druckgefühl in den Handgelenken. Also nahm ich den Stift wieder vom Papier und widmete mich erneut meinem Innenleben. Nach minutenlangem Emotionskneten durfte ich dann meine finale Antwort niederschreiben. Dieses Mal ohne Blockade und mit einem Gefühl der Gewissheit.

Uns selbst zu belügen ist nichts Falsches oder Schlechtes, sondern ein wichtiger Überlebensmechanismus, ohne den du heute nicht hier wärst. Solche Schutzlügen nehmen alle möglichen Formen an:

- »Ich glaube, ich muss erst noch eine Ausbildung machen, bevor ich in dieser Branche durchstarten kann.«
- »Mein Bruder und ich sind einfach zu unterschiedlich, um regelmäßig Kontakt zu haben.«
- »Meine Kindheit war so schön. Ich bin echt froh, dass ich keine Traumata oder so was habe.«

Psychedelika wirken als Wahrheitsserum und zwingen dich gelegentlich dazu, solche Lügen zu entlarven. Zumindest die jeweils nächste Schicht von ihnen. Denn diese Geschichten über dich selbst sind hochkomplex ineinander verstrickt, weshalb du nie die volle Wahrheit, sondern immer nur die nächst nähere Wahrheit serviert bekommst. Also pass auf, dass du deiner Version des psychedelischen Jascha auch nicht blind alles glaubst.

Veränderung durch Wissen und Erfahrung

Lass uns jetzt noch eine Ebene tiefer blicken. Wie und warum lösen uns diese Substanzen eigentlich von unserem bisherigen Wissen? Die Antwort darauf liegt nicht im denkbaren Bereich. Bei Psychedelika geht es nicht um Wissen, denn darin hat sich bereits die Lüge eingenistet. Stattdessen geht es um die Erfahrung selbst. Dies war in den 1940er- bis 1960er-Jahren ein riesiger Paradigmenwechsel in Psychiatrie und Psychologie. Bis dahin war nicht bekannt gewesen, dass die subjektive Erfahrungsebene entscheidend für den therapeutischen Effekt ist. Auch in den letzten Jahren wurden immer wieder Studien veröffentlicht, die diese Annahme untermauern konnten.[64]

Persönliche Veränderung nur auf der Wissensebene anstoßen ist ein bisschen, wie ein neues Musikinstrument zu lernen, ohne jemals Musik gehört zu haben. Klar, es wird Lerneffekte geben, doch du wirst dich die ganze Zeit über fragen, wo dieser eigenartige Prozess hinführen soll. Auf einem ordentlichen psychedelischen Trip hingegen wirst du auf die Bühne mit Eric Clapton geworfen. Oder besser gesagt: Du bist dann Eric Clapton auf dieser Bühne. Deine Finger und deine Stimme werden in perfekter Harmonie die Saiten zupfen und Töne treffen, die du in deinen kühnsten Träumen nicht für möglich gehalten hättest. Du fühlst jeden Akkord, jede Vibration, als wäre sie ein verlängerter Teil deines eigenen Seins. In diesem Moment ist Musik kein Konzept, sondern ein Spiegel deiner innersten Gefühle und Gedanken. Du bist nicht nur Empfänger der Musik – du *bist* die Musik.

Die Stärke der Psychedelika liegt darin, deine Wissensebene mit der Erfahrungsebene zu ergänzen: *learning by doing* statt *learning by learning*. Du machst sozusagen einen Kopfsprung in das psychedelische Schwimmbecken und steigst anschließend nass heraus. Dabei nimmst du ein wenig Wasser des Erfahrungspools mit ins Trockene, wo es verdunstet und Teil deines persönlichen Biotops wird.

Dein authentisches Selbst freilegen und dich und die Welt transformieren

Wir alle mögen es nicht, wenn andere uns ihre Wahrheit als die ultimative Erkenntnis verkaufen, egal ob es sich um religiöse Spinner, belehrende Freundinnen oder neunmalkluge Autoren handelt. Deshalb: Betrachte, was ich dir hier erzähle, eher als eine Inspiration und nicht als deine neue Wahrheit. Ich kann dir schließlich auch nur das erzählen, was sich meiner Erfahrung und meines Wissens nach als wahr anfühlt. Und das ist nun mal, dass Psychedelika einen Zugang zu einer wahrhaftigeren Version deiner selbst schaffen können. Damit einhergehend zeigen sie dir folglich auch, wer du nicht bist, aber bisher dachtest, sein zu müssen. Während einer psychedelischen Erfahrung erkennst du die Inszenierung deiner selbst: dass das deinen Wesenskern umhüllende Persönlichkeitsgewand in Wahrheit nur ein großes Schauspiel ist. Eines, indem sich manches von dir authentischer anfühlt als anderes.

Sortierst du diese verschiedenen Teile deiner selbst ringartig dann nach Authentizitätsgehalt, so erkennst du in der Mitte einen inneren Kern: dein authentisches Selbst. Das bist du in deiner reinsten Form. Ein guter Mensch, eine herzliche Seele. Jemand, den die Welt braucht. Denn ich glaube daran, dass das Gute in jedem von uns zu finden ist. Doch statt ehrliche und aufrichtige Begegnungen zu haben, treten sich im Alltag – ob auf persönlicher, geschäftlicher oder politischer Ebene – oft nur inszenierte Persönlichkeiten gegenüber. Wie könnten wir auch anders, wo wir uns doch alle gleichermaßen selbst ausgeliefert sind?

Vielleicht spricht da der Idealismus aus mir, doch ich glaube, dass die Lösung der meisten unserer Probleme auf allertiefster Ebene der ehrliche und mitfühlende Blick nach innen ist. In uns allen ist bereits der Nährboden der Transformation angelegt, der nur darauf wartet, eine neue Saat zum Blühen zu bringen. Hierfür brauchen wir Menschen, die den Mut haben, sich selbst zu begegnen – egal ob mit oder ohne Psychedelika. Diese wundersamen Substanzen sind nur der effiziente Überbringer einer viel bedeutenderen Nachricht. Im Kern geht es um Veränderung: dass wir gemeinsam auf eine schönere Welt zusteuern, in der wir aufhören, Symptome zu bekämpfen, und endlich anfangen, die Ursachen in uns selbst zu finden.

Psychedelika als Veränderungstechnologie

Universität von Chicago, Februar 2020. Harriet de Wit, Professorin für Psychiatrie und Verhaltenswissenschaften, sitzt wieder einmal hoch konzentriert vor ihrem Monitor. Bei ihrer momentanen Studie untersucht ihr Team, wie sich MDMA auf körperliche Berührungen auswirkt. Gerade sind die neusten

Zwischenergebnisse per E-Mail eingetroffen. Sie schmunzelt, als plötzlich ihr Forschungsassistent Mike Bremmer mit besorgtem Gesichtsausdruck in ihrer Bürotür auftaucht. Aufgeregt teilt er ihr mit, dass Brendan, der neuste Teilnehmer der Studie, nach seiner MDMA-Erfahrung auf den Fragebogen in fetten Großbuchstaben Folgendes gekritzelt hatte: »DIESE ERFAHRUNG HAT MIR GEHOLFEN, EIN LÄHMENDES PROBLEM ZU LÖSEN. GOOGELT MEINEN NAMEN. JETZT WEIß ICH, WAS ICH TUN MUSS.«

Professorin de Wits Miene verfinstert sich, während sie sagt: »Wir müssen das sofort untersuchen.« Gemeinsam auf die Google-Resultate starrend, machen ihr Assistent und sie eine verstörende Entdeckung. Brendan war bis vor Kurzem Anführer der rechtsextremen Organisation Identity Evropa. Und nur zwei Monate zuvor hatten antifaschistische Aktivisten Brendans Identität seinem Arbeitgeber enthüllt, was zu seiner Kündigung führte. De Wit spürt ihren Puls in die Höhe schießen. Hatten sie gerade einem in Ungnade gefallenen Rassisten eine Droge verabreicht und ihn offensichtlich dazu inspiriert, wer weiß was da draußen in der Welt zu tun? »Frag ihn, was er damit meint!«, weist sie Bremmer an. »Wenn es um eine Schießerei oder so was geht, müssen wir sofort eingreifen.«

Es stellte sich heraus, dass eine mörderische Schießerei genau das Gegenteil von dem war, was Brandon vorhatte. In seiner Antwort teilte er den verdutzten Wissenschaftlern mit: »Liebe ist das Wichtigste der Welt. Ohne sie verliert alles an Bedeutung.« Seine MDMA-Erfahrung hatte die unerwartete Auswirkung, dass er seine eigenen Überzeugungen und Ideologien durch eine neue Brille sah. Zwei Jahre später erzählte Brendan einer BBC-Journalistin, was damals mit ihm wirklich passiert war: »Nur 30 Minuten nach der Einnahme begann ich, mich zu fragen: Warte mal, warum bin ich so? Warum denke ich so? Warum dachte ich jemals, dass es okay ist, Beziehungen mit anderen zu gefährden? Auch heute kann ich es nicht in Worte fassen, aber es war so tiefgreifend. Auf MDMA betrachtete ich meine Verbindungen zu anderen Menschen nicht als klare Grenze, sondern eher als ›Wir sind alle eins‹. Mir wurde klar, dass ich bisher das Wesentliche komplett übersehen hatte. Nämlich diese unbändige Freude, die das Leben zu bieten hat.«

Als Folge seiner Realisierung begab sich Brendan in Therapie, begann, regelmäßig zu meditieren und Bücher zu wälzen. Er setzte sich sogar mit der Antifa in Verbindung, um reinen Tisch zu machen. Auch heute, Jahre nach diesem MDMA-Rausch, ist Brendan weiterhin bestrebt, seiner Erfahrung Veränderungen folgen zu lassen.[65]

Die vier Bereiche der psychedelischen Transformation

Psychedelika sind ein Werkzeug der menschlichen Transformation – ein mächtiges. Das von sich behaupten zu können, musst man erst mal schaffen. In unserem Kopf befindet sich immerhin das komplexeste Etwas, das uns bekannt ist. Es sind die ausgeklügelten Wirkmechanismen dieser Substanzen, die innerhalb dieser Komplexität das in Bewegung bringen können, was lange erstarrt war. Was genau das bei dir sein wird, kannst du vorher meist nicht wissen. Es ist diese Unvorhersehbarkeit, die Sisyphos' Stein mit ein bisschen Glück endlich über die Bergspitze befördert, von wo aus er dann in verschiedenste Richtungen rollen kann. Die schier endlosen Möglichkeiten der psychedelischen Veränderung würde ich für unser Verständnis gern in vier Bereiche unterteilen: die Verbindung mit dir selbst, mit anderen, der Natur und mit dem Transzendenten. Frag dich mal: Welcher davon wäre für dich jetzt gerade am hilfreichsten? Ich sage dir, vermutlich ist es ein anderer, der dir nachher die nützliche Veränderung bescheren wird. Und damit du für alle Eventualitäten gewappnet bist, lass uns gleich in den ersten Bereich der psychedelischen Transformation eintauchen.

1. Die Verbindung mit dir selbst

Was bedeutet es, sich mit sich selbst verbunden zu fühlen? Ich würde es so beschreiben, dass du dann mit dir in Kontakt bist, wenn du danach strebst, näher an dein authentisches Selbst heranzurücken. Auf dem Weg dorthin wirst du wertvolle Dinge finden: Selbstakzeptanz, innere Ruhe, einen hohen Selbstwert, Intuition und Klarheit. Sie werden dir das Gefühl geben, voller Zuversicht dir selbst und deinen Entscheidungen vertrauen zu können. Was wirklich schön klingt, ist für die meisten Menschen noch eine Utopie, in die sie nur hier und da mal reinschnuppern durften. Das Gegenmittel? Der Trip zu dir selbst. Ein paar Stunden Ego-Urlaub später schließt sich die Luke zwar wieder, doch etwas bleibt offen. Das konnte eine 2011 veröffentlichte Studie eindrucksvoll zeigen.[66] Sie untersuchte, wie Psilocybin sich auf die fünf Kernelemente des menschlichen Charakters auswirkt: Gewissenhaftigkeit, Extraversion, Offenheit, Verträglichkeit und Neurotizismus. Vier davon blieben relativ stabil, doch eines war selbst ein Jahr nach der psychedelischen Erfahrung noch signifikant erhöht: Offenheit – also wie bereitwillig sich jemand mit neuen Eindrücken und Erlebnissen auseinandersetzt. Offensichtlich ist das ziemlich hilfreich für Veränderung, denn die bringt vor allem eins mit sich: den Einlass von neuen Informationen. Und woher kommen diese? Aus dir selbst. Du öffnest dich also dir selbst und damit Gefühlen wie der inneren Verbundenheit, die entscheidend wichtig ist. Wissenschaftler aus England stellten 2022 fest, dass mentales und emotionales Leiden oft mit einem allgemeinen Gefühl der Unverbundenheit einhergeht. In ihrer Studie konnten sie zeigen, dass das Ausmaß des Gefühls von Verbundenheit direkt mit dem Erfolg der psychedelischen Therapie korrelierte.[67]

Doch auch bei »gesunden« Menschen zeigt diese Verbundenheit Wirkung. Wir befragten die Teilnehmenden unserer begleiteten Gruppenerfahrungen in den Niederlanden eine Woche vor und nach ihrer Erfahrung zu ihrem Gemütszustand. Sie machten sich nun 26,7 Prozent weniger Sorgen, fühlten sich 44,3 Prozent weniger gestresst, 31,5 Prozent weniger von ihren Gefühlen getrennt, 22,7 Prozent entspannter und 34,1 Prozent zufriedener mit ihrem Leben.[68] Gut, steril-wissenschaftlich haben wir dabei wahrscheinlich nicht gearbeitet, doch der Trend ist ersichtlich. Einfach gesagt kommen Menschen nach Psychedelika tendenziell besser mit sich selbst klar – die optimale Voraussetzung, um dann auch besser mit anderen auszukommen.

2. Die Verbindung mit anderen Menschen

Du kannst andere nur so sehr lieben, wie du dich selbst liebst. Süßer Kalenderspruch, doch was steckt dahinter? In der Wissenschaft konnte zumindest festgestellt werden, dass Selbstmitgefühl dazu motiviert, an sich zu arbeiten.[69] Weiter wird Selbstliebe mit einer höheren Selbstlosigkeit in Verbindung gebracht.[70] In der Psychologie wird auch von Dezentrierung gesprochen: dem Gegenpol zur Egozentrik. Diese verringerte sich bei den Teilnehmenden einer Studie mit Psychedelika deutlich.[71] Gleichzeitig nahm eine bestimmte Form der Empathie zu, was eine 2017 in der Schweiz durchgeführte Studie genauer untersuchte.[72] Das Ergebnis: Psychedelika steigerten zwar die emotionale Empathie, nicht jedoch die kognitive. Zur Erklärung: Kognitive Empathie bedeutet, rationales Verständnis für die Gedanken und Überzeugungen anderer Menschen zu haben, ohne sie selbst zu fühlen. Bei der emotionalen Empathie hingegen empfinden wir das, was die andere Person fühlt. Diese Form des Einfühlungsvermögens ist essenziell für emotionale Unterstützung und zwischenmenschliche Nähe. *Make love, not war*: Die Hippies der Sechziger hatten uns auf jeden Fall etwas voraus.

Psychedelika bringen uns zusammen. Sie steigern laut einer Studie buchstäblich die soziale Verbundenheit.[73] Dem kann ich nur zustimmen, denn unter dem Einfluss dieser Substanzen erlebte ich so viele wunderschöne Momente mit anderen Menschen. Ich erfuhr, dass ich wirklich geliebt werde und dass meine Mitmenschen dies nicht nur aus sozialer Gepflogenheit tun. Ich lernte, andere richtig zu umarmen und sie dabei zu spüren. Und ich konnte mich erstmals wahrhaft verletzlich zeigen: im Beisein anderer Tränen vergießen und Bedürftigkeit ausdrücken. Es fühlte sich schön an, diese Veränderung bei mir selbst und anderen zu beobachten. Menschen, die sich gerade einmal vor ein paar Stunden kennenlernten, nach einem psychedelischen Ritual lachend und weinend nebeneinandersitzen zu sehen, als ob sie sich schon Jahre kennen würden. Ich frage mich: Wie würden wir miteinander umgehen, wenn wir einmal alle vergessen würden, was wir voneinander halten? Und auch vergessen, was wir von uns selbst halten, denn du bist genauso ein Teil von uns, wie wir ein Teil von dir sind. Okay, so langsam wird es etwas esoterisch, lass uns deswegen lieber zum nächsten Veränderungsbereich übergehen.

3. Die Verbindung mit der Natur

Obwohl wir selbst integraler Bestandteil der Natur sind, fühlen wir uns heute entfremdeter von ihr als je zuvor. Klimawandel, Plastikverschmutzung, Abholzung, Überfischung, Artensterben, Luftverschmutzung etc. zeugen eindrucksvoll davon. Und das bleibt nicht ohne Folgen. Es besteht ein direkter Zusammenhang zwischen schwacher mentaler Gesundheit und ökologischer Zerstörung sowie der wachsenden Trennung des Menschen von seiner natürlichen Umgebung. Je mehr dich dein Ego vor Schmerz schützen will, umso mehr trennt es dich von allem anderen.

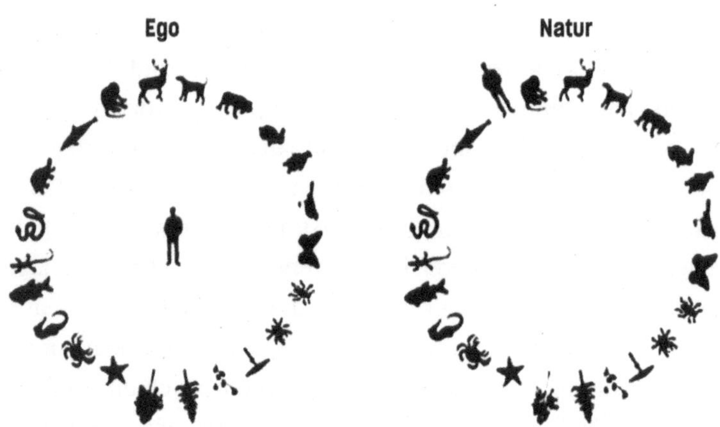

Abb. 4: Mensch und Natur in Trennung und als Einheit

Du bist Teil der Natur. Und alles, was du kreierst, ist auch Natur. Fängst du an, diese Wahrheit zu verkörpern, so wirst du mit dem belohnt, was kein Handy, keine Netflix-Serie und kein Glas Wein dir jemals geben wird: ein tiefes Gefühl der Verbundenheit. Also: Der Junge muss an die frische Luft. Und das Mädchen auch. Dabei können Psychedelika helfen. In einer Studie wurde gezeigt, dass die Häufigkeit psychedelischer Trips positiv mit dem Gefühl der Naturverbundenheit korrelierte.[74] Dieses Gefühl wirkte sich dann wiederum positiv auf die mentale Gesundheit aus. Noch besser: während eines psychedelischen

Rauschs in die Natur gehen. Dazu gab es nämlich ebenfalls eine Studie, die zeigte, dass der zusätzliche Naturkontakt zu weniger Gedankenkarussell, mehr Achtsamkeit und vielen weiteren positiven Auswirkungen auf die mentale Gesundheit bei kranken wie auch gesunden Teilnehmenden führte.[75]

Psychedelika schaffen also Verbindung: zu uns selbst, anderen Menschen und zur Natur. Und auch zwischen diesen Verknüpfungen besteht wiederum Verbundenheit. Alles im Universum hängt auf fantastische Weise miteinander zusammen. Das schauen wir uns jetzt an.

4. Die Verbindung mit dem Transzendenten

Psychedelika haben nachgewiesenermaßen die einzigartige Eigenschaft, dich bei ausreichend hoher Dosierung relativ zuverlässig in einen mystischen Erfahrungsraum zu katapultieren.[76] Dieser ist so fern von allem, was du bisher für wahr hieltst, dass dir nichts anderes übrig bleibt, als voller Ehrfurcht in eine Welt einzutauchen, die gefühlt größer ist als du selbst. Ebendiese Ehrfurcht ist es, die Wissenschaftler als einen der Indikatoren für eine hilfreiche, gewinnbringende psychedelische Erfahrung identifizieren konnten.[77] Charakteristisch für solche Erlebnisse ist ein Gefühl der Einheit und die Empfindung, mehr als nur ein Ich zu sein. In der Wissenschaft bisher nur am Rand berücksichtigt, wird das Gefühl der Ehrfurcht nun dank psychedelischer Studien stärker als psychologischer Veränderungsmechanismus untersucht. Mögliche Vorteile sind Stimmungsaufhellung, ein Gefühl der Transzendenz, gesteigertes Wohlbefinden, erhöhte Lebenszufriedenheit und prosoziale Motivation. Auch ein anderer Aspekt scheint sich signifikant zu verbessern: die Angst vor dem Tod. 2016 wurde 51 todkranken Patientinnen und Patienten Psilocybin gegeben. Für den Großteil von ihnen waren ihre anschließenden und teilweise letzten Monate geprägt von signifikant verringerten Ängsten und Depressionen, während die Qualität ihres Lebens, das Gefühl der Bedeutsamkeit und ihr Optimismus deutlich anstiegen.[78] Und das nach nur einem einzigen Kontakt mit dem Transzendenten.

Wenn ich das psychedelische Transformationspotenzial zusammenfassen müsste, würde ich sagen, dass es sich um eine Veränderung des Vertrauensgefühls handelt. So empfand ich es zumindest. Psychedelika zeigten mir, dass ich nicht das Zentrum des Universums bin. Dass ich nicht so wichtig bin, wie ich dachte zu sein. Dass ich, du, Donald Trump, der Jupiter und diese nervige Wespe, die mich gerade auf dem Balkon belästigt, eigentlich alle im selben Boot sitzen, aus der gleichen Knetmasse bestehen. Und wenn ich sterbe, dann gehe ich nicht verloren. Das Einzige, was gehen muss, ist die Wahrnehmung, dass ein von allem anderen getrennt existierendes Ich besteht.

Keine Wunderpillen

Ich habe dich angelogen – und es war weder eine Notlüge noch unbedingt notwendig. Wahrscheinlich wollte ich dir Psychedelika als eine Wunderpille präsentieren und habe deshalb verschwiegen, dass es noch einen fünften psychedelischen Veränderungsbereich gibt. Doch zum Glück bin ich nun wieder zu Sinnen gekommen! Spaß beiseite. Jetzt kann ich dir zeigen, warum Psychedelika für viele Konsumenten nie wirklich Großes bewegen konnten. Stöhnend und ächzend liegen diese armen Seelen gestapelt in der psychedelischen Fallgrube und beklagen sich darüber, dass diese ach so tollen Substanzen bei ihnen wohl einfach nicht funktionieren. Daneben behaupten jedoch manche von ihnen, dass Psychedelika ihnen extrem geholfen haben und sie gar nicht verstehen, was sie in dieser Grube zu suchen haben. Dabei verbindet sie alle eine große Gemeinsamkeit: Sie sind auf Psychedelika hereingefallen. Lass es mich dir erklären.

Wir sind Menschen, keine Maschinen. Die Limitierungen in der Rechenleistung machen wir mit unserer Reduktionsfähigkeit wieder wett. Sie hilft uns, komplexe Sachverhalte in Sekunden zu verständlichen Wissenshäppchen zu verarbeiten und damit effizient die Welt um uns herum zu verstehen, Entscheidungen zu treffen und Probleme zu lösen. Jedoch gehen wir damit auch verborgenen Trugschlüssen auf den Leim. Wir verwechseln beispielsweise Korrelation mit Kausalität, vereinfachen komplexe Sachverhalte zu einem Schwarz-Weiß-Gegensatz oder schreiben Ergebnisse einer einzigen Ursache zu. Und so könnte es sein, dass auch du bewusst oder unterbewusst gerade eine psychedelische Milchmädchenrechnung im Kopf hast und dem Psychedelika-Trugschluss erliegst: Du hast ein Problem, machst einen Trip, und das Problem ist gelöst.

Abb. 5: Der Psychedelika-Trugschluss

Lass uns kurz annehmen, dass du tatsächlich Opfer dieses Trugschlusses geworden bist. Denn dann wird folgende Botschaft richtig sitzen: Diese Kausalkette ist kompletter Quatsch. Psychedelika werden deine Probleme nicht lösen – niemals. Genauso wie du dich irgendwann von deinen Eltern als deinen Problemlösern trennen musstest, darfst du das jetzt auch von Psychedelika tun. Hart gesagt: Du bleibst weiterhin auf dich allein gestellt.

Sehen wir uns diesen Trugschluss genauer an, wird ersichtlich, dass sich dahinter eine erhoffte Kausalität zwischen dem psychedelischen Trip und Veränderung verbirgt. Egal ob du mit oder ohne Problem die psychedelische Erfahrung suchst, deine Motivation wird immer die der Veränderung sein. Denn auch lustige Farben sehen zu wollen, Neugier zu stillen oder eine Festivalerfahrung aufzupeppen, gehört zur Kategorie Veränderung. Es soll sich etwas tun, der Trip soll etwas mit dir machen.

Es stimmt also: Psychedelika können zu Veränderung führen. Kurzfristig, akut – während der Wirkung eben. Doch was ist danach? Können diese Erfahrungen wirklich nachhaltig deinen Charakter beeinflussen? Kann dein Leben danach nie wieder das gleiche sein? War vielleicht alles nur ein absurder Traum?

Die vier Phasen der psychedelischen Veränderung

Witzigerweise treffe ich immer wieder auf Menschen, die Psychedelika zwar interessant finden, aber Angst davor hätten, sich danach so zu verändern, wie sie es eigentlich gar nicht möchten. Doch das wird nicht passieren. Wer verändert sich denn bitte so, wie er es überhaupt nicht möchte? Niemand. Es sei denn, der Wandel wird von außen kontrolliert. Deshalb steckt in dieser Angst auch ganz klar die Überzeugung, dass Psychedelika einen zur Veränderung zwingen werden. Ich wünschte ja manchmal, es wäre so. Dass ich einfach nur den Trip zu meinem authentischen Selbst erlebe und danach mehr ich selbst bin. Endlich erlöst, endlich angekommen, endlich ohne Fleiß zum Preis. Nun ja, ich möchte dir deine womöglich euphorische Laune nicht verderben, aber nichts könnte der Wahrheit ferner sein.

Unser rechtsextremer Brendan von vorhin erzählte der BBC auch, dass er nach wie vor rassistische oder antisemitische Gedanken hat.[79] Immer noch kämpfe er mit seinen eigenen Dämonen. Jedoch nimmt er diesen Kampf jetzt auch wahr, indem er sich regelmäßig damit beschäftigt. Einer seiner Bekannten sagte, dass die Reflexion der psychedelischen Erfahrung einen größeren Effekt auf Brendan hatte als die Erfahrung selbst. Und auch ich kann davon ein Lied singen. Trotz intensiver Aufarbeitung fühlt sich meine Verbindung zu meinen Eltern oft noch blockiert an. Weiterhin zeige ich meiner Frau meine Liebe manchmal nur in Sparrationen, obwohl ich ihr so gern alles von mir geben würde, was sie verdient. Und ich ziehe mich immer noch gelegentlich in mein inneres Schneckenhaus zurück und behaupte, dies zu wollen, obwohl ich mich auf tiefster Ebene allein fühle. Die Wahrheit ist: Je mehr ich versuchte, das Verbogene geradezubiegen, umso mehr erkannte ich die Aussichtslosigkeit dieses Vorhabens. Selbst geheilte Wunden hinterlassen Narben – daran werden auch Psychedelika nichts ändern.

Üblicherweise beginnt an dieser Stelle der überschwängliche Konsumierende seinen eigenen Schwanz zu jagen, von einem Trip zum nächsten. Damit dir das nicht passiert, möchte ich dir jetzt die größten Fallen der psychedelischen Veränderung vorstellen. Doch noch mal kurz zur Erinnerung: Meine Meinungen und Ratschläge sind meine eigenen und sollten nicht unüberlegt angenommen oder umgesetzt werden. Ich zeige dir, wie hinterlistig Psychedelika sein können und echten Schaden anrichten. Wie sie dich nach Strich und Faden zum Narren halten werden, während du glaubst, es jetzt endlich gecheckt zu haben. Oder wenn wir es genau nehmen: wie du dich selbst an der Nase herumführst und was du dagegen tun kannst. Beginnen wir dafür mit der korrigierten Kausalkette der psychedelischen Veränderung, die aus vier aufeinanderfolgenden Phasen besteht: Motivation, Trip, Perspektivenwechsel und Veränderungsprozess.

Motivation ⟶ Trip ⟶ Perspektivenwechsel ⟶ Veränderungsprozess

Abb. 6: Die vier Phasen der psychedelischen Veränderung

Phase 1: Motivation

Ohne Motivation würdest du innerhalb weniger Tage sterben. So gibt es Studien, bei denen der Motivationsneurotransmitter Dopamin bei Ratten vollständig blockiert wurde, was dazu führte, dass manche von ihnen schlicht verhungerten. Folglich ist alles, was wir tun, in irgendeiner Form motiviert: Wir essen, um weniger Hunger zu haben, und arbeiten, um Geld zu verdienen (oder im Idealfall, um uns erfüllt zu fühlen). Beim psychedelischen Trip darf also auch gern irgendetwas Positives für uns herausspringen. Vielleicht erkennst du plötzlich, dass deine Wertvorstellungen zu destruktivem Verhalten führen, oder du fängst an, grundlegende Ansichten zu überdenken. Doch: falsch gedacht. Eine Studie aus Arizona stellte fest, dass auch rechtsorientierte Politikanhängende und sogar Neonazi-Gruppen MDMA und andere Psychedelika einnahmen, ohne danach in irgendeiner Weise ihre politische Ausrichtung infrage zu stellen.[80] Die Forschergruppe schloss daraus, dass Psychedelika als unspezifische Verstärker der bereits vorhandenen Einstellung wirkten. Doch warum hat Brendan hingegen seine Ansichten nach nur einem Trip angezweifelt? Professorin de Wit meint dazu: »Zu glauben, dass eine Droge die Überzeugungen und Gedanken eines Menschen ohne jegliche Erwartungen verändern könnte – das ist absurd.«[81] Stattdessen vermutet die Forschung, dass Psychedelika nur dann Menschen aus ihren Ideologien befreien können, wenn sie diese sowieso schon tief im Inneren anzweifeln.[82] Also gibt es keine unerwarteten Veränderungen, sondern nur unbewusste Erwartungen.

Eine psychedelische Erfahrung offenbart dir nicht, was du gern hättest, sondern was du gerade brauchst. Und genau hier liegt die große Falle der Trip-Motivation. Was du gerade wirklich brauchst, ist ehrlich gesagt meistens nicht, was dich zur Einnahme der Substanz motiviert hat. Zum Beispiel:

- Du möchtest bunte Farben sehen und eine lustige Zeit mit deinen Freunden erleben. Stattdessen beschäftigst du dich während des Trips mit deiner Angst vor dem Sterben, die du im Alltag immer wegdrückst.
- Deine Depression soll endlich aufhören, und du möchtest wieder Glück und Zufriedenheit spüren. Aber ihre Ursache liegt ja in dem verzweifelten Schmerz des Alleingelassen-Werdens, weil du dich von deinen Eltern nie gesehen gefühlt hast.
- Du willst wissen, wieso du Bindungsschwierigkeiten mit Männern hast. Aber anstatt etwas zu begreifen, geht es plötzlich darum, den Trennungsschmerz zu fühlen, den die Scheidung deiner Eltern auslöste und du seit Jahrzehnten vergraben hältst.

Diese Konflikte sind der Nährboden für eine Enttäuschung, denn leider kannst du nicht steuern, ob dein Unterbewusstsein ebenfalls Lust auf dein geplantes Vorhaben hat. Doch hier ist es wichtig zu verstehen, dass jede psychedelische Erfahrung eine Botschaft in sich birgt. Deshalb ist es empfehlenswert, für alles offenzubleiben, was Psychedelika mit dir anstellen. Auch wenn du nicht das bekommst, was du dir erhofftest, steckt darin doch meist alles, was gerade für dich wichtig ist.

Am liebsten würde ich raten: Hab keine Erwartungen, dann wirst du nicht enttäuscht. Aber das bringt auch wieder Erwartungen mit sich. Laut der »Bayesian Brain«-Theorie basiert sogar letztendlich unser gesamtes bewusstes Erleben im Kern nur auf Erwartungen unseres Gehirns, was wohl als Nächstes passieren wird. Es ist also nicht zu vermeiden, dass wir den psychedelischen Rausch mit einer Geschichte im Kopf betreten. Das ist weder schlecht noch gut, sondern eine Einladung, dich mit dir selbst und deiner Motivation für den Trip auseinanderzusetzen. Wie das genau geht, schauen wir uns übrigens später noch detailliert an.

Phase 2: Der Trip

Immer wieder habe ich Menschen bei ihrer psychedelischen Erfahrung begleitet, die im Vorfeld motiviert erklärt hatten, dass sie bereit wären, jedes Gefühl offen zu empfangen. Dann setzte die brachiale psychedelische Wirkung ein. Doch statt sich vertrauensvoll dem Kontrollverlust hinzugeben, wurde das Steuerrad nun unwissentlich einem verborgenen Lotsen übergeben, einem unbewussten Schutzmechanismus, der mit sechs Navigationsstrategien steuert:

1. **Betäuben:** Nicht nur unterbewusste, sondern alle Gefühle werden temporär betäubt: *Ich spüre nichts. Das Zeug wirkt wohl nicht bei mir. Irgendwie sinnlos. Ich fühle gar nichts. Ich hab's ja gesagt: Das ist nichts für mich.*
2. **Dissoziation:** Eine teilweise oder vollständige Trennung von Gefühlen, Gedanken, Erinnerungen und vom Körper: *Ich bewerte alles als neutral, und diese Bewertungen sind auch neutral. Alles erscheint weit weg, fremd und unwirklich, und das ist mir vollkommen egal.*
3. **Ablenkung nach außen:** Alles, was nicht innen ist, wird plötzlich unwiderstehlich interessant: *Ich glaube, ich trinke mal noch was. Ein bisschen am Kopf kratzen. Noch mal auf der Matratze hin- und herwälzen. Ah, jetzt muss ich aufs Klo. Was passiert um mich herum eigentlich so? Wie viel Uhr es jetzt wohl ist? Wann habe ich das noch mal genommen?*
4. **Ablenkung nach innen:** Anstatt Gefühle hagelt es belanglose Gedanken: *Letztes Jahr war ein gutes Jahr, vor allem der Urlaub in Australien. Diese Kängurus waren echt cool. Und das Wetter war toll, viel besser als zu Hause. Wo ich wohl nächstes Jahr hinreisen werde?*

5. **Weglaufen nach außen:** Die zu vermeidenden Gefühle werden mit der aktuellen Umgebung assoziiert und erfordern deshalb einen räumlichen Wechsel: *Ich mag diesen Raum nicht. Und die Musik erst, die erinnert mich an meine Eltern. Ich würde jetzt gern raus in die Natur, da ist es doch viel schöner. Ja, ich glaube, ich stehe jetzt auf. Ich muss einfach raus hier.*
6. **Weglaufen nach innen:** Das unterdrückende Gefühl der Angst bricht unkontrolliert hervor. Diese Abwehrstrategie wird oft als Bad Trip beschrieben: *Was passiert hier? Ich will das nicht. Oh, nein, ich habe Angst. Scheiße, ich will das nicht mehr. Ich will, dass es aufhört!*

Auch Psychedelika werden dich nicht zur Wahrheit führen können, solange du dir die Unwahrheit aufzwingst. Es ist ein schmaler Grat zwischen wichtigem Hilfsmechanismus und blockierendem Schutzmechanismus, denn die eben beschriebenen Verhaltensweisen sind natürlich nicht immer als zu durchbrechende Abwehrstrategien zu werten. Meine Erfahrung zeigte mir, dass Psychedelika nur das zeigen werden, was wir bereit sind zu verdauen. Und manchmal ist das eben ein unterbewusster Widerstand, der dir präsentiert werden muss, damit du ihn irgendwann durchbrechen kannst. Denn auch dieser enthüllt neue Informationen über dich selbst, die bisher unter der Oberfläche verborgen waren. Deshalb: Suche nicht nach einer bestimmten Erfahrung, sondern halte Ausschau nach den versteckten Botschaften der Erfahrung.

Dazu noch eine Metapher: Psychedelische Substanzen sind wie ein Presslufthammer. Brachial verarbeiten sie deine Schutzschichten zu Staub und nehmen dabei wenig Rücksicht auf dein Wohlbefinden. Doch kommst du mit ihnen zu nahe an ein Wasserrohr, könnte es passieren, dass dein Bauvorhaben sich gegen dich wendet. Denn wenn Psychedelika deine schützenden Lügen entlarven, dann entfernen sie damit schließlich deine wichtigen Schutzmechanismen. Im unangenehmen, doch noch verträglichen Fall der eben genannten Abwehrstrategien endet der Trip so höchstens in einer angstvollen Erfahrung, die danach verarbeitet und integriert werden kann. Im Falle einer momentan instabilen Persönlichkeit, bipolarer Tendenzen oder einer latenten psychotischen wie auch schizophrenen Disposition kann jedoch nur empfohlen werden, dringend einen Bogen um den Drucklufthammer zu machen.

Phase 3: Perspektivenwechsel

Nach dem Trip ist vor der Veränderung. Das ist so ähnlich wie erst das Vergnügen und dann die Arbeit oder erst das Zeugnis und dann die Prüfung. Deine psychedelische Erfahrung wird auf jeden Fall irgendetwas in dir hinterlassen – und sei es nur eine Erinnerung. Mehr wirst du aber auch nicht brauchen, denn es gibt eine Art von lebensverändernder Erinnerung, wie beispielsweise an das wichtigste Erlebnis deiner Kindheit. Nun kann es sich nach einem psychedelischen Trip durchaus so anfühlen, als ob du jetzt schon das Abschlusszeugnis mit Belobigung erhalten hättest. Du denkst: Jetzt ist ja alles anders, du bist geheilt, befreit und angekommen. Endlich hast du den Wendepunkt erreicht, nach dem du gesucht hast. Doch zurück im Alltag kommt die große Ernüchterung, denn irgendwie ist immer noch alles genauso wie vorher. Hä, was ist denn jetzt los? Ich glaube, ich brauche den nächsten Trip! Und damit dir das so nicht passiert, hier fünf After-Trip-Fallen, die ich beobachten konnte:

1. **Absolutierung:** Sei generell vorsichtig mit den Worten »alles«, »für immer« und »niemals wieder« im Kontext einer angenommenen psychedelischen Veränderung: *Jetzt ist alles*

anders, alles wird besser, es ist alles so klar. Es wird nie wieder so sein wie früher.

2. **Coping-Verlagerung:** Erkenne Problemverlagerung als problematisch an: *Ich höre jetzt auf, Alkohol zu trinken, aber Cannabis ist ja nicht so schädlich. Ich bin gerade mehr auf Social Media, aber immerhin habe ich nach meinem Trip erkannt, dass ich mich aus meiner toxischen Beziehung befreien musste.*
3. **Ego-Backlash:** Bei übermäßigem Veränderungsdrang schnappt dein Ego wie ein überspannter Gummi zurück in alte Muster: *Jeden Tag habe ich meditiert, Tagebuch geführt, mich gesund ernährt, und jetzt ist plötzlich alles wieder weg.*
4. **Psychedelischer Narzissmus:** Du verwechselt deine persönlichen Wahrheiten mit der absoluten und verlierst immer mehr Kontakt zu deiner Menschlichkeit: *Die meisten haben es einfach noch nicht verstanden. Ich bin jetzt halt mit meinem Higher Self verbunden. Leute, lasst uns eine neue Erde kreieren, in der wir alle glücklich sein können. Und ich war natürlich derjenige, der das angestoßen hat!*
5. **Veränderungseile:** Triff keine großen Lebensentscheidungen direkt nach dem Trip: *Ich muss jetzt sofort meinem Mann sagen, dass ich mich trennen will und meine Tickets nach Indien buchen. Die Kinder müssen eben akzeptieren, dass ich es satthabe, immer nur für andere zu leben.*

Was diese fünf Punkte gemein haben: Die dritte Phase der psychedelischen Veränderung »Perspektivenwechsel« wurde übersprungen oder fehlerhaft durchgeführt. Dadurch wird die vierte und letzte Phase »Veränderungsprozess« kein Prozess mehr sein, sondern eine auf Teufel komm raus erzwungene Veränderung. Doch das ist, wie erst das Dach zu bauen und sich dann zu fragen, wieso das Fundament seinem Gewicht nicht standhält. Deshalb schauen wir uns diese vierte Phase im nächsten Kapitel gleich ganz genau an. Doch zuvor muss ich dir noch etwas Wichtiges sagen.

Mein Appell an dich

Psychedelika sind keine Wunderpillen. Sie werden dein Leben nicht auf magische Weise verbessern. Sie haben keine Agenda und keine Motivation, dir als dein kleiner Fiffi zu dienen. Also fang am besten gar nicht erst an, sie so oder so ähnlich zu sehen. Versuche stattdessen, sie als Werkzeug zu betrachten, als eine Technologie, die dir dabei hilft, dir selbst zu helfen. Sie sind wie das Gegenteil von Helikoptereltern. Sie lassen dir Freiraum und Autonomie, damit du weiterhin Fehler machen kannst, aus ihnen lernst und Bescheidenheit und Eigenverantwortung für dein eigenes Leben entwickelst. Psychedelika sind die kleinen Helferlein, die du immer wolltest, aber nie hattest, und wenn du sie dann hast, wünschst du dir, dass du sie nie bekommen hättest. Denn jetzt kommt das, was ich dir unbedingt noch sagen muss. Es wird dir wahrscheinlich nicht gefallen, aber es muss sein: Veränderung – ob mit oder ohne Psychedelika – ist verdammt viel Arbeit. Und damit meine ich nicht am Fließband stehen und warten, bis der Minutenzeiger zur Zwölf klettert, damit du endlich in den wohlverdienten Feierabend kannst. Nein, es ist die ehrenamtliche Stelle als Kellnerin im Hochbetriebsrestaurant, wobei der ganze Laden von dir verantwortet wird. Und wenn du darauf keine Lust hast, dann weiß ich nicht, ob diese Substanzen wirklich das Richtige für dich sind. Doch wenn du bereit bist, diese Stelle mutig anzunehmen, dann bekommst du jetzt von mir im nächsten Abschnitt die Ersteinweisung für deinen neuen

Job im Bambus Garden, La Dolce Vita oder Stadtgarten Restaurant. Aber keine Sorge, in der Probezeit darfst du noch fristlos kündigen.

Theoretische Praxiswunder

Ab wann gilt etwas als verherrlichend? Laut Definition, wenn es übertrieben positiv, idealisierend oder glorifizierend dargestellt wird. Doch ab wann zählt dann etwas als übertrieben? Für die einen sind Kriegsfilme ein notwendiger Ausdruck von Patriotismus, für die anderen Gewaltverherrlichung. Manche sehen Social-Media-Fitness-Influencerinnen und -Influencer als Inspiration, andere als Idealisierung einer gestörten Körperwahrnehmung und eines fehlgeleiteten Essverhaltens. Und manche stellen Zigaretten und Alkohol auf Werbeplakaten als Lifestyle-Produkt dar, während Millionen andere dafür mit ihrem Life bezahlen müssen. Eine Verherrlichung ist also letztendlich die subjektive Diskrepanz zweier Wertvorstellungen. So werde ich für dieses Buch beispielsweise hier und da mit Gegenwind rechnen müssen, obwohl es meine Intention war, ein evidenzbasiertes und aufrichtiges Bild der Psychedelika zu vermitteln. Deswegen jetzt ein kurzer Disclaimer: Im folgenden Absatz werde ich meine persönliche, ungefilterte Wahrheit formulieren – und dabei vermute ich, dass diese auf manche verherrlichend wirken könnte. Bitte beachte, dass dies meine eigene, subjektive Meinung ist, die sich aus meinen persönlichen Erfahrungen gebildet hat. Jede Person kann nur für sich selbst sprechen, und ich selbst habe eben sehr viele positive Erfahrungen sammeln dürfen. Ich kann natürlich nicht für alle sprechen, der Konsum von Psychedelika kann auch negative Konsequenzen nach sich ziehen.

Psychedelika sind eine Abkürzung in Bezug auf persönliches Wachstum und emotionale Heilung. Manchmal fühlte sich eine Erfahrung mit ihnen wirklich wie Magie an und das teilweise auch ohne zusätzlichen mentalen Aufwand. Die Tage und Wochen nach einer intensiven psychedelischen Erfahrung spürte ich dauerhaft eine Art Rückenwind. Klar, ich arbeite an mir, aber es fühlte sich gar nicht mehr an wie Arbeit. Eher so, als ob mein sonst so widerspenstiges Ego besänftigt worden wäre. Dadurch wurde ich immer wieder daran erinnert, wie schön dieses Leben eigentlich ist und worum es wirklich geht. Nämlich darum, im Frieden mit allen Hochs und Tiefs dieser wunderbaren Reise namens Menschsein zu sein. Danke, Psychedelika. Ich wüsste nicht, wo ich heute ohne euch wäre. Für mich seid ihr kleine Wunder des Lebens.

Du siehst also: Ich persönlich bin schon ziemlich überzeugt – manchmal sogar etwas zu überzeugt, das ist mir bewusst. Doch deswegen musst du es nicht sein und auch sonst niemand. Denn ich bin nicht zum Überzeugen hier, sondern zum Aufklären. Womöglich bist du jetzt auch etwas verwirrt. Erst behaupte ich, Veränderung mit Psychedelika ist Arbeit, Arbeit, Arbeit, und jetzt preise ich sie als Wunder an, die mir von ganz allein geholfen haben. Warum ich das tue? Ich möchte dich vor dem größten Fehler der psychedelischen Transformationsarbeit bewahren: falschen Erwartungen. Denn Psychedelika sind beides – Arbeit und Wunder. Es ist ein bisschen wie mit Kindererziehung: Bist du zu versteift darauf, alles richtigzumachen, machst du es falsch. Doch lässt du sie machen, was sie möchten, tanzen sie dir irgendwann auf der Nase herum. Damit dir das nicht passiert, habe ich noch ein paar kleine Anpassungen am Schaubild der vier Phasen der psychedelischen Veränderung vorgenommen.

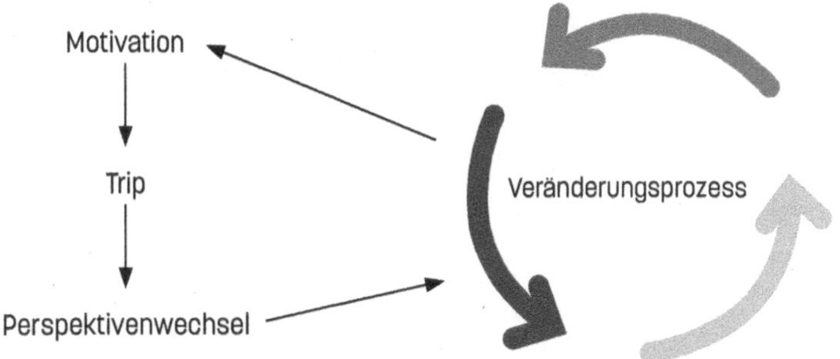

Abb. 7: Erweiterte Darstellung der vier Phasen der psychedelischen Veränderung

Auf der obigen Abbildung siehst du rechts den vorher als vierte Phase bekannten Veränderungsprozess. Dieser in sich selbst geschlossene Strudel hat per se nichts mit Psychedelika zu tun. Er steht für Persönlichkeitsentwicklung, emotionale Heilung und Transformation. Du darfst Psychedelika und persönliches Wachstum also von jetzt an getrennt voneinander wahrnehmen. Denn: Veränderung geht auch ohne Psychedelika, und Psychedelika gehen auch ohne Veränderung. Und Veränderung kommt auch nicht durch Psychedelika – Veränderung kommt durch Veränderung.

Innerhalb eines Wandlungsprozesses kann es passieren, dass du Motivation für und Lust auf etwas psychedelischen Brandbeschleuniger entwickelst. Im Idealfall folgt dann ein Trip mit Perspektivenwechsel, der sich wieder in den Veränderungsprozess integriert. Diesen Prozess der Reintegration nennen wir übrigens psychedelische Integration. So werden Psychedelika zum Turbolader deines Veränderungsprozesses. Aufs Gas drücken musst du natürlich trotzdem noch selbst.

Teleskope für den inneren Kosmos: Das wahre Potenzial der Psychedelika

Zum besseren Verständnis möchte ich nun die klassische 80-20-Regel verwenden. Psychedelische Transformationsarbeit besteht zu 20 Prozent aus Psychedelika und zu 80 Prozent aus persönlichem Wachstum und emotionaler Heilung. Denn Veränderung geschieht nicht maßgeblich durch die Einnahme einer Pille, sondern durch die Aufarbeitung unterdrückter und verdrängter Emotionen, den Wechsel festgefahrener Perspektiven und den Mut, in Verbindung mit dir selbst zu treten.

Dem stehen jedoch augenscheinlich all die erfolgreichen Studien mit Psychedelika entgegen, bei denen Menschen ihre Depression, Süchte und posttraumatischen Belastungsstörungen hinter sich lassen konnten. Doch schauen wir mal genauer hin: Die Teilnehmenden wurden über Monate psychologisch unterstützt. Das Heilsame war also nicht nur der Trip, sondern auch die Zeit danach, in der das Gehirn neu verdrahtet werden konnte. Psychedelika erhöhen außerdem vermutlich unsere Neuroplastizität, also die Fähigkeit des Gehirns, neue Verbindungen zu knüpfen.[83] Das bedeutet, dass sie dir erst einen Perspektivenwechsel ermöglichen und dir zudem die darauffolgende Veränderung erleichtern. Dazu kommt noch ihre Wahrheit aufdeckende Wirkung, das Lockern starrer Glaubenssätze und die hohe Wahrscheinlichkeit, dass der Trip irgendetwas mit dir machen wird. Mit dem vergleichsweise kleinen Zeitinvestment, das sie benötigen, kannst du Tage, Wochen oder gar Jahre einsparen.

Es ist doch wirklich eine tolle Zeit, um am Leben zu sein. Es gibt immer weniger Hunger auf der Welt, und tödliche Krankheiten befinden sich im großen Ganzen auf einem absteigenden Ast. Unsere moderne Ernährung und Medizin lassen uns immer älter werden. Und wir entschlüsseln die Geheimnisse unseres Kosmos. Dann wird uns klar: All das passiert eigentlich nur in uns. Es sind wir und unser Bewusstsein, die deine, meine und unsere Welt kreieren. Ohne Bewusstsein gäbe es schließlich nichts, was als etwas wahrgenommen werden könnte. Wie wäre es also, zusätzlich noch eine Technologie zu besitzen, um jenen inneren Kosmos zu erforschen? Eine, die älter ist als die Menschheit selbst, doch immer zeitgemäß sein wird. Der tschechische Psychiater und Psychotherapeut Dr. Stanislav Grof, der in der 1950er- und 60er-Jahren therapeutisch mit LSD arbeitete, sagte in diesem Zusammenhang: »Psychedelika könnten für die Psychiatrie das sein, was das Mikroskop für die Biologie und das Teleskop für die Astronomie ist.«[84]

Ich glaube, dass Introspektion der Schlüssel für die Entfaltung des menschlichen Potenzials ist. Indem wir uns immer besser verstehen, werden wir die Welt besser verstehen und dadurch die Fähigkeit erlangen, sie zu einem besseren Ort zu machen. Und genau dafür sind diese wunderbaren Substanzen die fast schon perfekte Ergänzung.

Psychedelika für alle?

Ich empfinde es als riesiges Privileg, dass sich die westliche Gesellschaft wieder an Psychedelika heranwagt. Wir trauen uns wieder, unsere menschliche Neugier zum Ausdruck zu bringen. Denn die Erforschung des Bewusstseins hat auch etwas Spielerisches. Wie meine Nichte, die verblüfft mit dieser faszinierenden Paste aus der Ketchup-Tube spielt, um sie dann quer über die Wände zu verteilen, lässt uns ein psychedelischer Trip die Welt wieder mit den staunenden Augen eines Kindes sehen. Für die Zeit des Trips ist vergessen, was laut dem Verstand möglich ist und was nicht, was du bist und was nicht und was man soll und was nicht. Den meisten Menschen würde das vermutlich guttun. Doch dafür brauchst du meiner Meinung nach nicht erst von unserem System mit einem Krankheitsstempel markiert zu werden. Du musst ja auch nicht unglücklich sein, um glücklicher werden zu können. Gesund sein ist nun mal kein statischer Zustand, sondern ein Spektrum – genauso wie Fluss und Stillstand, Vertrauen und Widerstand oder Leben und Tod. Und egal, wo du dich darin einordnest, es gibt doch sicherlich auch für dein Leben Potenzial, es etwas besser zu gestalten. So wäre es wohl nicht tollkühn zu behaupten, dass es fast allen Menschen guttun würde, sich zumindest ein wenig mehr nach innen zu wenden.

Sind Psychedelika also wirklich für jeden geeignet? Wenn ich ganz ehrlich mit dir bin: Ich glaube, dass weniger als 10 Prozent aller Menschen überhaupt einen tiefgreifenden psychedelischen Rausch erfahren würden. Die anderen 90 Prozent könnten vermutlich Schwierigkeiten haben, mutig auf diese drastische Weise in ihre Tiefen zu blicken. Doch das heißt nicht, dass sich dieses Verhältnis nicht ändern wird. In den nächsten Jahren ist davon wahrscheinlich sogar auszugehen, denn dass du gerade dieses Buch liest, sagt auch schon einiges aus. Denn der Umstand, dass du es gekauft hast oder jemand meinte, dass du davon profitieren würdest, lässt vermuten, dass sich immer mehr Menschen diesen Erfahrungen öffnen. Warum ich das so selbstsicher sage? Ach, das ist ein Bauchgefühl. Nagel mich jetzt bloß nicht auf Studien fest. Das ist ja das Schöne an einem Buch: Endlich mal ungefiltert die eigene Meinung preisgeben, ohne Angst vor Zensur zu haben – also ein bisschen wie bei einem psychedelischen Trip.

Wir sind nun an einem wichtigen Wendepunkt angekommen. Ich hoffe, ich konnte dir in diesem vierten Kapitel den Weg für ein tieferes Verständnis der Psychedelika ebnen. Du hast die relevantesten psychedelischen Effekte kennengelernt und herausgefunden, welche Auswirkungen ein Trip auf dein Ego und seine liebevollen Lügen haben kann. Sicherlich hast du dir auch gemerkt, dass Psychedelika zwar wundersam wirken, doch nur durch Mitwirken zu einem Wunder werden können. Denn nur dann werden sie dich erfahren lassen, was du bisher nur rein rational verstehen konntest. Sie werden dich verkörpern lassen, was bisher nur sperrige Konzepte waren. Und sie werden dich fühlen lassen, was du bisher nur denken konntest. Es ist wie ein Praxisurlaub in einer Welt voller Theorie. Und deshalb gehen wir nun, nach all dem theoretischen Gefasel bis hierher, endlich zur Praxis über. Und die wird dir an die Substanz gehen – wortwörtlich.

5.

Psychedelika im Überblick

Die drei wichtigsten Trip-Faktoren: Set, Setting und Substanz

Wir schreiben das Jahr 2073. In meinem Wohnzimmer sitzend, lasse ich mir von meinem KI-Assistenten Avery die neuesten Nachrichten vorlesen. »Erstmals seit Beginn der Aufzeichnungen sinkt die Nachfrage für mentale Gesundheitshilfe unter die Anzahl verfügbarer Angebote«, ertönt es aus den Wandlautsprechern. Und weiter: »Besonders die Bildungsrevolution des Gesundheitssektors in den 20er- und 30er-Jahren wird von Experten als wichtiger Wendepunkt genannt.« Ein Lächeln breitet sich auf meinem Gesicht aus. Mit einer anerkennenden Kopfbewegung bedanke ich mich bei Avery und denke zurück an die Zeit der Prohibition, in der Psychedelika noch als kontrovers oder gar etwas grundsätzlich Schlechtes gesehen wurden. Das erscheint mir jetzt alles so fern und surreal. Ein bisschen so, wie ich den Zweiten Weltkrieg in meiner Jugendzeit wahrgenommen hatte, ein Relikt aus vergangenen Zeiten.

Vor meinem inneren Auge steigen Bilder der letzten Jahrzehnte auf, und ich schwelge selig in all den wunderbaren Erinnerungen. »Puh, jetzt bin wohl offiziell alt«, murmle ich kichernd vor mich hin. Mir kommt die medizinische Legalisierung von MDMA in den späten 20er-Jahren ins Bewusstsein. Dann die Eröffnung des ersten psychedelischen Zentrums in Deutschland im Frühjahr 2038. Ich durfte damals als einer der ersten Teilnehmenden 30 Milligramm Psilocybin mit einer Gruppe von 15 weiteren Neugierigen einnehmen. Der erste legale Freizeit-Trip der deutschen Geschichte. Doch als ich mich gerade an den Inhalt dieser psychedelischen Erfahrung erinnere, klingelt es an der Tür.

Freudig empfange ich meinen Enkel an der Türschwelle, der mir ohne Umschweife von seinem neusten Hirnforschungsprojekt erzählt. Anscheinend soll es bald möglich sein, das eigene Bewusstsein schrittweise auf Maschinen zu übertragen. Manche sprechen schon von Unsterblichkeit. Als wir uns beide am Wohnzimmertisch unterhalten, wird seine Stimme plötzlich ganz ruhig, und er fragt mich: »Sag mal, Opa, ganz ehrlich. Ich wollte dich das schon immer mal fragen, weil ich weiß, dass du ja jemand bist, der behauptet, nichts zu bereuen. Aber jetzt mal ganz unter uns: Gibt es da wirklich nichts?« Ich fange an, herzlich zu grinsen: »Weißt du, es gibt da schon eine Sache. Eigentlich sollte es die ja nicht geben, denn ich habe immer versucht, das Richtige zu tun. Ich hatte den Mut, mein eigenes Leben zu leben und meine Gefühle meinen liebsten Mitmenschen offen auszudrücken. Ich habe verstanden, dass es nicht darum geht, viel zu arbeiten, sondern darum, mir zu erlauben, glücklich zu sein. Und trotzdem erwische ich mich manchmal bei dem Gedanken, dass ich doch diese eine Sache nie ausprobiert habe, obwohl es einen Teil in mir gab, der immer schon neugierig darauf war.« »Ja? Und was ist das?«, fragt er mich neugierig, und ich antworte mit einem halb nachdenklichen, halb verschmitzten Schmunzeln: »Ich hätte einfach zu gern gewusst, wie es ist, 15 Milligramm 5-MeO-DMT nasal einzunehmen. Es hätte eine interessante Erfahrung sein können. Eine, die vielleicht sogar meine Sichtweise auf das Universum und meine Rolle darin verändert hätte.«

Ich war schon immer ein sehr neugieriger Mensch und hoffentlich bleibe ich das bis ins hohe Alter. So neugierig sogar, dass ich diese Geschichte von ChatGPT fortführen ließ – diesen Spaß möchte ich dir nicht vorenthalten:

Nun lächelt mein Enkel plötzlich und zieht eine kleine Ampulle aus seiner Tasche. »Nun, Opa, es ist nie zu spät, oder?« Ich schaue erst ihn an, dann die Ampulle und schließlich wieder ihn. »Weißt du was? Du hast recht. Es ist nie zu spät.«[85]

Nun aber wieder zum Ernst des Lebens. Ich möchte mich nicht damit brüsten, doch ich habe alle in diesem Buch behandelten Psychedelika in unterschiedlichen Dosierungen bereits viele Male erfahren dürfen: zur Selbsterkenntnis, zur Heilung oder zum Spaß. Dadurch gewann ich ein immer tieferes Vertrauen in diese Substanzen. Denn mit jeder Erfahrung blätterte gefühlt eine weitere Schicht meiner Vorannahmen über sie, mich und die Welt ab. Mir wurde offenbart, dass es nichts gibt, wovor ich Angst zu haben brauche, wenn ich anerkenne, dass alles, was Psychedelika mir zeigen können, im tiefsten Kern aus mir selbst entspringt. Angst bleibt natürlich trotzdem eine ernstzunehmende Emotion. Nur schmälert sie im Übermaß das Vertrauen in die Unkontrollierbarkeit des Lebens und hinterlässt Misstrauen, Festgefahrenheit und Neurotizismus – alles schon selbst erlebt.

Stell dir mich für dieses fünfte Kapitel des Buches am besten als deinen psychedelischen Tourguide vor, der die zu erkundende Gegend wie seine eigene Westentasche kennt. Für einen schlappen Zehner zeige ich dir jetzt die psychedelischen Geheimspots, die du so nicht mal auf TripAdvisor findest. Dabei ist es egal, wer du bist, wo du herkommst und hinwillst – oder wovon du wegwillst. Es ist mir eine Ehre, dir alle verfügbaren Optionen der Psychedelika präsentieren zu dürfen, damit du selbst entscheiden kannst, welche Reiseroute die passende für dich ist oder ob du die Reise überhaupt antreten möchtest. Doch *first things first*. Hier zunächst einmal ein kleines Vorab-Briefing, damit du ungefähr weißt, was auf dich zukommt. Um die Qual der Wahl zu lindern, zeige ich dir die drei einflussreichsten Trip-Faktoren für eine aufgeklärte Entscheidung über deine psychedelische Reise. Dabei möchte ich darauf hinweisen, dass ich in diesem Buch über meine eigenen persönlichen Erfahrungen spreche. Ich kann nicht für alle sprechen und zeige meinen positiven Weg auf. Es ist empfehlenswert, sich so genau wie möglich vorab zu informieren, auch über mögliche Gefahren.

1. Das Set

Das Set beschreibt im psychedelischen Fachjargon den mentalen Zustand einer Person (Abkürzung von engl. *mindset*). Ich würde den körperlichen Zustand aber auch dazuzählen, schließlich sind Körper und Geist eng verbunden. Also zusammengefasst: wie es dir gerade geht. Da Psychedelika unspezifisch deine Wahrnehmung verstärken, werden nicht nur bestimmte Zustände intensiviert, sondern radikal alle. Jedoch nicht sämtliche auf einmal, sondern einzelne in einer zufälligen, nicht vorhersagbaren und daher unkontrollierbaren Reihenfolge. Was du dabei jedoch beeinflussen kannst, ist, auf Basis deines aktuellen Sets zu entscheiden, ob momentan wirklich ein geeigneter Zeitpunkt für eine psychedelische Erfahrung ist. Blödes Beispiel, aber wenn gerade dein Opa gestorben ist, dann eher nicht zu einer Substanz greifen. Oder auch, wenn dich Existenzängste nach einer Kündigung verzweifeln lassen. Du bist erkältet oder hast körperliche Schmerzen? Dann gib deinem Körper lieber erst einmal Zeit, sich zu erholen. Du kriechst auf der Arbeit seit Monaten auf dem

Zahnfleisch? Dann erst herunterfahren, Urlaub machen und in die Balance kommen – der Trip läuft dir nicht weg. Die Faustregel ist: Fühlt sich dein Gemütszustand instabil an, werden Psychedelika ihn tendenziell nicht stabilisieren. Es sollte dir also mindestens halbwegs gut gehen, wenn du dein Wohlbefinden mit Psychedelika supplementieren möchtest. Auch bei Studien mit Psychedelika setzen depressive Menschen zunächst ihre Medikamente ab und werden vom Fachpersonal einige Wochen mental stabilisiert, bevor sie auf Reisen geschickt werden.

Ein weiterer Aspekt des Sets ist deine Einstellung zu Psychedelika. Erinnerst du dich an Draco Malfoy, den Erzfeind von Harry Potter? Im dritten Teil der Saga tritt dieser außerordentlich herablassend und respektlos dem pferdeartigen Fabelwesen Hippogreif gegenüber. Das lässt es nicht lange auf sich sitzen und straft den Rotzlöffel augenblicklich mit einem Hieb ab. Erst als sich Harry dem Tier ehrfürchtig unter Verbeugungen nähert, erlaubt es ihm sogar, auf seinen Rücken aufzusteigen. Ganz ähnlich verhält es sich mit Psychedelika. Siehst du sie als bloßen Spaß, wird dein Unterbewusstsein seine Tore nicht öffnen wollen. Wenn es gut läuft, endet das in einer interessanten, doch wenig nachhaltigen Erfahrung. In weniger glücklichen Fällen wird dich der psychedelische Hippogreif das Fürchten lehren. Doch dieses System lässt sich hacken, indem du deine Haltung vor einem psychedelischen Trip auf deine aktuellen Ziele, Wünsche und Sorgen hin anpasst. In diesem Zusammenhang sprechen wir meistens von Intention und Motivation. Stell es dir wie bei einem Papierflugzeug vor. Wohin es durch Windböen durch die Lüfte getragen wird, liegt nach dem Abwurf nicht mehr in deiner Hand. Ganz im Gegensatz zu Falttechnik, Flügelform, Gewichtsverteilung und der Richtung, in die du es schickst. Und so sind die reichweitenstärksten Trips solche, die gut vorbereitet, doch wenig kontrolliert werden.

Es ist nicht nur dein Bewusstsein, sondern auch dein Unterbewusstsein, das entscheidet, wie du die Welt siehst und auf sie reagierst. Drückst du deine Wut über den Sonntagsfahrer, der dir heute Morgen die Vorfahrt genommen hat, nicht rechtzeitig aus, wird sie das eben nach ihrer eigenen Agenda nachholen. Zum Beispiel, wenn du abends nach Hause kommst und dein Mann wieder einmal die Küche nicht in der Form hinterlassen hat, wie du es dir wünschst. Der darauffolgende Streit wird dann nicht zwischen ihm und dir, sondern zwischen deiner unterdrückten Wut und seinem dadurch ausgelösten Ärger ausgetragen. Zusätzlich spielt auch noch deine mehr oder weniger bewusste Haltung zu Beziehungskonflikten, deinem Mann und Küchenhygiene eine Rolle. Und genauso wird auch der psychedelische Rausch von dem bunten Mix deiner Haltungen und Emotionen beeinflusst. Also: Mach dir die Korrelation zwischen deinem Set und dem psychedelischen Trip unbedingt bewusst und fang an, sie zu deinen Gunsten zu nutzen.

2. Das Setting

Für mich war immer klar: Auf meiner Hochzeit soll es warm und sonnig sein. Deshalb fand sie letztendlich auf Mallorca und nicht in Deutschland statt. Doch hätte mein innerer Geizkragen vorher gewusst, was das für unseren Geldbeutel bedeuten würde, hätte ich das womöglich nochmals überdacht – aber das ist eine andere Geschichte. Worauf ich eigentlich hinausmöchte: Das Wetter hat einen riesigen Einfluss auf unsere Stimmung. Doch Sonne und Gewitter machen nichts besser oder schlechter, sondern anders. Ich liebe es zum Beispiel, bei offenem Fenster, dem Regen lauschend, einzuschlafen oder bei Schnee und Kälte stundenlang ins Feuer des Ofens zu starren. Unsere Umgebung (engl. *setting*) hat also eine große Auswirkung auf unsere Emotionen und Gedanken sowie die Art und Weise, wie wir leben, und dementsprechend auch auf einen psychedelischen Trip. So prägte der Begriff »Set und Setting« bereits die frühen Experimente der Psychedelikaforschung in den 60er-Jahren. Schon damals wurde erkannt, welchen Einfluss die räumliche Umgebung auf die Versuchspersonen hatte.

Ein psychedelisches Setting lässt sich anhand dreier Faktoren beschreiben. Erstens »Wo?«, also der Ort, Ablauf und die Einrichtung des Raums. Zweitens »Mit wem?« – ob du allein sein wirst oder es Mitreisende und eine Reisebegleitung gibt. Und drittens »Wie?«, womit die Philosophie des Settings gemeint ist, das heißt anhand welcher Richtlinien gearbeitet und welche Zielsetzung verfolgt wird. Außerdem unterscheiden wir zwischen zwei grundsätzlichen Arten von Settings, dem veränderungsorientierten und dem erlebnisorientierten Setting. Beide besitzen typische Merkmale, die wir nun den drei Setting-Faktoren zuordnen können.

Das veränderungsorientierte Setting

Dieses Setting ist ein bewusst gestalteter Ort, der im Idealfall etwas im Inneren nachhaltig in Bewegung setzt. Seine Merkmale sind oftmals penibel definiert und tendenziell auf Struktur und Sicherheit ausgerichtet. Besonders relevant für den Erfolg dieses Settings ist es, dass die Reisenden ein Gefühl von Vertrauen verspüren, um sich der psychedelischen Wirkung vollständig hingeben zu können.

Abb. 8: Ein veränderungsorientiertes Setting

»Wo?«-Merkmale des veränderungsorientierten Settings

1. **Reizarmes Ambiente:** Da der Fokus dieser Setting-Art meist nach innen gerichtet ist, wird in der Regel Wert daraufgelegt, eine ruhige und neutrale Umgebung herzustellen. Damit ist kein klinischer Raum ohne Charakter gemeint, sondern eine gewisse Aufgeräumtheit, die dazu einladen soll, von äußerlichen Reizen abzulassen. Um das weiter zu unterstützen, tragen Reisende bei modernen Settings während der Wirkung häufig eine Schlafmaske.
2. **Leitende Musik:** Musik ergänzt ein Setting laut einer Studie aus dem Jahr 2018 durch die Förderung hilfreicher Emotionen, dem Gefühl, geführt zu werden, sowie mit innerer Ruhe, Offenheit und Sicherheit.[86] Umgekehrt kann sie jedoch auch unangenehme Emotionen und Widerstände hervorrufen. In

den meisten veränderungsorientierten Settings wirst du eine Musikanlage oder Livemusik vorfinden.

3. **Unterstützende Gegenstände:** Ein Altar in der Mitte des Raums, vibrierende Klangschalen oder ein großer Strauß Blumen – solche Gegenstände können dem Raum einen rituellen und natürlichen Charakter geben, was von vielen Reisenden als beruhigend und behaglich empfunden wird.
4. **Persönliche Gegenstände:** Um gewünschte Prozesse in Gang zu setzen oder für mehr Vertrauen zu sorgen, können Reisende persönlich relevante Gegenstände in Griffweite halten. Beispiele hierfür sind Fotos aus der Kindheit, das Parfüm eines wichtigen Menschen oder das Kuscheltier aus der Grundschulzeit.

»Mit wem?«-Merkmale des veränderungsorientierten Settings

1. **Allein:** Um Ablenkungen zu minimieren, kann eine veränderungsorientierte Sitzung allein durchgeführt werden. Die Sinnhaftigkeit davon hängt vor allem vom psychedelischen Erfahrungslevel des Reisenden und von der Dosierung ab. Generell gilt: Je höher die Dosis, desto mehr Sicherheitsgefühl wird benötigt.
2. **Begleitpersonen:** Als soziales Wesen profitieren wir oftmals von einer geeigneten Begleitung. In Gruppensettings kommt meist eine Begleitperson auf drei bis sechs Reisende. In Einzelsettings sind es ein oder zwei begleitende Personen, im besten Fall sind beide Geschlechter vertreten.
3. **Gleichgesinnte Mitreisende:** Traditionell werden Psychedelika im Gruppenkontext verwendet. Neueste Forschungsergebnisse aus der Schweiz legen einige Gruppenvorteile wie Gefühle von Verbundenheit und prosoziale Lerneffekte nahe.[87] Üblicherweise haben alle Mitreisenden ähnliche Gründe für

die psychedelische Erfahrung, was deinen eigenen Prozess durch Gemeinschaftsgefühle oder gegenseitiges Mitgefühl fördern kann.

»Wie?«-Merkmale des veränderungsorientierten Settings

1. **Philosophie:** Ob du allein oder mit einem Veranstalter auf Reisen gehst – wir alle haben unterschiedliche Ansätze, Weltbilder und Vorstellungen, die das Setting maßgeblich prägen. Diese können traditionell, medizinisch, weltlich, therapeutisch, schamanisch, religiös oder persönlich sein. Wichtig ist, dass sie nach außen sichtbar gemacht werden, damit du bewusst entscheiden kannst, ob diese Philosophie auch wirklich zu dir passt.
2. **Klare Zielsetzung:** Veränderung ist nicht gleich Veränderung. So kann eine neugierige Selbsterforschung ein ebenso adäquates Reiseziel sein wie die Heilung von Leiden. Im Gegensatz zum erlebnisorientierten Setting existieren beim veränderungsorientierten meist eine Zielsetzung, Motivation und Intention, die im Vorfeld zumindest grob festgelegt werden.
3. **Stil der Begleitung:** Eine Reisende fängt plötzlich an zu weinen. Was tun? Letztendlich gibt es darauf keine richtige oder falsche Antwort. Manche Begleitpersonen würden sie in ihrem emotionalen Prozess allein lassen, andere unterstützend beistehen und wieder andere direkt intervenieren. Letzteres ist übrigens meistens ein Zeichen von Unerfahrenheit und sollte meiner Meinung nach möglichst vermieden werden. Hüte dich davor, manche Begleitungsstile als richtig und andere als falsch zu sehen, sondern achte einfach darauf, welchen du für dich am passendsten findest.
4. **Hintergrund der Begleitpersonen:** In einem psychedelischen Kontext begleitende Personen haben verschiedenste Be-

zeichnungen und Ausrichtungen: Facilitator, Therapierende, Guides, Schamaninnen und Schamanen, Ärztinnen und Ärzte, Coaches oder Forscherinnen. Neben beruflicher Ausrichtung unterscheiden sie sich außerdem in Hinsicht auf psychedelisches Erfahrungslevel, Empathievermögen und die Fähigkeit, ein sicheres und vertrauensvolles Umgebungsgefühl zu schaffen, durch das die Reisenden leichter in emotionale Prozesse eintauchen können.

5. **Vordefinierte Prozesse:** Um die Stabilität der Sitzung zu gewährleisten, gibt es für verschiedenste Situationen bewährte Richtlinien und Formen des Umgangs. Wann wird Musik gespielt? Wie wird die Dosierung und Einnahme gestaltet? Wie wird auf intensive Widerstände von Reisenden reagiert? Oder auch: Wie frei dürfen sie sich innerhalb oder außerhalb des Raums bewegen?
6. **Traditionelle Rituale:** Besonders in traditionellen Zeremonien südamerikanischer Kulturen gehören bestimmte Rituale zur Einnahme der Substanz, Gebete oder Gesänge fest zum Verlauf der Sitzung. Für den westlichen Durchschnittsbürger mögen diese rituellen Elemente nach einem Hauch von Hokuspokus aussehen, doch wirken sie sich nachweislich positiv auf den Konsumierenden aus.[88]

Das erlebnisorientierte Setting

Eines vorneweg: Auch ein erlebnisorientiertes Setting löst in vielen Fällen eine kleine oder große Veränderung aus, nur gehört sie eben nicht zu den geplanten Reisezielen. Vielmehr orientieren sich diese Settings an hedonistischen, lebensbejahenden oder vergnügungsorientierten Intentionen. Dabei kommen auch einige der Merkmale des veränderungsorientierten Settings vor, wie beispielsweise allein zu reisen, Begleitpersonen, Mitreisende oder Musik. Der Einfachheit halber werde ich diese nicht noch einmal auflisten, sondern den Fokus auf die einzigartigen Merkmale dieses Settings legen.

»Wo?«-Merkmale des erlebnisorientierten Settings

1. **In der Natur:** Eine beliebte Form der Erlebnisreise führt hinter Betonbauten zurück zu Mutter Erde. Unsere Flora und Fauna haben unter Einfluss von Psychedelika eine ganz besondere Wirkung auf uns, die wir im nüchternen Zustand oft übersehen. Es ist nicht ungewöhnlich, dass Erstis anschließend von einem komplett neuen Verbundenheitsgefühl mit der Natur sprechen. Das mit den Bäume umarmenden Hippies kommt also nicht von ungefähr.
2. **Party und Festival:** Da Psychedelika die Sinne intensivieren und dazu führen, dass man sich verbundener fühlt, können sie eine Festlichkeit in neue Sphären hieven. Doch sei gewarnt: Diese Settings sind wenig kontrollierbar und bringen deshalb ein höheres Gefahrenpotenzial mit sich. Besonders Neulinge sollten im Zweifel eher verzichten.
3. **Zu Hause:** Die meisten Menschen fühlen sich in ihren eigenen vier Wänden am sichersten – zu Hause ist es doch am schönsten. Denn dort lässt sich das Setting komplett nach den eigenen Wünschen gestalten.

»Mit wem?«-Merkmale des erlebnisorientierten Settings

1. **Mit Freunden:** Ich war in meiner psychedelischen Anfangszeit sehr froh, diese Welt mit meinen besten Freunden erkunden zu können. Im Idealfall wird mit Freunden auf Reisen gegangen, die du schon etwas länger kennst und dementsprechend gut einschätzen kannst.
2. **In der Öffentlichkeit:** Generell steigern fremde Menschen die Komplexität eines Trips. Das hängt jedoch auch vom Kontext ab: Ein Trip unter Tausenden Festivalbesuchenden

kann funktionieren, da diese ebenfalls in ähnlichen Bewusstseinszuständen verweilen. Von Edeka, Flughafen oder Bierzelt kann das allerdings nicht behauptet werden.

3. **Tripsitter:** Der typische Tripsitter ist eine befreundete Person, die »zum Aufpassen« auserkoren wird und sich nüchtern zu den Reisenden gesellt. Anders als beim veränderungsorientierten Setting haben diese Begleitpersonen meist kein tieferes Verständnis für psychedelische Bewusstseinszustände.

»Wie?«-Merkmale des erlebnisorientierten Settings

1. **Nach außen gerichtet:** Generell wirst du in diesen Settings keine Schlafmasken oder rituellen Abläufe finden. Erfahrungen sind meist auf äußere Reize gerichtet. Optische Halluzinationen, Musikgenuss oder soziale Interaktionen haben eine höhere Relevanz als die Innenschau.
2. **Wenig Vor- und Nachbereitung:** Der freie Charakter dieser Settings führt zu mehr Spontanität und Losgelöstheit, was vor allem für sonst sehr zielstrebige Menschen hilfreich sein kann.
3. **Niedrigere Dosierung:** Bei den meisten erlebnisorientierten Reisen werden geringe bis mittlere Dosierungen verwendet. Dies mag auch daran liegen, dass bei höheren Dosierungen ein klassisches Erleben der Außenwelt immer schwieriger wird, da Körpermotorik und Interaktionsfähigkeit eingeschränkt sind. Eine Ausnahme sind manche schnell wirkende Erlebnisreisen, wie beispielsweise mit DMT. Hier werden oft hohe Dosierungen verwendet.

An dieser Stelle möchte ich dich darauf hinweisen, dass beide Setting-Arten ihren Platz in einem abwechslungsreichen Leben haben können. Ich beobachte manchmal Menschen, die das eine Setting über das andere stellen. In meinem Leben kommen jedoch beide Setting-Arten immer wieder vor, und ich bin froh, das Beste aus beiden Welten für mich zu nutzen. Und damit kommen wir zum dritten und letzten Trip-Faktor einer psychedelischen Erfahrung.

3. Die Substanz

Dies ist ein weiterer Wendepunkt in unserer gemeinsamen Reise durch dieses Buch. Wir werden nun weniger von Psychedelika und immer mehr über einzelne Substanzen sprechen. Denn Psychedelikum ist nicht gleich Psychedelikum. Zählen wir alle mehr oder weniger bekannten Psychedelika dazu, müssten wir auf weit über 50 Substanzen kommen. Bei veränderungsorientierten Settings wird dir die Qual der Wahl meist abgenommen, denn das Setting ist auf die spezifischen Eigenschaften der jeweiligen Substanz ausgerichtet. Doch damit du auch selbst eigenmächtig eine fundierte, sichere und informierte Entscheidung treffen kannst, stelle ich dir nun die wichtigsten Merkmale psychedelischer Substanzen vor.

Substanzklasse

Psychedelika werden bestimmten Substanzkategorien zugeordnet. Dazu gehören Tryptamine, Phenethylamine, Dissoziative, Methylendioxyamphetamine oder noch kompliziertere Wörter, die ich nicht aussprechen kann und deshalb gar nicht erst aufführe. Diese Kategorisierungen basieren primär auf den chemischen Eigenschaften der Substanz, geben jedoch auch Rückschlüsse auf die jeweilige Wirkung. Wichtig ist jetzt erst einmal zu wissen: Jedes Psychedelikum verfügt über einzigartige Eigenschaften, die jeweils für bestimmte Sets, Settings und Intentionen besonders hilfreich sein können.

Dosierung

Microdosing, Minidosing, Mididosing, volle Dosierung, starke Dosierung, heroische Dosierung – manche erklimmen diese psychedelische Dosierungstreppe der Reihe nach von unten nach oben, andere fangen ganz oben an, um dann wild über das Dosierungsspielfeld zu jagen. Und genauso wie ein Bier anders wirkt als drei, verändert sich der Wirkungscharakter mit steigender Dosis. Bei der psychedelischen Substanz 2C-B kann eine zehnprozentige Steigerung so etwa bereits deutliche Wirkungsunterschiede hervorrufen. Es sollte also möglichst penibel auf die Waage geschaut werden, denn manche Psychedelika wirken im Grammbereich, die meisten im Milligrammbereich und ein paar sogar im Mikrogrammbereich. Eine zu hohe Dosierung birgt eines der größten Gefahrenpotenziale bei psychedelischen Erfahrungen. Du siehst also: Die Dosis macht den Trip.

Legalität

Machen wir uns nichts vor. Die meisten Psychedelika sind vom Gesetz erfasste Betäubungsmittel, ungeachtet dessen, dass die psychedelische Wirkung so ziemlich das Gegenteil von Betäuben ist. Je nach Substanz und Land kann ein Psychedelikum auf mindestens zehn Weisen rechtlich eingeordnet werden:

1. **Illegal:** Dazu brauchen wir ja eigentlich nicht viel zu sagen – verboten, verboten, verboten!
2. **Legal:** vollständig als Güter handelbar und konsumierbar.
3. **Unreguliert:** Die Substanz wird nicht vom Gesetz erfasst und reiht sich damit technisch gesehen bei legal sein. In der Praxis handelt es sich jedoch eher um einen Graubereich.
4. **Arzneimittel:** nur auf Rezept und/oder mit einer medizinischen Fachkraft konsumierbar.

5. **Entkriminalisiert:** Die Substanz ist nicht legal, wird jedoch bis zu einer festgelegten Menge ohne weitere rechtliche Konsequenzen beschlagnahmt. Bekannt für dieses Modell sind vor allem Portugal und Tschechien.
6. **Rechtliche Hintertürchen:** In manchen Ländern ist der aktive Wirkstoff verboten, jedoch nicht die Pflanze oder der Pilz, der diesen enthält.
7. **Kultureller Gebrauch:** In Südamerika und den USA sind Psychedelika in manchen religiösen oder traditionellen Kontexten erlaubt.
8. **Professioneller Gebrauch:** In den USA gibt es erste Modelle, in denen Psychedelika legal in einem nicht medizinischen Kontext unter professioneller Begleitung eingenommen werden können.
9. **Wissenschaft:** Mit einer entsprechenden Lizenz dürfen Psychedelika in der Forschung eingesetzt werden.
10. **Ausnahmeregelung:** Psychedelika sind generell verboten, doch zu einzelnen Substanzen bestehen Sonderregelungen. Ein Beispiel wären psilocybinhaltige Pilze in Mexiko.

Bei vielen kommt an diesem Punkt die Frage auf: Woher nehmen, wenn nicht stehlen? Ich würde vermuten, dass sich etwa 90 Prozent des weltweiten Psychedelikakonsums der Kategorie »illegal« zuordnen lassen. Doch das ist natürlich weder zu empfehlen noch für jedermann und jederfrau ein gangbarer Weg. Letztendlich darf jede Person selbst herausfinden, wie sie die Faktoren der psychedelischen Entscheidungsfindung für sich gewichtet, sodass sie weiterhin mit einem guten Gefühl abends ins Bett gehen kann.

Weitere Substanzmerkmale

1. **Konsumform:** Psychedelika können inhaliert, geschluckt, durch die Nase gezogen, unter die Zunge gelegt oder über sonstige Schleimhäute in deine Blutbahn gebracht werden.
2. **Wirkungsdauer:** Das Aktivitätsfenster der bekannten Psychedelika variiert je nach Substanz und Konsumform und kann von 10 Minuten bis zu mehr als 14 Stunden reichen.
3. **Gefahrenpotenzial:** Das größte Gefahrenpotenzial liegt in einem unangemessenen Set und Setting. Doch auch die Substanzen selbst haben ihre Tücken, weshalb diese unbedingt vor der Einnahme in Erfahrung gebracht werden sollten.

Damit ist unser etwas größer geratenes Vorab-Briefing im Kasten, und wir können unsere psychedelische Safari mit gutem Gewissen antreten. Unser erster Zwischenstopp werden die einzelnen psychedelischen Substanzen sein. Auf unserem Expeditionswagen werden wir nun jedes dieser faszinierenden Wesen eine Weile umkreisen und studieren. Beginnen wir mit einem absoluten Klassiker.

LSD

Vor fünf Jahren besaß ich einmal eine Kleinstmenge flüssiges LSD. Da dieser Straftatbestand somit verjährt ist, kann ich dir heute erzählen, was passierte, als ich mit dieser Flüssigkeit unabsichtlich für einige Sekunden über meine Fingerspitzen in Hautkontakt kam. Als Erstes setzte ich mich 20 Minuten lang auf mein Meditationskissen, um vermeintlich nüchtern meine Gedanken zu beobachten. Nach etwa 10 Minuten bemerkte ich, wie meine Meditation spürbar tiefer wurde, als ich sie sonst erlebte. Es dämmerte mir, was hier gerade passierte, und eine

Angst breitete sich in mir aus. Wie viel LSD war wohl durch meine Haut gesickert? Es war schließlich ein normaler Arbeitstag, und ich hatte nicht vor, diesen unter Einfluss eines Psychedelikums zu bestreiten.

Eine ganz ähnliche Situation erlebte der Schweizer Chemiker Albert Hofmann im Frühjahr 1943. In seinem Buch *LSD – mein Sorgenkind* beschreibt er, wie er während der Synthese von LSD »durch ungewöhnliche Empfindungen gestört«[89] wurde. Ungewöhnlich, weil diese Substanz eigentlich als potenzielles Kreislaufmedikament für schwangere Frauen gedacht war. Hofmann musste seine Arbeit unterbrechen, fuhr nach Hause und fiel in seinem Bett liegend in »einen nicht unangenehmen rauschartigen Zustand, der sich durch eine äußerst angeregte Phantasie kennzeichnete«[90]. Doch dies war nicht die Ungeschicktheit eines Trottels wie in meinem Fall, sondern der allererste LSD-Trip der Menschheitsgeschichte.

Stark, stärker, LSD

Mit LSD – oder genauer gesagt: Lysergsäurediethylamid – verhält es sich ein bisschen wie mit dem Wort »Droge«. Allein der Begriff sorgt für negative oder gar dämonische Assoziationen in unserem Geist. Kaum eine andere psychoaktive Substanz prägte unsere kulturelle Angst vor dem drogeninduzierten Kontrollverlust so sehr, wie es LSD tat. Auch heute ist es trotz des wissenschaftlichen Fortschritts immer noch einfacher, eine Studie mit Psilocybin statt mit LSD genehmigt zu bekommen. Nicht weil die Forschung nahelegt, dass Psilocybin sicherer ist, sondern einfach nur wegen des kulturellen Ballasts von LSD. Und doch war dieses Molekül nicht kleinzukriegen und bahnte sich unaufhaltsam seinen Weg in die Gehirne der Menschen. Das Ergebnis: Heute ist es die meistkonsumierte psychedelischen Substanz – und dies trotz des weltweit geltenden Verbots. Dies hängt womöglich auch mit der unglaublich hohen Potenz zusammen: Bereits 0,0001 Gramm reichen aus, um einen erwachsenen Menschen auf einen zehnstündigen psychedelischen Trip zu schicken.

Liebe auf den ersten Blick

Mit geschätzt 30 vollwertigen LSD-Trips gehört diese Substanz nicht nur zu meinen Favoriten, sondern ist mein absolutes Lieblingspsychedelikum. Doch das hat weniger mit dem Wirkungsprofil, als mit der Bedeutsamkeit dieser Erfahrungen für mein Leben zu tun. Auf LSD fand ich erstmals wieder zurück zu mir selbst: zurück zu meinen Emotionen, zu meiner Menschlichkeit und Lebendigkeit. Sogar bei meinem Heiratsantrag war LSD im Spiel. Das wussten übrigens bisher nicht viele Menschen von mir. Na ja, damit bist du wohl einer der ersten. Was man nicht alles für die Untermauerung seiner Aussagen von sich preisgibt.

Der unendliche Trip – lange Wirkdauer

Die eigentliche Wirkung des LSD nehme ich oft als stark authentifizierend wahr, also authentischer machend. Lasse ich meinen Assoziationen beim Stichwort LSD-Wirkung freien Lauf, so tauchen Begriffe wie »elektrifizierend«, »analytisch« und »direkt« auf. Natürlich sind das nur subjektive Annäherungen, die du womöglich ganz anders wahrnehmen wirst. Das können wir von der Wirkdauer jedoch nicht behaupten, denn die ist immer lange, sehr lange. Bei höheren Dosierungen war ich gut 14 Stunden »auf Sendung«. Doch nach etwa 6 Stunden fühlte sich mein Bewusstsein bereits ziemlich ausgebrannt an, weshalb bei der Planung des Trips definitiv auf das richtige Timing geachtet werden darf. Ich bevorzuge eine frühmorgendliche Einnahme, um am Abend zu humaner Zeit einschlafen zu können. Auf der anderen Seite bedeutet eine längere Wirkdauer auch eine steigende Wahrscheinlichkeit, dass das LSD etwas Hilfreiches zutage bringen wird.

Keine ungefährliche Substanz

Falsche kulturelle Vorannahmen, zu wenig Wissen oder schlicht Naivität – wer LSD unbedacht in einem ungünstigen Rahmen konsumiert, dem wird es schneller den Hosenboden versohlen, als man Lysergsäurediethylamid aussprechen kann. Letztes Jahr erst erfuhr ich von einem Bekannten, dass sogenannte legale LSD-Derivate von einem Technoparty-Veranstalter in großen Mengen eingekauft wurden. Ich hoffe ja sehr, dass er diese dann nicht einfach so in einem Club verkaufte. Ahnungslosen Ravern LSD ans Bein zu binden wirkt auf mich fast schon wie Körperverletzung. Denn die wollen schließlich vor allem eins: Spaß haben. Und deckt sich das nicht mit der spontanen Agenda des LSD, so gnade ihnen der psychedelische Gott.

Übrigens: Da LSD in solch winzigen Mengen wirkt, wird es in der Regel auf kleine Blättchen aus saugfähiger Pappe geträufelt. Kristallines oder flüssiges LSD ist sehr selten im Umlauf und für die meisten Menschen auch unmöglich zu dosieren. Die Pappen (auch Blotter genannt) können hingegen anteilig zugeschnitten werden, um die gewünschte Dosierung zu erreichen. Blöd nur, dass die allermeisten Blotter nicht die offiziell angegebene Menge an LSD enthalten. Der häufigste Fehler, den ich beobachten konnte, ist die Einnahme einer zweiten Pappe, nachdem die erste unterdosierte nicht ausreichend Wirkung zeigte.

Eine subjektive Annäherung

Wir könnten jetzt noch tiefer in die Fakten rund um LSD eintauchen: Dosierungsangaben, Pharmakologie, Geschichte etc. Doch dafür kannst du bei Interesse auch einfach Google anschmeißen. Mir schwebt hier eher eine subjektive Annäherung an das Thema vor. Und dabei kann es durchaus passieren, dass meine Geschichten über Psychedelika deine Wahrnehmung von ihnen verändern werden. Wenn ich dir beispielsweise sage, dass sich LSD bei mir elektrisierend anfühlte, dann könnte das auch deinen LSD-Trip beeinflussen. Deshalb: Hüte dich davor, Meinungen zur Wirkung von psychedelischen Substanzen ungeprüft für bare Münze zu nehmen. Das sind alles nur Annäherungsversuche an ein gemeinsames Verständnis der psychedelischen Erfahrung. Doch so mancher elitäre Psychonaut wird mich wahrscheinlich dafür steinigen wollen, was ich dir gleich über psilocybinhaltige Pilze zu sagen habe.

Psilocybin

Ende Juni 1955. Irgendwo in den Gebirgen Mexikos auf 1700 Metern Höhe erreichen Robert Gordon Wasson, ein erfolgreicher Bänker aus New York, und sein Freund Allan Richardson endlich das gesuchte Dorf der hiesigen Ureinwohner. Es liegt so abgelegen, dass die meisten dort Lebenden nicht einmal Spanisch sprechen, von Englisch ganz zu schweigen. Doch Wasson ist aus einem bestimmten Grund gekommen. Seit 30 Jahren ist er auf der Suche nach einer geheimen Tradition, die irgendwo hier regelmäßig praktiziert werden soll. Doch es scheint, dass ihm niemand helfen möchte. Er ist kurz davor aufzugeben, als er das Rathaus des Dorfes betritt. Dort trifft er auf Filemón, einen jungen Mexikaner, der sich in flüssigem Spanisch als eine Art Bürgermeister zu erkennen gibt. Sein freundliches Gemüt lässt Wasson mutig werden. Er lehnt sich über den Tisch und fragt mit tiefer Stimme und ernstem Blick, ob er ihn etwas Vertrauliches fragen dürfe. Voller Neugier blickt Filemón zu Wasson, der raunend fortfährt: »Wirst du mir helfen, die Geheimnisse der magischen Zauberpilze zu entdecken?« Eine kurze Stille und einen überraschten Gesichtsausdruck später entgegnet ihm der freundliche Mexikaner: »Nichts leichter als das. Kommt heute zur Siesta bei uns zu Hause vorbei. Etwas außerhalb des Dorfes. Dort werdet ihr alles erfahren.«[91]

An diesem Tag kurz vor Mitternacht sollten Wasson und Richardson inmitten einer Gruppe von 20 indigenen Mexikanern die ersten westlichen Menschen werden, die an einem traditionellen Zauberpilzritual teilnahmen. In seinem zwei Jahre später veröffentlichten Artikel im *Life*-Magazin erzählt Wasson der Welt von den wundersamen und Ehrfurcht gebietenden Visionen, die er in dieser Nacht erfuhr. Ein weiteres Jahr darauf kam wieder unser LSD-Vater Albert Hofmann ins Spiel und identifizierte im Labor den aktiven Wirkstoff der magischen Pilze: Psilocybin.[92] Mindestens 9000 Jahre hatte es gebraucht, bis sich dieses Psychedelikum vom Gebrauch in Spanien, Algerien und Mesoamerika den Weg in unsere westliche Kultur bahnte.[93] Und da war es nun, inmitten der wilden 60er-Jahre, von wo aus es sich schon bald, von Timothy Leary und seinem Harvard Psilocybin Project befeuert, auf direktem Weg in die Illegalisierung befand. Kaum geboren und schon wieder in die ewigen Jagdgründe eingegangen. Doch spulen wir 50 Jahre weiter zur heutigen Zeit, so stellen wir fest, dass sich Psilocybin zu einer der bekanntesten psychedelischen Substanzen entwickelte. Dafür gibt aus meiner Sicht vier Gründe:

1. **Weltweite Verbreitung:** Psilocybin kommt von Natur aus in über 100 Pilzgattungen vor, die auf fast jedem Kontinent der Erde zu finden sind.[94] Dadurch hatte es schlichtweg mehr Zeit, sich in verschiedene Kulturen und Gesellschaften einzuschleichen. So ist Psilocybin heute die wohl legalste aller bekannten psychedelischen Substanzen.[95]
2. **Einfache Herstellung:** Ohne Chemielabor kann das Naturprodukt Pilz zu Hause gezüchtet werden. In manchen Ländern werden Pilz-Growkits verkauft, mit denen das eigene Heim in ein Psilocybin-Gewächshaus verwandelt werden kann.
3. **Angenehme Wirkdauer:** Mit 5 bis 7 Stunden Wirkzeit eignet sich Psilocybin für viele Sets und Settings. Der Peak, also der Höhepunkt der Erfahrung, nimmt davon nur etwa zweieinhalb Stunden ein, was genug Zeit für persönliche Durchbrüche und meist zu wenig Zeit für das von LSD bekannte Gefühl des Ausgelaugtseins ist.
4. **Heilendes Naturprodukt:** Ein heilender Pilz klingt in manchen Kreisen progressiver als eine heilende Pille. Die Lebensmittel- und Kosmetikbranche ist sicherlich nicht unbeteiligt an der vorherrschenden Überzeugung, dass Naturprodukte generell die gesündere und damit bessere Wahl sind.

Wolf im Schafs-Pilz

Von lustigen Naturtrips unter Freunden über kiffende Trüffel-Touristen in Amsterdam: Das natürliche Psilocybin kommt verhältnismäßig gut weg bei den sonst so gefürchteten Psychedelika. Die Meinung, dass sich psilocybinhaltige Zauberpilze hervorragend für psychedelische Anfänger eignen, ist nach wie vor weit verbreitet – Einsteigersubstanz höre ich immer wieder. Meiner Erfahrung nach könnte nichts der Wahrheit ferner liegen. Ob es eine Unterschätzung von Psilocybin oder eine

Überschätzung anderer Psychedelika ist: Diese Substanz ist genauso fähig, das volle Spektrum der psychedelischen Bewusstseinserweiterung zu initiieren. Vielmehr sind es Set, Setting und Dosis, die deine Erfahrung maßgeblich prägen werden. Und so findest du auch auf dem Glücksrad des Psilocybins Lachanfälle mit Freunden, spirituelle Einheitserfahrungen und angstvollen Todeswahn.

Psilocybin vs. LSD

Würdest du mich fragen, was der größte Unterschied zwischen Psilocybin und LSD ist, so würde ich dir antworten: die Wirkdauer. Auch ein Forschungsteam aus der Schweiz kam 2022 zu demselben Schluss.[96] Doch in meinen persönlichen Erfahrungen zeichneten Pilze, Trüffel oder synthetisches Psilocybin meine psychedelischen Gemälde in einem etwas anderen Kunststil als LSD. Ihre Wirkung würde ich mit den Wörtern »rund«, »natürlich« und »emotional« assoziieren. Vorsicht: Das bedeutet nicht, dass alle anderen Psychedelika bei mir nicht so wirkten. Es ist nur eine gewisse Tendenz, die ich wahrnehmen konnte. Zu welchen Anteilen diese auf meine Vorannahmen oder eine tatsächlich andersartige Hirnaktivierung zurückgeht, weiß ich nicht – und ist auch fürs Erste irrelevant.

Einmal habe ich von einer Umfrage zur Popularität von LSD und Psilocybin gehört. Beide sollen sich in etwa die Waage halten. Weiter war es meist ein Mix verschiedener Faktoren, die Konsumierende zur jeweiligen Substanz führten: Umfeld, Legalität, Halbwissen aus Podcasts, Wertvorstellungen oder vorangehende psychedelische Erfahrungen. Und so ist es kein Wunder, dass das Angebot für legale Psilocybin-Sitzungen im deutschen Nachbarland Niederlande stetig wächst. Ich glaube, dass Psilocybin in den nächsten Jahrzehnten eine tragende Rolle in der psychedelischen Renaissance spielen wird. Es werden die magischen Wunderpilze sein, die vielen Menschen das Tor zu sich selbst öffnen werden.

MDMA

Gerade als ich es nicht mehr erwartet hatte, fängt mein Körper an, sich wie ein entfachtes Feuer aufzuheizen. Schnell rücke ich das Meditationskissen unter mir und meine Schlafmaske zurecht. Kurz frage ich mich, ob ich die Heizung herunterstellen soll, als ein Schwall Wärme von meinem Körper in meinen Geist schwappt. Wie zu Beginn eines Schauers fallen zuerst kleine Kleckse des wohligen MDMA-Gefühls auf mich herab, die sich dann zu einem freudigen Regenguss und schließlich einem zentimeterdicken Starkregen wandeln. Ich bade im Ozean der Glückseligkeit, des Vertrauens und der Liebe. Doch ich bin nicht nur zum Spaß hier.

Langsam ziehe ich meine Schlafmaske ab und erkenne die sonderbare Szene. Um mich herum liegen mindestens 20 Fotoabzüge mit der Vorderseite nach unten. Neugierig greife ich nach einem davon und finde mich darauf selbst im Alter von neun Jahren. Minutenlang starre ich in die Augen des kleinen Jascha und spüre allmählich, wie eine unsichtbare Ziegelmauer in ihre Einzelteile zerbröckelt. In meiner metaphorischen Innenwelt finden er und ich eine gemeinsame Ebene der Kommunikation. Ohne Vorwarnung verfinstert sich plötzlich seine Miene, als er sich von mir abwendet. Zu oft wurde er verletzt, und niemand blieb, um seine Frustration auszuhalten. Doch ich bleibe. Mit einem Gefühl der Liebe verweile ich bei dieser kindlichen Version meiner selbst und gebe ihr geduldig all die Zeit, die sie braucht. Daraufhin blickt der kleine Jascha mit verwundertem Gesichtsausdruck wieder zu mir und erlaubt mir, so nahe zu kommen, dass es sich fast anfühlt, als ob wir wirklich im selben Raum existieren würden. Es ist ein Gefühl der Nähe, das nicht nur kurz aufflackert und dann wieder abflacht – es bleibt. Die folgenden Stunden sind eine Zeit der puren Gemeinsamkeit mit mir selbst, in der ich Verbundenheit fühle, ausspreche und aufschreibe. Seit acht Jahren sammle ich Erfahrungen mit MDMA, doch erst jetzt verstehe ich, welches Potenzial diese Wundersubstanz für mich wirklich besitzt.

Ecstasy für alle

Würden wir in einer besseren Welt leben, wenn jeder Mensch einmal im Leben MDMA nehmen würde? Laut manchen Trip-Enthusiasten: ja. Nach ihnen würde es dann weniger soziale Barrieren und mehr Empathie geben und damit weniger Kriege, Hass und Not. Aber wie du mich kennst, kann ich solchen radikalen Aussagen natürlich nicht zustimmen. Und doch sehe ich genau, wo sie herkommen, und erkenne auch eine gewisse Wahrheit in ihnen. Ich würde diese Aussage deshalb gern umstellen: Würden alle Menschen, die den Mut zum Fühlen haben, einen MDMA-Rausch erleben, so würden sie schon bald immer weniger Mut dafür benötigen.

MDMA ist eine chemische Verbindung, die zur Gruppe der Amphetamine gehört. Sie führt zu einer beschleunigten Ausschüttung verschiedener Neurotransmitter, vor allem Serotonin und Noradrenalin. Damit passt das Wirkungsspektrum von MDMA zwar nicht zu dem der klassischen Psychedelika, die Substanz gehört meiner Ansicht nach dennoch in den psychedelischen Werkzeugkoffer. Bekannt wurde sie in erster Linie als Partydroge unter ihrem Kosenamen Ecstasy – Ekstase zu Deutsch. Wer würde dazu schon Nein sagen?

Verbindungsrausch

Ein entscheidender Effekt des MDMA scheint die Reduktion von Ängsten und die Steigerung von prosozialem Verhalten zu sein.[97] Nicht umsonst wird die Substanz auch *hug drug*, also Kuscheldroge, genannt. Da die wissenschaftliche Erforschung von MDMA noch in den Kinderschuhen steckt, möchte ich dir meine persönliche Meinung zu seiner Wirkung anvertrauen. Auf MDMA werden zwischenmenschliche sowie innere Barrieren reduziert, sodass ein Gefühl der Verbundenheit entstehen kann. Wird diese Wirkung für das eigene Wachstum genutzt und nach innen gerichtet, so können emotionsgeladene Erinnerungen einfacher abgerufen werden. Die Substanz neutralisiert unsere Angst vor Gefühlen und gewährt uns in einem vier- bis sechsstündigen Zeitfenster Einblicke in authentische Anteile unserer selbst, von denen wir uns entfremdet haben. Dies würde auch ihren hohen Behandlungserfolg bei posttraumatischen Belastungsstörungen erklären. Denn dabei handelt es sich um eine Krankheit, bei der ein intensives Erlebnis nicht auf natürlichem Wege verarbeitet werden konnte und von der Psyche als so gefährlich eingestuft wurde, dass es mit vielfältigen Angstgefühlen unterdrückt wird.

Liebe und Tod

Wird die MDMA-Wirkung nicht speziell nach innen gerichtet, so erleben die meisten Konsumierenden einen wunderschönen Freudenrausch, der sich besonders für soziale Situationen eignet. Auf MDMA trauen sie sich, endlich das zu sagen, was sie wirklich fühlen – ohne Angst, abgelehnt zu werden oder andere zu verletzen. Im Glücksrausch bewegen sie sich zu massierenden Bässen und fühlen sich eins mit der Musik. Sie erleben eine Welt, in der es wichtiger ist, Verbundenheit auszudrücken, als sich vor Trennung zu schützen. Diese Wirkung habe ich persönlich auch so wahrgenommen. Auf zahlreichen Partys und Festivals erlebte ich Glück und Ekstase. Isabel und ich vertieften gemeinsam unsere Beziehung. Bei einer Einzelsitzung erfuhr ich, was es heißt, mich mit meinem inneren Kind zu verbinden. Und bei einer Gruppensitzung ließen wir soziale Schutzschichten hinter uns, um eine neue Art des Miteinanders zu gestalten.

Du siehst: Während der MDMA-Wirkung fühlen sich Menschen tendenziell besser als im normalen Leben. Das ist nicht unbedingt etwas, das wir von anderen Psychedelika immer behaupten können. Diese Eigenschaft des MDMA führt jedoch auch zu einem höheren psychischen Abhängigkeitspotenzial. In meiner Zeit als MDMA-Raver konnte ich viele verlorene Seelen beobachten, für die der Partyrausch eher ein Substitut, als eine Ergänzung darstellte. Sicherheitsregeln sollten bei MDMA unbedingt eingehalten werden: mindestens sechs Wochen Konsumpause, nicht mit anderen Substanzen mischen und genau wissen, was da dem Körper zugeführt wird. Letzteres gestaltet sich aufgrund der Prohibition leider schwierig, immer wieder kommt es zu Todesfällen aufgrund überdosierter Pillen oder unterdosierten Wissens. Wo klassische Psychedelika vor allem deinen Geist verändern, bewirkt MDMA das auch mit deinem Körper. Überhitzung, Dehydrierung oder gar Nierenversagen können jedoch vermieden werden, wenn du weißt, was du tust. Aber da mache ich mir keine Sorgen bei dir – deshalb bist du schließlich hier und siehst dieses Buch sicherlich auch nicht als letzte Station deiner informativen Safari durch die Welt der Psychedelika.

Ayahuasca

Es würde fast Totenstille herrschen, wenn nicht das sanfte Schnarchen der Tochter des Schamanen immer wieder den Raum durchdringen würde. In Meditationspose auf meiner Matratze sitzend blinzle ich und lasse die in Kerzenlicht gehüllte Szenerie auf mich wirken. In der Mitte von insgesamt sieben Matratzen befindet sich ein von Klangschalen umringter Altar, neben dem zahlreiche für mich unbekannte Gegenstände liegen. Aus meinem rechten Augenwinkel nehme ich den Schamanen mit zwei Begleiterinnen wahr, die seelenruhig dasitzen. Gerade als ich mich frage, wann es denn losgeht, fängt der Schamane an, ein Lied zu summen und mit einigen Gegenständen zu hantieren. Plötzlich verstummt er wieder, und ein angespanntes Gefühl durchdringt den Raum. Es ist so weit. Einzeln werden wir vorgerufen, um von ihm einen Becher pechschwarzen Suds überreicht zu bekommen. Ohne nachzudenken, kippe ich die lauwarme Brühe hinunter, bedanke mich und gehe behutsam zurück auf meinen Platz. Die Stimmung im Raum verändert sich abermals, als der Schamane anfängt, ein *Icaros* – ein Zauberlied – zu singen. Mir wird in diesem Moment bewusst, dass ich an einer jahrhundertealten Tradition teilnehme, und auf einmal wandelt sich meine Aufregung zu einem Gefühl der Zuversicht. Schon scheint die erste Wirkung anzuklopfen: Meine Gedanken werden weniger und zugleich tiefer. Gerade als ich mich hinlegen möchte, werden die letzten Kerzen ausgeblasen, und der Raum hüllt sich in totale Dunkelheit.

Aus alt mach neu

Seit vermutlich über 1000 Jahren werden von indigenen Völkern Südamerikas verschiedene Pflanzen für spirituelle Rituale, Hellsehen und Heilung verwendet.[98] Die im 16. Jahrhundert von christlichen Missionaren aus Spanien entdeckte und als »Arbeit des Teufels« bezeichnete traditionelle Einnahme von Ayahuasca gewann in den letzten Jahrzehnten viel Aufmerksamkeit aus der westlichen Welt. Im Mittelpunkt steht dabei ein psychedelischer Pflanzensud aus der Ayahuasca-Liane und den Blättern des Chakruna-Strauchs. Kapitalismus sei Dank konnten bis heute bereits Zehntausende westliche Menschen einen traditionellen Trip im tropischen Dschungel erleben. Mit dabei Promis wie Sting, Jim Carrey, Lindsay Lohan, Megan Fox, Will Smith, Mike Tyson, Gwyneth Paltrow, Russell Brand und viele weitere – also eigentlich halb Hollywood. Erste Studien wurden bereits gemacht, wobei der Gebrauch von Ayahuasca mit einer signifikanten Reduktion von psychopathologischem Leiden und gesteigerter Lebensqualität in Verbindung gebracht werden konnte.[99]

Noch spannender finde ich eine Studie aus den Niederlanden, die herausfand, dass die positiven Auswirkungen von Ayahuasca zu einem wesentlichen Teil auf nicht pharmakologische Faktoren zurückgingen.[100] Mit dem richtigen Set und Setting konnten die Teilnehmenden also selbst mit einem Placebo eine signifikante positive Veränderung erfahren. Der große Vorteil von Ayahuasca gegenüber allen anderen Psychedelika ist aus meiner Sicht das bereits vorgegebene veränderungsorientierte Setting. So empfehlen viele entsprechende Veranstalter in den Wochen davor eine Reduktionskost einzuhalten, bei der der Konsum von Fleisch, Zucker und Alkohol verringert wird. Auch von sexueller Aktivität wird abgeraten. Außerdem werden Meditation und Selbstreflexion eingesetzt, um mit der richtigen Ausrichtung und Klarheit in die Erfahrung zu gehen. Der verantwortungsbewusste und zielgerichtete Umgang mit Psychedelika ist bei Ayahuasca also in gewisser Weise bereits eingebaut. Folglich liegt dessen Einzigartigkeit weniger in der Pharmakologie als im vorgegebenen Kontext von Set, Setting und Dosierung. Letztere ist übrigens schwer festzulegen, weil niemand genau weiß, wie viel Wirkstoff eigentlich eine »schamanische Dosis« enthält.

Mutter Ayahuasca

Der aktive Wirkstoff von Ayahuasca ist DMT, Dimethyltryptamin, das weltweit in allen möglichen Pflanzen vorkommt und sogar im menschlichen Körper zu finden ist.[101] Oral konsumiert würde jedoch zunächst nicht viel passieren, da die Magenenzyme das DMT sofort zersetzen würden. Deshalb werden durch die Ayahuasca-Liane sogenannte MAO-Hemmer zugegeben, die diese Enzyme bremsen und dem DMT Einlass in die Blutbahn gewähren. Diese Kombination lässt sich übrigens auch künstlich als sogenanntes Pharmahuasca herstellen, bei der DMT und MAO-Hemmer aus geeigneten Quellen extrahiert und in Pillen abgefüllt werden. Aber erzähl das lieber keinem Ayahuasca-Anhänger, denn das wäre wie einem Fleischesser zu sagen, dass Fleischersatzprodukte eigentlich fast gleich schmecken – auch in der psychedelischen Szene gibt es Dogmatismus und festgefahrene Meinungen. Doch zurück zu den Fakten. Der vier- bis sechsstündige Ayahuasca-Trip hat noch eine weitere Besonderheit: das Übergeben. Es ist wohl einfach gesagt dem Umstand geschuldet, dass deinem Magen ein unbekömmlicher Pflanzensud zugeführt wird. Es ist schon eigenartig zu erleben, wie bei einem traditionellen Ayahuasca-Ritual einer nach dem anderen anfängt, sich in einen Eimer zu entleeren. Tatsächlich bringt dieser Akt oftmals die psychedelische Wirkung erst so richtig in Fahrt, weshalb das sogenannte *Purging* als nicht unerwünschte Nebenwirkung gilt. Die eigentliche psychedelische Wirkung würde ich als eine transzendentere Version von Psilocybin beschreiben, bei der ich oft das Gefühl bekam, von einer fremdartigen Präsenz umgeben zu sein. Diese vermutlich abstrahierte Form meines Unterbewusstseins gewährte mir tiefe biografische oder spirituelle Einblicke. Für mich waren das allesamt sehr wertvolle Erfahrungen, sodass ich »Mutter Ayahuasca« – so die traditionelle Bezeichnung dieser psychedelischen Medizin – sicherlich nicht den letzten Besuch abgestattet habe.

Ob legal in Kolumbien oder Peru, semilegal in Chile oder illegal im Hinterland Berlins, Ayahuasca-Rituale sind einfacher zugänglich als je zuvor. Wer sich auf das spirituelle Setting einlassen kann, der wird dabei meist in mehreren aufeinanderfolgenden Nächten durch den Sud gezogen und steigt danach mit einem neuen Set wieder empor. Hoffentlich, denn so richtig verantwortlich kommen mir viele der Ayahuasca-Anbieter nicht vor. Oft wird weder darauf geachtet, dass die teilnehmende Person das richtige Set mitbringt, noch wird sie danach bei der Integration und Verarbeitung unterstützt. Achte also generell in dieser Szene unbedingt darauf, wem du vertrauensvoll deine Psyche in den Schoß legst. Bei Ayahuasca allein bleibt es dabei übrigens meist nicht. Je nach Veranstalter werden häufig noch zusätzliche psychoaktive Reinigungen angeboten. Da gibt es Rapé, einen schamanischen Schnupftabak, Kambo, ein Baumfroschsekret aus dem Amazonas, das durch die Haut gebrannt wird und zu einer starken körperlichen Reaktion führt, oder auch Bufo, ein Drüsensekret der Kröte *Bufo alvarius*, das wohl das stärkste Psychedelikum der Welt enthält. Eines, das selbstverständlich eine eigene Betrachtung verdient.

5-MeO-DMT

Um 07:30 Uhr stehe ich mit dem Gedanken auf, dass es heute so weit ist. In weniger als 2 Stunden werde ich mit einem vertrauenswürdigen Begleiter namens Oswald herausfinden, was 5-MeO-DMT mir zeigen möchte. Auf der Fahrt zu seinem Haus bemerke ich eine gähnende Leere in meinem Kopf. Als wäre ich maßlos übermüdet, zieht ein Einheitsbrei an Eindrücken an mir vorbei, während ich dem Navi folge. Nun sitze ich auf einer Yogamatte und blicke aus einem großen Fenster hinaus in den blauen Himmel. Oswald bietet mir an, eine spirituelle Karte zu ziehen. Ich ziehe den Löwen und zeige ihn kurz Isabel. Eigentlich halte ich nichts von solchen Ritualen, doch jetzt wird es ein integraler Teil dieser letzten Sekunden im Diesseits. Wir machen ein paar Atemübungen, die mir helfen sollen, den Rauch tief und lange genug in der Lunge zu halten. Ich atme ein allerletztes Mal aus und spüre, wie die Pfeife an meine Lippen gesetzt wird. Einen unendlich tiefen Atemzug später sehe ich als Letztes das Blau des Himmels, während ich nach hinten falle und sich meine Augen schließen. Alles wird ganz dunkel. Alles wird ganz. Alles wird. Alles.

Aus dem Ozean der Göttlichkeit erhebt sich ein Atemimpuls. Der erste, denn vor ihm gab es nur die Erfahrung absoluter Einheit. Nun wird, als ob nichts anderes relevant wäre, mit aller Kraft Luft eingesogen, bis eine Homöostase hergestellt ist. Aus auditiven Rohsignalen wird Musik gebildet. Dann erfolgen Körperbewegungen. Ein kurzer Augenaufschlag lässt visuelle Eindrücke aufblitzen und bietet einem Gefühl Einlass. Aus dem Nichts wurde ein Alles. Aus einem Alles wurde ein Ich, das nun zum Leben erwacht. Für die

Existenz dieses Lebens überschwemmt jetzt eine grenzenlose Dankbarkeit mein Bewusstsein, während Tränen meine Wangen hinabrollen.

Heute, drei Jahre später, spüre ich beim Formulieren dieser unmöglich zu beschreibenden Erfahrung immer noch dieselben Gefühle aufsteigen. Es war meine monumentalste psychedelische Erfahrung, und es gibt wirklich nicht mal ansatzweise Worte für sie. Nach ihr fühlte es sich für mich so an, als ob das Leben etwas glitzernder wurde. Oder besonderer. Und wertvoller. An dieser Stelle möchte ich dir die von Walter Terence Stace geprägten sechs Dimensionen der mystischen Erfahrung zeigen, die bis heute für die Erforschung solcher Erlebnisse verwendet werden:

1. **Göttlichkeit:** das Gefühl, dass das Wahrgenommene heilig ist.
2. **Erkenntnisqualität:** Die Erfahrung ist von der Bedeutung durchdrungen, dass man einer Wirklichkeit begegnet ist, die realer ist als die Alltagsrealität.
3. **Tiefe Glückseligkeit:** das Gefühl der Freude, der Ekstase, der Seligkeit und des Friedens.
4. **Unbeschreiblichkeit:** Die Erfahrung lässt sich nur unzureichend in Worte fassen.
5. **Paradoxie:** Um die Erfahrung zu erklären, müsste die Koexistenz einander ausschließender Faktoren beschrieben werden.
6. **Transzendenz von Zeit und Raum:** Traditionelle Vorstellungen von Zeit und Raum verlieren ihre Bedeutung.[102]

5-Methoxy-N,N-Dimethyltryptamin ist eine psychedelische Substanz, die lange unter dem Radar der Öffentlichkeit blieb. Manche Forschende entschieden sich sogar dafür, die Substanz in ihren Publikationen nicht zu nennen, um sie vor einem Verbot zu schützen.[103] Erst 2011 wurde 5-MeO-DMT nach mindestens zwei Jahrzehnten, in denen es legal in Untergrundsitzungen genutzt wurde, erst in den USA und bald darauf im Rest der Welt zum Prohibitionshenker geführt. In den letzten Jahren gewann es deutlich an Beliebtheit, wobei zahlreiche Erfahrungsberichte auf Youtube an ihrem Titel bereits erahnen lassen, warum: »Einmal sterben und wieder zurück«, »Und auf einmal war ich weg«, »Meine Wiedergeburt mit 5-MeO-DMT«. Was eigentlich nicht sonderlich attraktiv klingt, zieht Zehntausende wie magisch an. Das ist nicht unproblematisch, denn die Substanz ist im Drüsensekret einer Kröte enthalten, die nur in der Sonora-Wüste im Südwesten der USA und den Halbwüsten im Nordwesten Mexikos vorkommt. Die Popularität von 5-MeO-DMT hat sie innerhalb kurzer Zeit an den Rand des Populationszusammenbruchs getrieben.[104] Glücklicherweise wurde inzwischen ein chemisches Verfahren zur synthetischen Herstellung entwickelt. Jetzt müssen nur noch die dogmatischen Hobby-Schamanen, für die nur das »natürliche Original« infrage kommt, von der Alternative überzeugt werden – die arme Kröte!

Göttliche Forschung

Die liebevoll »Gott-Molekül« getaufte Substanz hat es in der Zwischenzeit auch in die moderne Forschung geschafft. So wurden in England und den USA erste Hinweise auf positive Auswirkungen bei Depressionssymptomen und Angststörungen nachgewiesen.[105] In London läuft momentan eine Studie, bei der mit intranasal verabreichtem 5-MeO-DMT Alkoholabhängige behandelt werden und die die medizinische Freigabe im Blick hat.[106] Besonders die kurze Wirkdauer von etwa 2 Stunden bei dieser Verabreichungsform und nur 15 Minuten bei Inhalation macht diese Substanz attraktiv für das Gesundheitssystem. Unsere Krankenkassen würden sich freuen, wenn gleich vier Menschen an nur einem Arbeitstag Gott einen Besuch abstatten könnten.

Alles oder nichts

Das Wirkungsspektrum von 5-MeO-DMT unterscheidet sich von LSD, Psilocybin oder auch dem nahe verwandten DMT. Während sonst von unmöglichen Farbspektakeln und lebhaften Visionen gesprochen wird, lässt die Kröte einen eher in ein »weißes Nichts« übergehen. Typischerweise treten mehr körperliche, transpersonale und Ich-auflösende Effekte auf, die vergleichsweise zuverlässig zu einem Gefühl der Einheit und Verbundenheit mit der Gesamtheit der Existenz führen. Doch wie immer gilt: mehr Intensität, mehr Risiko. So habe ich von einem Insider gehört, dass seiner Vermutung nach etwa ein Fünftel aller Konsumierenden in nicht kontrollierten Settings eine milde Form der posttraumatischen Belastungsstörung davontragen. Meine Frau Isabel traf auf ihrer 5-MeO-Erfahrung nicht Gott, sondern erfuhr einen schrecklichen Todeskampf, der sie noch monatelang beschäftigte. Ich habe viele Menschen bei ihrer ersten 5-MeO-DMT-Erfahrung beobachten dürfen, und da war von friedvoller Glückseligkeit über angstvolle Versteinerung bis hin zur Um-sich-schlagenden-Teufelsaustreibung wirklich alles dabei. Die Substanz ist echt nichts für schwache Nerven. Es hat seinen Grund, warum ich mit einer zweiten 5-MeO-DMT-Erfahrung immer noch auf unbestimmte Zeit warte.

Ein paar Menschen auf der Welt hat es auch schon endgültig erwischt. So sind mindestens drei Tote durch Mischkonsum mit MAO-Hemmern und einem dadurch ausgelösten Ersticken am eigenen Erbrochenen bekannt.[107] Halbwissen, unzureichende Settings und fragwürdige Anbieter scheinen auch hier die größten Risikofaktoren zu sein.

Ketamin

Ich fühle mich wie auf der Intensivstation. Kerzengerade liege ich auf einer Matratze unter einer dicken Decke. Dank der Schlafmaske und den bereits 25 Milligramm Ketamin im Blut bin ich mit voller Aufmerksamkeit bei den Umgebungsgeräuschen und der leisen Stimme des Arztes, der gerade den anderen Teilnehmenden die Substanz injiziert. Einen Zeitsprung später höre ich ihn ganz nahe in mein Ohr sprechen: »Wie fühlst du dich, Jascha? Bist du bereit für die zweite Dosis?« Nickend erlaube ich einen zweiten Stich in meine linke Schulter, von wo aus nun weitere 50 Milligramm Ketamin intramuskulär in meinen Körper gelangen. Immer mehr versinke ich in eine abgrundtiefe Entspannung. Gedanken tauchen auf, Gefühle, auch Ängste. Ich denke an die Worte des Arztes, diese stets neugierig anzusehen, was laut ihm sogar noch einfacher sein soll als bei klassischen Psychedelika. Wie ein zähflüssiger schwarz-weißer Strom beginnt die Außenwelt sich nun in grotesker Verzerrung von mir wegzubewegen. Ich verliere die Lust und die Fähigkeit, meine Aufmerksamkeit beliebig auf meine Sinneswahrnehmungen zu richten. Stattdessen werde ich in ein unendlich tiefes schwarzes Loch hinabgesenkt, während Fetzen von Geräuschen, Gedanken und Gefühlen auftauchen und wieder verblassen. Den Kontakt zu meinem Körper habe ich schon lange verloren. Und als ob es nichts anderes gäbe und nie gegeben hätte, gleite ich dahin, ohne zu wissen, wer ich bin und wer andere, wo oben und unten ist oder innen und außen.

Auf ärztliche Anweisung

Als dissoziatives Anästhetikum war Ketamin eigentlich immer der beste Freund und Helfer von Notärztinnen und -ärzten und Anästhesierenden. Es dient der Schmerzkontrolle und der Durchführung lebensrettender Maßnahmen. Heute zeigt die Forschung, dass hochdosiertes Ketamin außerdem zu mystisch-psychedelischen Erfahrungen und heilsamen Effekten führen kann. Der Gedanke ist ein wenig makaber, aber ich stelle mir gerade einen Schwerverletzten im Krankenwagen vor, der unerwarteterweise mit einer allumfassenden Göttlichkeit in Berührung kommt und diese irrtümlich für das Jenseits hält. Doch so oder so ähnlich muss es in den 80er-Jahren passiert sein, als die als »Special K« bekannt werdende Substanz den Weg aus der Medizin in den wilden Westen des Freizeitrauschs fand. Kurz nach der Jahrtausendwende dann die Überraschung: Ketamin konnten antidepressive Effekte nachgewiesen werden.[108] Im Zuge der wiedererwachten psychedelischen Forschung zog Ketamin immer mehr Aufmerksamkeit auf sich. 2019 kam es schließlich in der EU zur Zulassung von Spravato, einem Ketamin-Nasenspray gegen Depressionen. Die Substanz soll so schnell wie kein anderes Mittel – nämlich innerhalb von Stunden – zu einer anhaltenden Depressionslinderung führen.[109] Zusätzlich eröffnet eine vermutete gesteigerte Neuroplastizität wertvolle Therapiezeitfenster, in der die zu behandelnde Person zu nachhaltigen Lebensveränderungen begleitet werden kann. Googelst du heute »Ketamintherapie Deutschland«, wirst du bereits zahlreiche Angebote finden, natürlich nur für die betuchten Selbstzahlenden. Faktisch handelt es sich dennoch um eine legale psychedelische Therapie im Deutschland des Jahres 2024. Dieser Lichtblick am Horizont kommt nicht von ungefähr, sondern von dem Umstand, dass Ketamin a) hilft und b) nicht vom

Betäubungsmittelgesetz (BtMG), sondern vom Arzneimittelgesetz (AMG) reguliert wird. Doch das lässt natürlich auch den gemeinen psychoaktiven Erlebnisjäger aufhorchen.

Berauschende Betäubung

Ob es das geringere Strafmaß, die höhere Verfügbarkeit als Arzneimittel oder die narkotisierende Wirkung ist – Ketamin hat in den letzten Jahren einen riesigen Beliebtheitssprung beim Freizeitkonsum gemacht. Doch nimmst du nur etwas zu viel von dem weißen Pulver, das dir im Club angeboten wird, so kippt die Wirkung schnell ins Psychedelische, wobei deine Körpermotorik rapide eingeschränkt ist. Ich kenne einige Storys von unschönen Ketamin-Erfahrungen, die einfach nicht hätten sein müssen. Auch Todesfälle werden regelmäßig registriert. Häufig sind es junge Menschen, die bunten Mischkonsum mit Ketamin, MDMA, Alkohol und Kokain betreiben.[110] Andererseits: Mit dem richtigen Set, Setting und Dosierung gewährte Ketamin mir zumindest – meistens in irgendeinem Wohnzimmer und mit guten Freunden – mehrere freudige und wertvolle Erfahrungen, die ich nicht missen möchte. Wie immer gilt also: Es gibt kein Schwarz und Weiß, sondern nur wissentliche Berauschung oder unwissentliche Betäubung.

Sonstige Psychedelika

Ich mache es kurz und schmerzlos: Im Folgenden gebe ich meinen Senf zu all den psychedelischen Substanzen, die es nicht in den Recall geschafft haben und für die ich heute leider keine Rose und damit kein eigenes Kapitel habe. Liebe Psychedelika, seht das bitte nicht als Abwertung eurer Fähigkeiten, sondern als meine persönliche Voreingenommenheit. Es liegt nicht an euch, es liegt an mir.

DMT

Neben dem oralen Konsum als Ayahuasca ist Dimethyltryptamin vor allem für den zehnminütigen Trip ins Wunderland bekannt, der in gerauchter Darreichungsform auftritt. Bei ausreichender Dosierung haut es dich aus diesseitigen Latschen hinein in eine jenseitige Welt voller unmöglicher Geometrien und scheinbar intelligenter Entitäten, die deinen Trip begleiten. Ja, es ist wirklich so verrückt, wie es sich anhört. Aktuell nähert sich sogar die medizinische Forschung diesem Molekül an. So konnte 2022 eine erste Studie positive Ergebnisse mit intravenösem DMT bei Depressionen verzeichnen.[111]

Meskalin

Meskalin wurde bereits vor mindestens 5700 Jahren von amerikanischen Ureinwohnern in Form des Peyote-Kaktus eingenommen.[112] 1896 wurde es als erstes Psychedelikum überhaupt extrahiert, isoliert und 1919 von Ernst Späth in Wien synthetisiert, also chemisch hergestellt. Wie Ayahuasca sind meskalinhaltige Kakteen heute Bestandteil vieler Rituale, die überall auf der Welt stattfinden. So hörte ich von geleiteten Dschungelwanderungen auf Bali, Wüstenexpeditionen in Mexiko und Gruppenritualen in Portugal, bei denen der Kaktus eingenommen wurde. Trotz seiner klassisch-psychedelischen Wirkung hat Meskalin bisher jedoch nicht ansatzweise die Popularität anderer Psychedelika erreicht und scheint auch von der Forschung vernachlässigt zu werden.

2C-B

»Es ist wie ein Mix aus MDMA und LSD.« Das klingt zu gut, um wahr zu sein – und ist es auch tatsächlich nicht. Doch ich verstehe, woher solche Aussagen kommen. Denn 2C-B kann Empathie und Berührungen fördern und zugleich wahrnehmungsverzerrend wirken. Bis zu seinem Verbot im Jahr 1993 wurde es von der Dresdner Firma Drittewelle noch als Aphrodisiakum und Mittel gegen Impotenz verkauft.[113] Bei höherer Dosierung tendiert das Wirkungsspektrum jedoch deutlich in Richtung psychedelische Effekte. Es ist wohl das Psychedelikum, mit dem ich neben LSD die meisten Erfahrungen sammeln durfte. Sein Rausch eignet sich meiner Erfahrung nach aufgrund der geringeren psychischen Tiefe im Vergleich zu den klassischen Psychedelika vor allem für anfängliche Trip-Versuche. Allerdings heißt das keinesfalls, dass 2C-B nicht ebenfalls das typische Gefahrenpotenzial psychedelischer Substanzen besitzt. Also bitte auf keinen Fall unterschätzen! Das wäre nämlich auch hier der schnellste Weg in Richtung Unheil.

LSD-Derivate

Das LSD-Molekül eignet sich ganz ausgezeichnet dafür, in leicht abgewandelter Form daherzukommen. Beispielsweise als AL-LAD, was recht ähnlich wirkt, jedoch psychisch weniger tief abtauchen lässt. Ansonsten sind mir noch ALD-52, ETH-LAD und MIPLA über den Weg gelaufen. Am bekanntesten sind wohl die Derivate, die vermutlich eins zu eins wie LSD wirken, jedoch dank ihrer minimalen molekularen Differenz anfangs nicht vom BtMG erfasst wurden. Dazu gehören 1P-LSD, 1cP-LSD, 1V-LSD, 1D-LSD und 1T-LSD. Zur Zeit des Schreibens dieser Zeilen sind die beiden letzten Derivate noch legal, früher oder später werden auch sie wohl in die Verbotsliste der üblichen Verdächtigen aufgenommen werden.

Cannabis

Der Cannabis-Wirkstoff THC hat durchaus psychedelische Eigenschaften, die bei richtiger Nutzung echte Lebensveränderungen unterstützen können. So gibt es in den USA bereits erste Cannabis-Retreats, bei denen vor allem körpertherapeutisch persönliche Themen angegangen werden. Meiner Erfahrung nach ist Cannabis enorm vom Set abhängig. Auf manche wirkt es entspannend, auf andere aktivierend, bei wieder anderen löst es Paranoia aus, und die Letzten im Bunde regredieren in ein tief vergrabenes Kindheitstrauma.

Salvia Divinorum

Diese Salbeiart enthält den Wirkstoff Salvinorin A, das den womöglich schrägsten Rausch der Welt auslösen kann. Ähnlich wie DMT und 5-MeO-DMT schießt dich das gerauchte Kraut innerhalb von Sekunden in den psychedelischen Hyperspace – also bitte anschnallen. Während ich die Wirkung anderer Psychedelika noch vage beschreiben kann, fehlt mir bei Salvia fast jeglicher Ansatzpunkt. Am ehesten würde es wahrscheinlich eine Verzerrung der Realitätsparameter treffen. Als ob dein Bewusstsein von einem Cockpit aus gesteuert würde, bei dem ein Kleinkind am Steuer sitzt, das wie wild alle möglichen Knöpfe drückt und Schalthebel verschiebt. Dennoch wird diese sonderbare Pflanze seit Jahrhunderten in Mexiko für spirituelle und medizinische Zwecke verwendet, hier werden die Blätter jedoch an die Mundschleimhaut gelegt und nicht geraucht.[114]

Iboga

Das in dem *Tabernanthe iboga* genannten afrikanischen Strauch enthaltene Ibogain schickt den Konsumierenden auf eine acht- bis zwölfstündige Reise. Iboga gewann in den letzten Jahren vor allem für seine suchtlindernde Wirkung viel Aufmerksamkeit. So gibt es in Mexiko bereits einige Iboga-Kliniken, die sich auf schwerwiegende Substanzabhängigkeiten spezialisiert haben: Heroin, Methadon, Methamphetamin und Alkohol. In diesen medizinischen wie auch den traditionellen Settings in Afrika berichten die meisten Nutzer jedoch nicht von einem ekstatischen Trip, sondern einer stundenlangen Qual, während der ihr Körper von Iboga gründlich gereinigt wurde.

Fliegenpilz

Fliegenpilze zu sammeln und zu essen, ist keine gute Idee. Ihn jedoch trocknen zu lassen, damit sich der Giftstoff Ibotensäure in den psychedelischen Wirkstoff Muscimol umwandelt, womöglich schon. Die Wirkungsbeschreibungen reichen von beruhigend über betäubend und enthemmend bis hin zu aktivierend. Wie immer gibt es auch hier keine eindeutige Antwort. Ich kann allerdings berichten, dass Isabel einmal ein paar Gramm getrockneten Fliegenpilz zu sich nahm und daraufhin einen Todeskampf mit sich selbst ausfocht, bei dem sie dachte, sterben zu müssen – natürlich ein Ausnahmefall. Ich empfand die Wirkung immer als recht angenehm. Viele schwören neuerdings sogar auf regelmäßigen, mikrodosierten Fliegenpilzkonsum und behaupten, der Pilz mache sie leistungsfähiger und selbstbewusster.

Substanz-Flips

Manche Psychedelika können richtig kombiniert einzigartige synergetische Wirkungen entfalten. Hier einige besonders beliebte Kombinationen: MDMA und LSD (Candyflip), 2C-B und MDMA (Nexusflip) und Ketamin und LSD (Dolphinflip). Zu beachten: Mit steigender Subtanzanzahl wächst auch das psychoaktive Risiko. Viele der verbreiteten Drogen-Horrorgeschichten, die immer wieder erzählt werden, gehen unter anderem auf verantwortungslosen Mischkonsum zurück. Machst du dir dieses Risiko bewusst und handelst entsprechend, können Psychedelika-Kombinationen mit dem richtigen Timing, Set, Setting und der richtigen Dosierung zu wirklich bewegenden Erlebnissen werden.

Das waren sie nun, unsere Psychedelika. In unterschiedlichsten Gewändern kamen sie auf jeweils einzigartige Weise in unsere moderne Gesellschaft, um von uns teilweise missbraucht, missbilligt und missachtet zu werden. Doch das hört nun auf. Ein neues Zeitalter bricht an, in dem wir sie schätzen und würdigen und uns ihrer Gefahren, doch auch ihres Nutzens bewusst werden. Und dafür dürfen wir anfangen, vor allem eine Sache zu tun: differenzieren. Denn niemand weiß, wie Substanz A oder B bei Person A oder B wirken wird. Und nur weil du es als C erlebt hast, heißt das nicht, dass andere es auch tun werden.

Psychedelika sind und bleiben extrem kontextabhängig, und die eigentlichen psychedelischen Moleküle wirken viel ähnlicher als unterschiedlich. Wir sollten uns deshalb weniger den Kopf über die einzelnen Substanzen zerbrechen, als vielmehr über die Art und Weise der Verwendung. Denn die Gefahren und Risiken psychedelischer Moleküle können zwar reduziert werden, aber nur, wenn wir auch etwas dafür tun. Und genau hier möchte ich nun mit dir eintauchen: in eine neue, erwachsene Sicht auf psychedelische Transformationsarbeit hin zu tiefer, persönlicher Veränderung – in den psychedelischen Trip der Vernunft.

6.

Vernünftig trippen

Psychedelika als Werkzeug

Ein exothermer chemischer Prozess, der Energie in einem faszinierenden Spiel aus Licht und Wärme freigibt und Materie transformiert – laut der griechischen Mythologie war es der Titan Prometheus, der das Feuer aus dem Olymp stahl und uns Menschen aus Mitleid überließ. Für uns bedeutete das nicht weniger als eine Revolution: Es gab uns Licht in der Dunkelheit, Wärme in kalten Nächten und verwandelte Unbekömmliches in verdauliche Nahrung. Doch so wertvoll dieses Geschenk auch war, brachte es uns auch Zerstörung, Elend und Tod. Für dieses Unheil musste Prometheus die schrecklichste aller Strafen auf sich nehmen. Er wurde von dem empörten Zeus für alle Ewigkeiten an einen Felsen gekettet, wo er jeden Tag von einem Adler heimgesucht wurde, der von seiner Leber fraß, die in der Nacht wieder nachwuchs. Prometheus bezahlte einen hohen Preis für sein mutiges Handeln, doch die Menschheit erhielt ein Werkzeug, das die Macht besaß, die Welt zu verändern. Seine schwer zu kontrollierende Natur machte das Feuer jedoch zu einem unberechenbaren Wesen. Nur durch unseren Mut und auch Übermut konnten wir allmählich diese außerordentliche Gewalt bändigen und sie uns zu eigen machen. Über Generationen formte sich ein Leitfaden für den vernünftigen Umgang mit dem Feuer, der es uns ermöglichte, Nutzen aus ihm zu ziehen und seine Gefahr zu minimieren.

Ähnlich verhält es sich mit den Psychedelika. Sie sind ein mächtiges Werkzeug wie das Feuer und genauso mit Gefahren verbunden. Auch mit ihnen sollte vernünftig umgegangen werden. Dann können diese Substanzen zu unserem inneren Polarstern werden, der uns durch Sturm und Hagel zu einem besseren Leben navigiert. Deshalb werden wir uns jetzt mit dem vernünftigen Gebrauch des veränderungsorientierten Einsatzes psychedelischer Substanzen befassen. Ich werde dich anhand meiner persönlichen Erfahrungen und bekannter Best Practices durch die Vorbereitung, Durchführung und Nachbereitung dieser Transformationsarbeit leiten und dich damit hoffentlich zu vielen neuen Aus-, An- und Einsichten inspirieren. Doch auch an dieser Stelle nochmals der Hinweis: Du wirst nie bereit sein, bevor du dich nicht bereit fühlst. Suche demnach nicht nach einer vollständigen Wissensgrundlage, sondern warte auf das Gefühl des »inneren Ja«. Sieh mein Vorgehen also keinesfalls als konkrete Anleitung.

Trippen – eine erlernbare Fähigkeit

Im Laufe der Jahre bemerkte ich immer wieder, wie manche Menschen tiefe Veränderungen aus ihren psychedelischen Erfahrungen zogen, während andere über Jahre auf der Stelle traten. Ich erkannte, dass es vor allem ihre Haltung zu Psychedelika war, die sie im Kern unterschied. Auffällig war für mich, dass diejenigen Menschen, die diese Substanzen von Anfang an als hilfreiches Werkzeug sahen, auch die meisten Erfolge erzielten. Dabei ist psychedelische Transformationsarbeit eine erlernbare Fähigkeit, die vergleichbar mit dem Erlernen eines Musikinstruments oder eines Tanzstils ist. Am Anfang wirkt alles mechanisch und wie auswendig gelernt, doch irgendwann sitzen die Abläufe, da sie ins Körpergedächtnis übergegangen sind, und du beginnst, von allein neue Handgriffe oder Tanzschritte zu entdecken. Und genau dafür brauchen wir einen Leitfaden. Damit psychedelische Transformationsarbeit zu einer intuitiven Haltung werden kann, die du auf deine individuellen Bedürfnisse und Ziele ausrichten kannst. Und natürlich damit die Unkontrollierbarkeit der psychedelischen Erfahrung ein wenig minimiert wird und zu deinen Gunsten ausfällt.

Hilfreiche Erwartungen

Die Erwartungshaltung spielt eine große Rolle, wie ein Trip beschaffen ist. Daher möchte ich dir nun paar Denkanstöße zum Thema psychedelisches Erwartungsmanagement geben. Dabei sind Erwartungen wie alles: weder grundsätzlich gut noch schlecht. Sie können zu Glanzleistungen oder Enttäuschungen führen. Sie können dir den vorteilhaften Placeboeffekt bescheren oder zum schädlichen Noceboeffekt führen, bei dem negative Annahmen zur selbsterfüllenden Prophezeiung werden. Im Folgenden findest du drei typische Erwartungen, die du möglichst vermeiden solltest:

1. Ich hoffe, dass Psychedelika mir endlich bei meinem Problem helfen werden.
2. Ich habe so viel Gutes darüber gehört, ich will das jetzt auch erfahren.
3. Ich habe keinerlei Erwartungen an den Trip.

Hilfreiche Erwartungen hingegen sind folgende drei:

1. Ich werde teilweise meinen psychischen Abwehrmechanismen auch auf Psychedelika zum Opfer fallen.

2. Ich werde nur so tief blicken können, wie mein Unterbewusstsein es für sicher hält.
3. Ich suche nicht nach einer Lösung, sondern nach einer neuen Perspektive.

Mein Tipp an dich: Erwarte Erwartungen. Und versuche, sie weniger an die möglichen Folgen der psychedelischen Reise zu heften, sondern an die Reise selbst. Das gelingt dir, indem du dich mit ihrem jeweiligen Kontext beschäftigst. Denn es sind nicht nur die Substanzen selbst, die die Psychedelika zum Werkzeug machen.

Kontext-High

Je kleiner die Auswahl ist, desto einfacher fällt eine Entscheidung. Umgekehrt führt eine große Auswahl oft unerwarteterweise zu mehr Entscheidungslähmung, Entscheidungsreue und Unzufriedenheit. Ich blieb von diesem Effekt, der auch *paradox of choice* genannt wird, am Anfang meiner psychedelischen Entdeckungsreise zum Glück verschont. Ich hatte weder Geld für ein psychedelisches Retreat noch genug Störungsbewusstsein für eine unterstützende Begleitung noch irgendeine Idee davon, was es überhaupt für Kontexte gibt. Deshalb waren meine ersten Erfahrungen im psychedelischen Guerillastil mehr schlecht als recht organisiert. Von unbedarften Naturtrips mit Freunden ging es über zu tieferen Wohnzimmer-Introspektionen und von dort weiter zu begleiteten Ritualen. Wohingegen anfänglich das Erlebnis im Vordergrund stand, finden heute die meisten meiner veränderungsorientierten Erfahrungen auch in einem veränderungsorientierten Kontext statt. Warum? Effizienzgründe. Es geht um die Planbarkeit der Erkenntnis, anstatt sie dem Zufall zu überlassen. Dafür braucht es lediglich die Bewusstheit darüber, warum ich überhaupt Veränderung suche. Dieses Feld an Veränderungsgründen würde ich in vier Kategorien einteilen:

1. **Psychologische Heilung:** die Behandlung einer meist diagnostizierten psychischen Krankheit oder Störung.
2. **Emotionale Heilung:** die Verarbeitung emotionaler Wunden.
3. **Persönliche Erkenntnis:** die Suche nach Antworten für persönliche Themen.
4. **Spirituelle Erkenntnis:** die Suche nach Kontakt mit dem Mystischen.

Wo würdest du dich hier einordnen? Bei mir wechselt es meistens zwischen Punkt zwei und drei. Nicht nur vor einer Erfahrung, sondern auch währenddessen. Ehrlich gesagt glaube ich, dass die meisten Krankheiten und Antwortgesuche im Kern durch emotionale Heilung ihr Ende finden werden. Und sogar ein erlebnisorientierter Kontext mündet nicht selten in einer emotionalen Offenbarung. Sieh diese Gründe also eher als oberflächliche Orientierungshilfe, statt dich in ihren Trennlinien zu verfangen.

Fünf wichtige psychedelische Kontextfaktoren

Um dein *paradox of choice* möglichst abzumildern, habe ich versucht, die Vielfalt der psychedelischen Kontexte möglichst zu vereinheitlichen. Mir sind fünf wichtige psychedelische Kontextfaktoren bekannt.

1. Psychedelischer vs. psycholytischer Kontext

Der Ansatz der psychedelischen Therapie stammt vor allem aus den USA der 50er-Jahre und wurde von Humphry Osmond und Abram Hoffer popularisiert. Gekennzeichnet ist er von einer hohen Dosierung und der eher begleitenden Rolle des Therapierenden. Die meisten Studien und psychedelischen Retreats finden heute unter diesem Ansatz statt und das auch ohne einen Zusammenhang mit dem Begriff »Therapie«. Die Idee dahinter ist, die Konsumierenden in möglichst Ego-freie oder mystische Räume zu befördern, damit sie von dort neue Perspektiven einnehmen oder emotionale Verkrustungen lösen können.

Der sogenannte psycholytische Kontext wurde ebenfalls in den 50er-Jahren geprägt, und zwar vom deutschen Psychiater Hanscarl Leuner. Heute verstehen wir darunter die Einnahme kleiner bis mittelstarker Dosen, bei denen aktiv und gezielt persönliche Themen bearbeitet werden. Friederike Meckel Fischer beschreibt in ihrem Buch *Therapie mit Substanz. Psycholytische Therapie im 21. Jahrhundert* wie solche Sitzungen auch mit Methoden wie Aufstellungs- oder Körperarbeit begleitet werden können.[115] Der Einfachheit halber würde ich den psycholytischen Ansatz allen Sitzungen zuschreiben, bei denen eher geringe bis mittlere Dosierungen verwendet werden und die Konsumierenden vergleichsweise im Diesseits bleiben.

2. Therapie vs. Persönlichkeitsentwicklung

Im Rahmen eines psychedelisch-therapeutischen Prozesses werden Psychedelika strukturiert zu geeigneten Zeitpunkten eingesetzt. Meistens wird das Thema der Klientin oder des Klienten über Wochen, Monate oder gar Jahre in zahlreichen therapeutischen Sitzungen vor, während und nach der psychedelischen Sitzung bearbeitet.

Im Bereich der Persönlichkeitsentwicklung hingegen tummeln sich so ziemlich alle anderen Kontexte, die nicht klar als Therapie gekennzeichnet sind. So gibt es Coaches und Prozessbegleitende, die dich bei der Suche nach emotionaler Heilung und persönlichem Wachstum unterstützen. Oder du gestaltest deine Entwicklung in Eigenregie, indem du selbstständig psychedelische Erfahrungen planst, durchführst und integrierst.

Die Grenzen zwischen Therapie und Persönlichkeitsentwicklung sind in der Welt der Psychedelika oft etwas schwammig, da die Substanz selbst in gewisser Weise deinen »inneren Therapierenden« fördert und auch nicht therapeutische Kontexte heilsame Auswirkungen haben können. So versprechen einige Anbieter psychedelischer Sitzungen jenseits des therapeutischen Kontexts ebenfalls Heilung und Verminderung von Leiden, ohne diese Aussagen mit einer wirklichen Prozessstruktur zu untermauern. Das kann funktionieren, muss aber nicht. Letztendlich darfst du für dich selbst herausfinden, wem du vertraust und was sich für dich stimmig anfühlt. So gibt es nicht den einen richtigen Kontext, sondern nur den momentan richtigen Rahmen für dich, der sich im Lauf deines Lebens ohnehin immer wieder verändern wird. Auch wenn du jetzt gerade nach Persönlichkeitsentwicklung strebst, kann es gut sein, dass du in nächster Zeit auch mal Abstecher zu therapeutisch-heilenden Kontexten machen wirst.

3. Einzelsitzungen vs. Gruppensitzungen

Psychedelische Einzelsitzungen sind von der vollen Aufmerksamkeit auf deinen eigenen Prozess gekennzeichnet. Ob ganz allein, mit Tripsitter oder professionell Begleitenden, diese Form der Erfahrung eignet sich besonders für tiefe persönliche Themen. Beispielsweise bemerkte ich Anfang des letzten Jahres, dass ich eine starke Todesangst in mir versteckt hielt. Ich spürte, dass ich mich zur emotionalen Aufarbeitung in einer Einzelsitzung mit einem Begleiter am sichersten fühlen würde und entschied mich entsprechend dafür. In einem solchen Einzelkontext finden auch die meisten psychedelischen

Studien statt, wobei die Forschung andeutet, dass je nach Behandlungsgrund eine Gruppensitzung sogar besser geeignet sein könnte.[116]

Von vielen höre ich, dass sie sich in einer Gruppensitzung unwohl fühlen würden, und das ist auch nicht weit hergeholt. In psychedelischen Gruppen öffnest du dich schließlich nicht nur dir selbst, sondern auch allen anderen im Raum. Das kann die Öffnung erschweren, aber auf der anderen Seite auch vertiefen, da die anderen Teilnehmenden gleichsam eine Zeugenrolle einnehmen. Deiner Öffnung wird so eine gewisse Wirklichkeit gespiegelt. Zusätzlich fördern Gruppensitzungen die sozialen Aspekte unseres Menschseins. So können die Prozesse der anderen Teilnehmenden mit deinem eigenen interagieren. Hörst du jemanden weinen, bringt dich das eventuell in deine eigene Trauer. Oder du hörst ein fremdes Kichern, das dich endlich aus deiner inneren Schwere reißt. Und natürlich ist es einfach schön, solche monumentalen Erfahrungen gemeinsam mit anderen zu erleben.

4. Unbegleitet vs. begleitet

Je nach Erfahrungslevel und Dosis können Psychedelika auch ganz ohne Begleitung eingenommen werden. Selbst bei gemeinsamen Trips mit Freunden ziehe ich mich oft allein in einen Raum zurück, um für eine Weile wirklich nur mit mir zu sein. Nirgends bist du so authentisch, wie allein mit dir selbst. Bei höheren Dosierungen sollte jedoch zumindest ein Tripsitter in der Nähe sein. Eine professionelle psychedelische Begleitung hingegen hat einen riesigen Vorteil: Sie erlaubt dir, wirklich loszulassen. Denn fühlst du dich auf dich allein gestellt, wird es in irgendeinem Hinterzimmer deines Bewusstseins immer noch einen getarnten Wächter geben, der noch ein wenig die Kontrolle aufrechterhalten möchte. *Was ist, wenn der Post-*

bote klingelt? Was tun, wenn ich nun im Wald anderen Menschen begegne? So komplett gehen lassen möchte ich mich jetzt irgendwie nicht, da bekomme ich Angst. Den Trip vertrauensvoll in die Hände von professionellen Begleitungen zu geben löst diesen Konflikt und kann es dir ermöglichen, dich vollständig der Erfahrung hinzugeben.

Egal ob allein oder begleitet, beide Varianten haben ihre Vor- und Nachteile. Größter Haken bei einer Begleitung ist vermutlich die Frage des Geldes, weshalb die medizinische Legalisierung von Psychedelika wohl erst richtig ins Rollen kommen wird, wenn die Krankenkassen die Behandlung bezahlen. Es kostet nun mal Zeit, Geld und Energie, einen sicheren, professionellen und humanen Begleitungsrahmen aufzusetzen. Dazu kommt die schwierige Qualitätskontrolle der Anbieter, unter denen sich sicherlich der ein oder andere Scharlatan befindet. Instagram-Schamanen, selbsternannte Medizinfrauen und -männer sowie Push-Marketing-Expertinnen und -Experten prügeln sich inzwischen förmlich um ihren Platz an der psychedelischen Sonne, indem sie sich auf ihren Kanälen wie Mutter Teresa aufführen. Wenn du auf der sicheren Seite sein möchtest, achte darauf, ob es zu diesen Anbietern verlässliche Bewertungen auf unabhängigen Bewertungswebsites gibt.

5. Erfahrungs- vs. prozessorientiert

Beim erfahrungsorientierten Kontext liegt der Fokus primär auf der psychedelischen Erfahrung. In einem begleiteten Gruppenrahmen werden dazu meist vor und nach der Erfahrung gezielt Gespräche und Übungen eingesetzt. Dieser Kontext eignet sich für Menschen, die sich bereits in ihrem persönlichen Veränderungsprozess befinden und keine zusätzliche Unterstützung benötigen. Doch Vorsicht: Ich sehe viele Menschen, die sich auf diese Weise seit Jahren im Kreis drehen.

Ein prozessorientierter Kontext hingegen wird weit vor der psychedelischen Erfahrung eröffnet und erst nach anschließender Integration des Erlebnisses beendet. In der Zwischenzeit wird meist schon der nächste Veränderungsprozess in Gang gesetzt. Ich empfehle dir dringend, all deine psychedelischen Trips in diesem Kontext anzusiedeln. Eine tiefe psychedelische Erfahrung kann dir Jahre voller Hausaufgaben bescheren, die du nicht einfach mit einem Perspektivenwechsel, einem Tagebucheintrag oder einem Gespräch mit deinem Vater abschließt. Betrachte die psychedelische Transformationsarbeit vielmehr als einen fortwährenden Prozess der inneren Bewegung.

Ob du nun nach psychologischer oder emotionaler Heilung, persönlicher oder spiritueller Erkenntnis suchst – der passende psychedelische Rahmen für dich setzt sich aus den genannten Kontextfaktoren, der Verfügbarkeit dieser Kontexte und deinen persönlichen Vorlieben zusammen. Am wichtigsten ist, dass du dich aus freien Stücken, aus deiner eigenen Motivation heraus und aus den richtigen Gründen entscheidest. Wähle immer einen Kontext, der dich in deinen Zielen und Bedürfnissen unterstützt und dir diese nicht vorzugeben scheint. Auch kann es sinnvoll sein, die Arbeit mit Psychedelika generell von Coachings oder Therapien begleiten zu lassen, auch außerhalb des psychedelischen Kontextes. Ich selbst hole mir immer wieder neue Denkanstöße und Unterstützung durch Therapiesitzungen oder Prozessbegleitungsgespräche. Es stellt sich meist als hilfreich heraus, mit außenstehenden Expertinnen und Experten den eigenen Wirrwarr im Kopf auseinanderzuklamüsern. Denn je mehr du – auch mithilfe von Psychedelika – über dich herausfindest, umso weniger scheinst du über dich selbst zu wissen.

Du bist das Placebo: Die Bedeutung des richtigen Sets

Psychedelika sind paradox. Dein Set wird den Ausgang deines Trips beeinflussen, und trotzdem wäre es ein riesiger Fehler, ihm viel Aufmerksamkeit zu schenken. Lass mich dir dazu eine kleine Geschichte erzählen.

Es war einmal ein japanischer Maler und sein eifriger Schüler. Der Meister war bekannt für seine wunderschönen Kirschblütenbilder und der Schüler sehr begierig, das Geheimnis seiner Kunst zu erfahren. Eines Tages gab ihm der Meister die Aufgabe, ein Jahr lang nichts anderes zu tun, als Kirschblüten zu malen. Unentwegt begann der Schüler, ein ganzes Jahr lang hart zu schuften, er schwang den Pinsel Tag für Tag, bis er schließlich ein Kirschblütenbild fertigstellte, das seiner Meinung nach nahezu perfekt war. Stolz präsentierte er es dem Meister, der das Bild nur kurz betrachtete, um es dann vor dem entsetzten Gesicht des Schülers zu zerreißen. Wütend fragte dieser, warum er das getan habe. Der Meister antwortete mit ruhiger Stimme: »Weil es jetzt an der Zeit ist, dass du verstehst, dass das wahre Meisterwerk nicht das Bild ist, das du gemalt hast, sondern die Veränderung, die während dieses Jahres in dir stattgefunden hat. Du verfügst jetzt über die Technik, die Geduld und die Leidenschaft, die es braucht, um selbst ein Meister zu sein. Aber denke daran, ein wahres Meisterwerk ist nie vollendet, sondern immer im Werden.« In diesem Moment erkannte der Schüler, dass der wahre Wert der Übung nicht in diesem einen Bild lag, sondern in dem Prozess und in dem, was er während dieser Zeit über Kunst und sich selbst gelernt hatte.

Die psychedelische Motivation

Nicht unähnlich zum japanischen Malermeister verhält es sich mit dem Set für deine psychedelische Erfahrung. Lass es mich dir erklären: Dein Set, also deine Geisteshaltung und dein mentaler Zustand, durchläuft vom ersten Gedanken an einen möglichen Trip bis zur tatsächlichen Einnahme und darüber hinaus verschiedene Stationen. Die erste nennen wir die Motivation. Diese ist eng mit den eben besprochenen Gründen verbandelt, eine psychedelische Erfahrung überhaupt in Erwägung zu ziehen, also noch bevor du dich dazu entschieden hast, den Trip nun wirklich an Tag X mit Person Y zu machen. Die Motivation könnte etwa lauten »Ich will meine Ängste loswerden« oder »Ich will nicht mehr diesem Job nachgehen, der mich eigentlich total unglücklich macht«. Dir deiner Motivation schon vor der finalen Entscheidung bewusst zu werden verleiht deinem psychedelischen Transformationsprozess schon früh eine gewisse Stabilität. In die letztendliche Entscheidung für den Trip dürfen dann auch noch Faktoren wie deine mentale Stabilität, dein Vertrauen in die Substanz, dem möglichen Prozessanbieter gegenüber und der Zeitpunkt deiner letzten inneren Reise einfließen.

Ich würde dir nicht empfehlen, öfter als zwei, drei hochdosierte Trips pro Jahr zu machen, um nicht zu einem oder einer notorischen Hausaufgabenvermeidenden zu werden. Du kannst den psychedelischen Rückenwind leider nicht aufeinanderschichten und schon gar nicht erzwingen. Und dann, sobald du dich für die Erfahrung entschieden hast, kannst du deiner Motivation zur nächsten Evolutionsstufe verhelfen.

Die psychedelische Intention

Wenn du einer unendlich intelligenten künstlichen Intelligenz nur eine einzige Frage stellen könntest, welche wäre das? So ähnlich darfst du dich fragen, mit welchem Anliegen oder welcher Fragestellung du in die bevorstehende psychedelische Erfahrung eintauchen möchtest. Dies wird auch Intention genannt. Sie beeinflusst tatsächlich den Ausgang deines Trips. Eine Studie aus dem Jahr 2018 konnte herausfinden, dass eine klare Intention den mystischen Charakter der Erfahrung erhöhte, was anschließend positiv mit gesteigertem Wohlbefinden korrelierte.[117] Eine Intention ist ein bisschen wie ein Hightech-Schwimmanzug, der dich einen Hauch besser durchs Wasser gleiten lässt. Achte bei ihrer Formulierung darauf, dass sie nicht zu sehr in Richtung konkrete Ergebnisse geht, denn sonst können daraus lähmende Erwartungen entspringen. Statt »Ich will frei sein« also eher »Zeig mir, was Freiheit ist«. Oder nicht »Warum bin ich immer unzufrieden auf der Arbeit?«, sondern »Wohin führt mein Karriereweg?«. Versuche, die Formulierungen möglichst offen zu gestalten und ihnen einen großen Spielraum bei der Beantwortung zu geben.

Psychohygiene

Eine bevorstehende psychedelische Erfahrung ist eine Einladung zum geistigen Frühjahrsputz. Fang also am besten in den Wochen vor der Erfahrung an, deinen Alltag mit achtsamen Praktiken zu ergänzen: täglicher Meditation, Spaziergängen in der Natur, ab und zu zur Yogastunde gehen, Tagebuch schreiben. Frag dich täglich, wie es dir gerade wirklich geht. Welche Emotionen prägen deinen Alltag? Ein guter Trick ist es, dir einen Timer auf 30 Minuten zu stellen, dich in dein Bett zu legen und deinem Geist Auslauf zu geben. Keine Musik, kein Handy, keine Ablenkung. Schenke deinen Gedanken regelmäßig freien Ausdruck, sonst werden sie dir beim psychedelischen Trip um die Ohren fliegen. In die Stille zu gehen ist die beste Methode, um feststeckende Emotionen und Gedanken vorab zu entschärfen. Und zuletzt: Beschäftige dich generell viel, aber nicht zu viel, mit dir selbst – mit Psychologie, Persönlichkeitsentwicklung und Psychedelika. Damit bringst du deinen Transformationsprozess schon lange vor der psychedelischen Erfahrung ins Rollen.

Der Psychedelika-Hack

In den 60er-Jahren wurde ein interessantes Experiment durchgeführt, bei dem 70 Patienten mit einer Kombination aus LSD, Psychotherapie und Hypnose behandelt wurden.[118] Es stellte sich heraus, dass die Hypnose fast alle Parameter der Bewusstseinsveränderung durch LSD signifikant in die Höhe schießen ließ. Auch heute noch wird diese Kombination in der psychedelischen Forschung als mögliche Behandlungsoption in Erwägung gezogen.[119] Ein weiteres interessantes Ergebnis einer anderen Studie war, dass ein positives Set die Wahrscheinlichkeit herausfordernder Erfahrungen verminderte.[120] Zusammengefasst lässt sich daraus schließen, dass Psychedelika die Empfänglichkeit für vorhandene Suggestionen erhöhen. Wir könnten es als eine positive Verwendung der selbsterfüllenden Prophezeiung bezeichnen.

Doch diese Sichtweise kann auch gefährlich werden. Denn je verbissener du etwas von deinem Trip möchtest, umso weniger wird er es dir geben. Auf psychologischer Ebene ist diese Verbissenheit vor allem den Wächtern des Egos zuzuschreiben, wohingegen die gesuchten Antworten jenseits des Egos liegen.

Also darfst du stattdessen versuchen, die psychedelisch gesteigerte Empfänglichkeit und den damit einhergehenden Placeboeffekt in einem gesunden Maß für dich zu nutzen. Dafür brauchst du nur Vertrauen anstatt Verlangen.

Psychedelika sind wie der kleine Steinhammer, mit dem sich Andy Dufresne in dem Film *Die Verurteilten* über den Zeitraum von 19 Jahren durch die Zellwände in die Freiheit meißelt. Sie sind also nicht Thors Vorschlaghammer – vielleicht manchmal schon, aber nur für kurze, ungeplante Augenblicke. Wenn du die hier beschriebenen Haltungen gegenüber Psychedelika verinnerlichst, kannst du deine Erfahrungen zum Positiven prägen. Denn das Placebo ist nicht die psychedelische Substanz, sondern deine Haltung, mit der du ihr begegnest.

Vor dem Trip: Vorbereitungen zum Take-off

Was haben Fallschirmsprung, Tauchgang und Drogenkonsum gemeinsam? Zunächst einmal sind alle vermeintlich eher gefährliche Freizeitaktivitäten, was uns Menschen dennoch nicht von ihnen abzuhalten scheint. Doch was ich auch an allen drei sehe, ist ihre »Fire and Forget«-Natur. Das beschreibt im militärischen Kontext ein Waffensystem, bei dem nach dem Abfeuern keine weitere Steuerung mehr benötigt wird. Bist du erst einmal aus dem Flugzeug gesprungen, gibt es nicht mehr viele Hebel zu betätigen. Bist du 15 Meter unter Wasser, kannst du nur hoffen, mit dem nächsten Atemzug einen neuen Schwall komprimierte Luft einzuatmen. Und befindet sich das psychoaktive Molekül einmal in deiner Blutbahn, wirst du es erst wieder los, nachdem es seine Wirkung restlos entfaltet hat. Um diesen Zuständen der verminderten Kontrolle entgegenzuwirken, kommt üblicherweise jeweils ein strukturiertes Vorbereitungsprotokoll zum Einsatz. Vor einem Sprung aus den Wolken wird theoretisches Wissen vermittelt, die Ausrüstung anhand von Checklisten geprüft, am Boden der Sprung geübt, die Wettervorhersage miteinbezogen, ein Ausrüstungscheck beim Einstieg durchgeführt und noch einer beim Ausstieg in luftigen Höhen. Vor einem Tauchgang gibt es eine Theorieprüfung, penibles Testen des Equipments, mindestens einen zugeteilten Tauchpartner und eine Menge vorheriges Üben im Swimmingpool. Beim Substanzkonsum lässt sich ein derart durchdachtes Vorgehen besonders in Bezug auf die äußeren Umstände der Erfahrung zum Vorteil nutzen. Ein kontrolliertes Setting sowie die passende Substanz und Dosis bilden dann ein ausgleichendes Gegengewicht zu deinem Set, das während der Erfahrung selbst eben nicht mehr zu kontrollieren ist. Also her mit der Feinwaage, jetzt wird penibel bis aufs letzte Mikrogramm gemessen.

Doch davor noch mal als kleine Erinnerung: Auch das beste Set, Setting und die beste Substanz und Dosierung werden die Risiken psychedelischer Substanzen bestenfalls minimieren, aber nicht beseitigen. Dazu gehören insbesondere Angstzustände, Panikattacken, Paranoia, Übelkeit, Schwindel, Verschlimmerung psychischer Erkrankungen und natürlich rechtliche Konsequenzen. Egal wie wir es drehen und wenden: Den risikofreien Konsum von Psychedelika gibt es nicht.

Die Frage der Dosis

Nachdem du eine passende Substanz für dich ausgesucht hast, stehst du vor der Frage der Dosierung. Die Studienlage ist sich hier ziemlich einig: Mit der höheren Dosis geht eine stärkere Wirkung einer. Zwei Tassen Kaffee machen schließlich auch wacher als eine. Meiner Erfahrung nach haben alle Dosierungen ihre Vorteile, je nach mentalem Zustand, Motivation, Intention und Setting. Ich persönlich verreise lieber selten psychedelisch und dafür öfter psycholytisch. Sei dir einfach bewusst darüber, dass die Transformationsarbeit mit Psychedelika kein Rennen ist. Du wirst nicht cool, nur weil du dich mit der Einnahme hoher Dosen brüsten kannst. Genauso wenig, wie du uncool wirst, wenn du dich ganz langsam, behutsam und im Niedrigdosisbereich an die psychedelische Welt herantastest.

Aber ich möchte nochmals ganz klar zum Ausdruck bringen: Hohe Dosierungen sind tendenziell hilfreicher. Die Frage, die sich also stellt, ist: Mit welcher Dosis fühle ich mich im gegebenen Kontext noch sicher? Allein mit Freunden wird die Antwort darauf sicherlich anders ausfallen als in einem professionell begleiteten Transformationsprozess. Manche behaupten auch, dass die Dosierung bei der ersten psychedelischen Erfahrung nicht zu niedrig sein sollte, um einen gebührenden Einstieg zu feiern und direkt die Tragweite dieser Substanzen zu erkennen. Bei mir war es auch so – doch ich kenne genug Gegenbeispiele, bei denen die erste Dosis zu hoch war und zu Überforderung führte.

Der Raum der Transformation

Wie sieht für dich der ideale Raum für eine veränderungsorientierte psychedelische Reise aus? Räucherstäbchen, Klangschalen und alles in hellen Farben? Oder doch eher gemütliches Wohnzimmer, deine liebste Spotify-Playlist und gute Freunde um dich herum? Ich kann dir aus meiner Erfahrung sagen, dass sich manche dieser Elemente besser und andere schlechter auf deine Veränderungsabsicht auswirken werden. Die Musik muss beispielsweise nicht immer dazu dienen, dir zu gefallen, sondern kann die Aufgabe haben, dich in verschiedene emotionale Aspekte deiner Psyche zu führen. Verwende am besten durchdachte Playlists für psychedelische Bewusstseinszustände oder gib die Entscheidung vertrauensvoll an diejenigen ab, die den Kontext für dich gestalten. Weiter empfehle ich dir, äußere Reize möglichst zu reduzieren. So ist es ratsam, möglichst lange eine Augenbinde zu tragen, auch wenn sich das manchmal ungemütlich anfühlt. Bezeichnend dafür sagte uns einmal eine ARTE-Reporterin, dass sie es gruselig fände, den psychedelischen Trip mit einer Schlafmaske zu erfahren. Das ist nachvollziehbar, denn nichts sehen zu können, verbindet unser Ego nicht unbedingt mit der Einladung zum Loslassen. Unsere Sicht ist oft das Erste, was wir zurückerlangen möchten, wenn wir während des Trips Angst bekommen. Das tun wir, indem wir dann hektisch die Augen aufreißen und umherblicken, um irgendwo ein Leuchtfeuer der Sicherheit zu finden.

Um diese ablenkenden Vermeidungsprozesse möglichst zu verhindern, sollten externe Störfaktoren entfernt werden. Keine Handys, keine unpassenden Menschen oder Designer-E-Zigaretten. Und wenn doch mal alles schiefgeht: Hab immer einen Notfallplan in der Hinterhand. Ob du eine psychedelische Begleiterin rufen kannst, die Telefonnummer deines besten Freundes parat hast, eine ärztliche Krisenhotline kennst oder (hoffentlich legale) angstlösende Medikamente zur Hand hast – allein diese Optionen zu kennen, wird dich bereits mehr Vertrauen spüren lassen.

Schließlich möchte ich dir noch nahelegen, das Setting in einer fürs Auge angenehmen Weise zu gestalten. Der Raum sollte sauber und aufgeräumt sein, denn die äußerliche Ordnung wirkt auch nach innen. Außerdem könntest du ihn mit ein paar frischen Blumen schmücken und schöne Kissen und Tücher verwenden. Stell dir das ideale veränderungsorientierte Setting ein bisschen wie einen schlicht gehaltenen Fahrgastwagen vor, von dem niemand vermuten würde, dass er gleich auf einer Achterbahn fahren wird.

Sicher trippen mit Vertrauen und Kontrolle

Veränderung durch Psychedelika wirst du nicht aus einem Zauberhut ziehen können wie der Magier das Kaninchen. Sie ist das Produkt eines vielschichtigen Prozesses, an dessen Ende du schon wieder im nächsten steckst. Ein Alleinstellungsmerkmal der Arbeit mit Psychedelika besteht dabei darin, dass der zentrale Prozessschritt namens psychedelischer Trip einen schrecklich launischen Charakter hat. Dem wirkst du entgegen, indem du Set, Setting, Substanz und Dosierung im Vorfeld synergetisch ins Gleichgewicht bringst, sodass sich ein Fluss des Vertrauens aus diesem Becken der Kontrolle bilden kann. Mit deinem psychedelischen Schiff folgst du nun diesem Strom und bemerkst, wie irgendwann am Horizont die Mündung ins offene Meer auftaucht. Du schluckst. Der Moment, auf den du seit Wochen hinarbeitest, steht jetzt kurz bevor. Der Wind peitscht dir ins Gesicht, während du Vertrauen, Aufregung und Motivation zugleich verspürst. Wer wirst du wohl sein, wenn du das nächste Mal an Land gehst? Und ohne zu bemerken, wie dir geschieht, nimmst du Kurs auf die ozeanische Erweiterung deines Bewusstseins.

Der psychedelische Trip

Ein Samstag wie jeder andere. Im Halbschlaf wandelst du vom Bett ins Bad und vom Bad in die Küche. Nach einem kurzen Frühstück haust du dich gleichgültig auf die Couch und scrollst lustlos auf deinem Handy herum, als es plötzlich an der Tür klingelt. Verwundert eilst du durch den Flur, greifst nach der Türklinke und erhaschst gerade noch einen Blick auf den Postboten, der sich fluchtartig aus dem Staub macht. Doch anstatt des »Schade, dass wir Sie verpasst haben«-Zettels liegt ein kleines, flaches Päckchen auf der Türmatte. Mit einem Mix aus Skepsis und Neugier reißt du es ungeduldig auf dem Weg zurück ins Wohnzimmer auf und hältst nun etwas in der Hand, mit dem du absolut niemals gerechnet hättest. Ein Videospiel. In glänzenden Schriftzeichen heißt es auf der Vorderseite »Der psychedelische Trip – eine Reise zu dir selbst«. Aufgeregt wendest du die Verpackung und beginnst, die Inhaltsangabe des Spiels zu lesen.

»Willkommen auf deiner Reise zu dir selbst, dem womöglich größten Abenteuer deines Lebens! Als Heldin oder Held der Bewusstseinserweiterung schreitest du mutig in unbekannte Welten, in denen nichts normal erscheint. Dich erwarten spannende Aufgaben, rätselhafte Charaktere, fiese Bösewichte und zahlreiche unerwartete Wendungen. Während deiner Exkursion durch die Tiefen deines Bewusstseins wirst du nicht nur Abenteuer erleben, kämpfen und siegen, sondern auch daran wachsen. Das Spiel ›Der psychedelische Trip‹ öffnet die Pforten deines Verstands und wird dich auf eine achtstündige visuelle und emotionale Achterbahnfahrt schicken. Bist du bereit für die Reise deines Lebens?«

Mit dem Ende des Textes kommt plötzlich eine Frage in dir auf: Ist dies das Spiel, das dein Leben endlich verändern wird? Mit dem du deine Blockaden durchbrechen wirst? Doch was ist, wenn es dir gar nicht gefällt? Ohne weiter nachzudenken, öffnest du die Packung und erblickst eine CD, die mit einem kaleidoskopartigen Muster bedruckt ist. Vorsichtig holst du sie heraus und sagst leise zu dir selbst: »Na ja, langweiliger als mein heutiger Instagram-Feed kann es ja nicht werden.« Du legst die CD in deine Playstation, und sofort erscheint ein buntes Hauptmenü auf deinem 60-Zoll-Flatscreen, auf dem du nun gespannt auf den einzigen Menüpunkt drückst: »Spiel starten«.

An dieser Stelle ein kurzer Disclaimer. Mit der Metapher des psychedelischen Videospiels möchte ich dir die einzelnen Aspekte der psychedelischen Erfahrung auf nachvollziehbare und interessante Weise näherbringen. Die Idee dafür entstand aus meinen ganz persönlichen Erfahrungen, die sicherlich nicht für alle gelten müssen. Keinesfalls möchte ich damit zum Ausdruck bringen, dass diese Substanzen einem Spiel nahekommen können, denn das würde ihre unbestreitbaren Gefahren und Risiken relativieren.

Das Spiel beginnt

Wir haben nun den Höhepunkt unserer gemeinsamen Reise erreicht. Im Folgenden werden wir uns direkt in deinen Spielcharakter hineinversetzen und alle wichtigen Stationen deines Trips zu dir selbst durchgehen. Ich zeige dir die bunte Erfahrungsvielfalt psychedelischer Bewusstseinszustände und biete dir einige denkbare Optionen an, mit denen du aus jeder verstrickten Situation kommen und den Weg ins nächste Level finden kannst.

Phase 1: Letzte Reisevorkehrungen

In den Tagen und Stunden vor dem eigentlichen Trip wirst du womöglich ein Auf und Ab der Gefühle bemerken. Von völliger Neutralität über Aufregung bis zu Zweifel kann alles dabei sein. Versuche herunterzufahren, denn was hochgefahren ist, wird psychedelisch häufig weiter verstärkt. Meide dazu aufregende soziale Situationen wie auch Drogenkonsum (eine stimulierende Substanz wie Koffein fällt übrigens darunter), verbringe wenig Zeit an Bildschirmen, und beschäftige dich mit dir selbst. Weiter sind eine gesunde Ernährung und sportliche Betätigung zu empfehlen. Abschließend solltest du auch auf deinen Körper hören. Im Falle von Schmerzen, einer Grippe oder sonstigen Krankheiten darfst du gern seine Botschaft wahrnehmen – schließlich möchte er dir damit etwas sagen.

Phase 2: Die Reise beginnt

Eine Studie aus England konnte 2018 zeigen, dass ein innerer Zustand der Hingabe zum Zeitpunkt der Substanzeinnahme ein Schlüsselindikator für eine optimale Erfahrung ist.[121] Umgekehrt stellte sich gedankliche Beschäftigung als Indikator für ungünstige Wirkungen heraus. Deshalb darfst du versuchen, in den Stunden, Minuten und Sekunden vor der Einnahme wirklich vollständig zur Ruhe zu kommen. Dabei können dir Rituale helfen, die allein oder gemeinsam in der Gruppe durchgeführt werden, beispielsweise ein letztes Mal frische Luft schnappen, meditieren, Räucherstäbchen anzünden oder gemeinsam die Stimmbänder in Schwingung versetzen. Ich fand es anfangs befremdlich, aber trotzdem richtig: Tiefe Seufzer von sich zu geben, kann dabei helfen, das Nervensystem herunterzuregulieren. Kurz vor der Einnahme darfst du schließlich noch deine Intention loslassen, die inzwischen zu deinem Schwimmanzug für die psychedelische Sphäre geworden ist. Bleib einfach offen für alles und gebe dich dem Unbekannten hin.

Phase 3: Deine erste Aufgabe

Direkt nach der Einnahme wird bei den meisten Substanzen erst einmal nicht viel passieren, doch lass dich davon nicht aus der Ruhe bringen. Irgendwann wirst du dann auf eine erste ungewöhnliche Wahrnehmung stoßen. Jetzt liegt es an dir, ihr entweder zu folgen oder gegen sie anzukämpfen. Am besten stellst du dir vor, ein neugieriges Kind zu sein, das alles zum ersten Mal betrachtet. Auch dann, wenn plötzlich etwas Unangenehmes auftaucht, das vielleicht gar nichts mit deiner Intention oder deinen Zielen zu tun hat. Gehe sowohl jeder schlimmen als auch jeder schönen Wahrnehmung nach und vertraue darauf, dass jedes aufkommende Gefühl auch wieder gehen wird. Ich erinnere mich beispielsweise an manche Momente, in denen ich einem unangenehmen Gefühl zunächst mit »Och nee, nicht das jetzt« begegnete. Doch als ich mir dann erlaubte, es zu fühlen, zog es schon bald wieder von dannen und gab hinter sich die fantastische Welt frei, die es zuvor beschützt hatte.

Phase 4: Innere Widersacher

Sosehr du es theoretisch möchtest, so wenig wirst du in der Praxis durch den Trip fließen können, ohne dabei auf Hindernisse zu stoßen. Vergleiche deine Erfahrung nicht mit der von anderen Menschen, denn wir sind alle sehr unterschiedlich. Eine Studie konnte beispielsweise zeigen, dass typische »Träumer«-Persönlichkeiten sensibler auf Psychedelika reagieren.[122] Eine andere Studie stellte wiederum fest, dass neurotische Typen eher Schwierigkeiten mit der Hingabe an die Erfahrung hatten.[123] Und eine dritte Studie fand heraus, dass eher logisch orientierte Menschen weniger tiefe Trips erleben werden.[124]

Demzufolge kannst du nicht rein durch Willenskraft festlegen, wie sehr du dich der Wirkung hingibst oder gegen sie in den Widerstand gehst. Das Hinterlistige an diesen inneren Widersachern ist, dass sie sich in den undurchschaubarsten Verkleidungen präsentieren. »Ich spüre kaum Wirkung« heißt übersetzt aus der Sprache des Unterbewusstseins in vielen Fällen »Ich will nicht mehr Wirkung spüren«. »Ich möchte meine Augenmaske abnehmen und die Schönheit der Welt sehen« kann »Ich will nicht die Schrecklichkeit meiner inneren Welt sehen« bedeuten. Und mit »Ich muss hier weg« ist oftmals »Ich will von mir weg« gemeint. Was dagegen hilft? Sich jetzt darüber bewusst werden und während der Erfahrung versuchen, sich immer wieder daran zu erinnern wie auch tief zu atmen und sich der Erfahrung hinzugeben. Sprich dabei sanft zu dir selbst: »Ich bin offen für das, was mir gezeigt werden soll.« Oder auch der Klassiker: »Alles wird gut.«

Phase 5: Der Endgegner

Angst ist eine Emotion mit einer schützenden Funktion. Und da du auf deinem Trip vor allem nach innen blickst, bezieht sich das, wovor dich die Angst beschützen soll, ebenfalls auf dein Inneres. Doch manchmal schaffst du es nicht, diese Emotion annehmend zu fühlen, sodass ein zusätzlicher Beschützer ins Spiel kommt: die Angst vor dem Fühlen. Sie tut alles dafür, um dich davon abzuhalten, deine wahren Gefühle zu empfinden. Nun stehen wir jedoch vor dem Problem, dass Psychedelika unspezifisch Emotionen verstärken, also auch ebendiese Angst vor dem Fühlen. Willkommen beim Kampf gegen deinen ultimativen inneren Wächter.

Schaffst du es nicht, diesen Konflikt während der Erfahrung selbst zu lösen, so wirst du sie danach als Bad Trip bezeichnen. Doch als dein treuer Gehilfe gebe ich dir dafür jetzt ein Gegenmittel an die Hand, das ich im Laufe vieler psychedelischer Erfahrungen für mich gefunden habe. Immer wieder schaffte ich es nicht, mich wirklich offen dem Endgegner Angst zu stellen. Zwar eskalierten diese Erfahrungen nicht zu Bad Trips, doch musste ich mich sehr anstrengen, die Kontrolle zu behalten. »Gerade noch mal gut gegangen« dachte ich danach, ohne mir bewusst darüber zu sein, dass eigentlich genau das Gegenteil passiert war. Irgendwann begriff ich jedoch, dass das wirkliche Unangenehme nicht die unangenehmen Gefühle waren, sondern der Widerstand dagegen. Denn Leiden wird aus der Unfähigkeit geboren, den wahren Schmerz zu fühlen.

Erst als ich die Kontrolle abgab und mich der psychedelischen Gefühlsoffenbarung voll hingeben konnte, durfte ich das volle Potenzial dieser Substanzen erfahren. Dadurch begann ich umzudenken: Ich möchte keine Angst davor haben, die Kontrolle abzugeben, sondern lieber davor, was passiert, wenn ich die Kontrolle jetzt nicht abgebe. Das mag vielleicht ein wenig komisch klingen, aber für mich veränderte es alles. Es führte dazu, dass ich bereitwilliger dem psychedelischen Rausch die Zügel in die Hand gab und die Show genoss, ohne mir Gedanken über das Kino, den Film oder die Platzwahl zu machen. Mit diesem einfachen Perspektivenwechsel schaffte ich es also, den Endgegner Angst in die Schranken zu weisen.

Phase 6: Unnormale Normalität

Nach all den anstrengenden Kämpfen kehrt auf deinem Trip irgendwann eine gewisse Normalität ein. Der perfekte Zeitpunkt, um dich all den Aktivitäten zu widmen, die so ein Bewusstseinszustand hergibt. Du kannst dich beispielsweise von Musik durch fantastische Welten tragen lassen, die dich zu spiritueller, biografischer oder anderweitiger Erkenntnis führen. Oder du suchst Stille in dir selbst oder Ruhe in der Natur. Du kannst Malstifte und Papier zücken und dich von der kreativen Muse küssen lassen. Vielleicht möchtest du auch mit anderen sprechen, was primär im psycholytischen Bereich zu wertvollen Erkenntnissen und Erfahrungen führen kann. Oder du gibst dich sinnlichen Genüssen hin – sei es ein orgasmischer Biss von einer Banane, Weintraube oder einem Wurstbrot –, auf Psychedelika ist so ziemlich alles zweitausendmal interessanter als im gefilterten Alltag. Jetzt verstehst du auch, warum Kinder so gern mit Essen spielen.

Phase 7: Eine bedrohliche Wendung

Gerade als du dachtest, dass dich nichts mehr überraschen kann, zeigen Psychedelika plötzlich ihr unheimliches Gesicht. Dies sind die sechs Effekte, vor denen dich alle gewarnt haben:

1. **Körperzucken:** Scheinbar wahllos beginnen Körperteile zu zucken und lassen sich selbst durch äußere Krafteinwirkung nicht beruhigen. Erlaube auch diesem Phänomen, sich auszudrücken.
2. **Projektionen:** Die Trippenden projizieren innere Zustände auf die Außenwelt. Das Setting wird beispielsweise plötzlich als Himmelszelt oder Höllenschlund wahrgenommen, die begleitenden Personen als beflügelte Engel oder gehörnte Teufel.
3. **Dissoziationen:** Hierbei handelt es sich um das Gefühl, von sich selbst und der Realität getrennt zu sein. Reisende sind in diesem Zustand oft schwieriger anzusprechen, können jedoch durch das richtige Vorgehen oder Abklingen der Wirkung aus der Trennung zurückgeholt werden.
4. **Körperlicher Emotionsausdruck:** Bauchschmerzen, Übelkeit oder Kopfweh – manche unterbewussten Emotionen zeigen sich zuerst als körperliches Symptom. Es empfiehlt sich, bewusst in diese schmerzhaften Gefühle einzutauchen, um die wahren Emotionen dahinter freizulegen.
5. **Paranoide Episode:** Ein Zustand, in dem wir dazu tendieren, überängstlich Zusammenhänge in zusammenhanglosen Wahrnehmungen zu sehen. Wenn mir das passierte, reichte es, mich anderen Menschen mitzuteilen.
6. **Psychotisches Erleben:** Eine vorübergehende Entgleisung der psychischen Normalität. Mit professioneller Begleitung kann diese Auswirkung in der Regel aufrechterhalten und zu Ende gebracht werden, wobei sie anschließend sogar zu positiven Lebensveränderungen führen kann.

Kurzer Disclaimer: Zu diesen Effekten gibt es selbstverständlich noch viel mehr Wissenswertes zu erzählen. Scheue dich also nicht davor, das Internet danach zu durchstöbern.

Phase 8: Die Rückkehr

Du hast es geschafft! Hinter dir liegen erfüllte Aufgaben und besiegte Widersacher, vor dir erblickst du deinen wohlverdienten Gewinn. Während die psychedelische Wirkung immer weiter nachlässt, wirst du ganz still und nachdenklich und versuchst, das Erlebte möglichst am Leben zu erhalten. Es ist wie mit dem Meditieren, das nur dann nachhaltig ist, wenn du die dabei eingeübte Geisteshaltung auch in den Alltag überträgst. Doch erzwinge nichts. Genauso wie du beim Abspann eines Films die Credits nicht durchliest, brauchst du während des Abspanns eines psychedelischen Trips nicht zu versuchen, ihn zu verstehen. Gib diesem Samen stattdessen genug Raum, um zu einem geeigneten Zeitpunkt aufzugehen. Denn gerade als du dachtest, das Spiel durchgespielt zu haben, erkennst du dessen Abspann als Vorspann für den nächsten Spieltitel.

Nach dem Trip: Erinnerung als Schlüssel zur Transformation

60 000 Wörter später, und du bist immer noch hier. Du scheinst es wirklich erst zu meinen mit deinem Interesse an psychedelischer Veränderung. Schauen wir doch mal, ob es auch dem langweiligsten Thema des ganzen Buches standhält. Zumindest habe ich gelegentlich den Eindruck, dass manche Menschen es dafür halten, wenn die zwei unsäglichen Wörter »psychedelische Integration« fallen. Doch was, wenn ich dir sage, dass nicht wenige komplett missverstanden haben, was damit wirk-

lich gemeint ist? Laut Definition ist es der Nachbereitungsprozess einer psychedelischen Erfahrung, der das Ziel hat, sie zu verarbeiten und im besten Fall Veränderung folgen zu lassen. Wieso aber scheitern so viele Menschen daran, während andere, ohne je auch nur von Integration gehört zu haben, ihr Leben in Windeseile umkrempeln? Zur Beantwortung dieser Frage beginnen wir am besten mit dem Ende des psychedelischen Trips, da es den Beginn der Integration einleitet.

Integration ist ein Placebo

Tu dir den Gefallen und nimm dir mindestens zwei Tage nach einer intensiven psychedelischen Erfahrung frei: keine Arbeit, Verpflichtungen und all die süßen Ablenkungen des Lebens. Gib deiner Erfahrung Zeit, um sich allmählich in Worte zu kondensieren. Mithilfe von Hirnscans konnte nämlich bewiesen werden, dass Gefühle in Worte zu fassen einen therapeutischen Effekt hat.[125] Wenn dich jemand fragt, wie es dir gerade geht, antwortest du schließlich auch nicht detailgetreu in Sekundenbruchteilen. Genauso wie es Zeit braucht, ein Gefühl mitzuteilen, benötigt dein psychedelisches Erlebnis ebenso Zeit, um zu einer beschreibbaren Erinnerung zu werden. Ich setze mich in den Tagen danach immer wieder vor mein Tagebuch, um meinem Geist Raum zu geben, sich auszudrücken. Das kann dann eine minutiöse Beschreibung der psychedelischen Erfahrung sein oder auch kleine Häppchen zufälliger Wahrnehmungen aus meiner alltäglichen Reflexion. Weiter finde ich es sehr hilfreich, anderen Menschen von meiner Reise zu erzählen. Ein bisschen wie beim »Stille Post«-Effekt entwickeln diese Neuerzählungen mein Narrativ des Trips immer weiter und lassen es zu einem kohärenten Teil meiner selbst werden. Erzähle anderen, wer du bist, und du wirst dieser Mensch. Öffne dich der Außenwelt, und du öffnest dich tieferen Ebenen deiner Innenwelt. Dadurch wird sich deine psychedelische Erfahrung oftmals von ganz allein zu einer bedeutsamen Erinnerung transformieren. Drei Beispiele dazu:

1. Ich beschreibe, wie ich das erste Mal bedingungslose Liebe gespürt habe. Dadurch fange ich an, offener für dieses Gefühl im Alltag zu werden.
2. Immer wieder erzähle ich von meiner Einheitserfahrung mit dem Universum. Allmählich nehme ich mich auch im Alltag als Teil von etwas großem Ganzen wahr.
3. Ich berichte von dem schmerzhaften Moment, wo ich meine schwierige Schulzeit wieder durchleben durfte. Langsam verstehe ich, dass auch diese Emotionen ein integraler Bestandteil meines Lebens waren und ich sie nicht mehr abstoßen möchte.

Dich zu erinnern wird dir den Weg zur Veränderung ebnen. Bedeutung in dieser Erinnerung zu finden ist dann das, was dich letztendlich wandelt. Nur lässt sich diese nicht einfach rational erzwingen. Das transformative Potenzial der Erfahrung wird davon bestimmt, was du ihr an Bedeutung zuzusprechen fähig bist. Es ist mit einem Placebo vergleichbar: Das psychedelische Integrationsplacebo lässt aus einer verblassenden Erinnerung eine Flamme der Transformation aufsteigen. Glaubst du nicht an die Kraft der Psychedelika, glaubst auch nicht an psychedelische Veränderung.

Ein Reservoir der Transformation

Die psychedelische Erfahrung öffnet dir ein Zeitfenster, in dem du von einer gewaltigen Erkenntnislawine überrollt und einer erhöhten Neuroplastizität unterstützt wirst. Es ist ein bisschen, als wenn du zu den Hausaufgaben von der oder dem Lehrenden noch ein paar leistungssteigernde Lernpillen zugesteckt bekämst. Dennoch musst du dich auf deinen Hosenboden setzen und büffeln, bis der Arzt kommt. Psychedelische Veränderung ist nämlich nicht Veränderung durch Psychedelika, sondern Veränderung mithilfe von Psychedelika. Dein inneres Vehikel der Veränderung muss also unbedingt auch ohne sie fahren können. Substanz-Bewusstseinserweiterung ist lediglich eine alternative Benzinquelle von Erkenntnis und Motivation. Psychedelische Integration bedeutet schlichtweg, die psychedelische Erfahrung als Treibstoff in deinen Veränderungsprozess zu tanken. Und weil dieses Super Plus der Veränderung ein rares Gut ist, kannst du auf fünf verschiedene Weisen nachhelfen, möglichst viel davon zutage zu fördern.

1. Erinnere dich mit allen Sinnen an die psychedelische Erfahrung, etwa an den Geruch der Räucherstäbchen oder den Klang der Musik.
2. Betreibe Selbstfürsorge, indem du dich mit Achtsamkeit, Selbstliebe und einem gesunden Lebensstil beschäftigst. Pflege soziale Verbindungen, schlafe ausreichend und verbringe Zeit in der Natur.
3. Löse dich von alten Mustern, die dir nicht mehr dienen, und lasse ihren Platz von neuen Gewohnheiten einnehmen.
4. Ergänze dein psychedelisches Repertoire mit komplementären Praktiken der Psychohygiene. Hierzu kommen wir später noch.
5. Lass dich von vertrauenswürdigen Menschen professionell bei deinem Prozess begleiten. Oft ist es unsere Angst davor, nach Hilfe zu fragen, die uns in Hilflosigkeit gefangen hält.

Ein integratives Mindset

Psychedelische Integration ist nicht bloß ein Prozess, vielmehr geht es um deine Haltung gegenüber Veränderung. Wie das beliebte Sprichwort sagt: »Finde eine Arbeit, die dir Freude bereitet, und du wirst nie wieder einen Tag in deinem Leben arbeiten müssen.« Vereinfacht gesagt ist der Kern dieses Satzes der Grund dafür, dass manche mehr und manche weniger psychedelische Veränderung erleben werden: Empfindest du keine Neugier und Freude beim Gedanken an persönliches Wachstum und emotionale Heilung, so wirst du unterbewusst die Minuten zum Veränderungsfeierabend zählen. Dabei ist Veränderung oftmals weder leicht noch angenehm. Aber auch tägliches Windelwechseln ist nicht unbedingt angenehm und dennoch Teil der schönsten Sache der Welt. Versuch also, psychedelische Integration nicht als Fähigkeit, Prozess oder notwendiges Übel zu sehen. Vielmehr ist es eine Chance, Neues über dich herauszufinden und noch tiefere Erkenntnis über deine Vergangenheit, Gegenwart und Zukunft zu erlangen. Dabei wirst du in dir viel Licht, aber auch Schatten begegnen. Schreite einfach mutig voran – und genauso wie im Frühling jeder Nacht ein immer länger werdender Tag folgt, wirst du auf dem psychedelischen Pfad deine Welt Stück für Stück mehr zum Leuchten bringen.

Microdosing

Seit einigen Monaten tüftelte Balázs Szigeti in seinem Labor des Imperial College London an der wohl herausragendsten Studie, die die psychedelische Forschung bisher gesehen hatte. Irgendwie musste es doch möglich sein, die Behauptungen zum

Microdosing mit Psychedelika in ein randomisiertes, placebokontrolliertes und doppelblindes Studiendesign zu gießen. Seit der Psychologe und Schriftsteller Dr. James Fadiman in seinem 2011 erschienenen Buch *The Psychedelic Explorer's Guide* über die wundersame Wirkung kleinster Mengen psychedelischer Substanzen gesprochen hatte, wurde diese Praktik in Windeseile zum Megahype. Magazine und TV-Sender stürzten sich auf das Trendthema, und im Silicon Valley gehörte Microdosing schon bald zum guten Ton.

Die Idee dahinter ist schnell erklärt: Nimm eine subperzeptuelle Dosis von meistens LSD oder Pilzen ein, und du wirst keine psychedelischen Effekte wahrnehmen, jedoch in den Genuss von mehr Kreativität, Klarheit und emotionalem Wohlbefinden kommen. Subperzeptuell bedeutet übrigens, dass sich die Wirkung unterhalb der Wahrnehmungsgrenze abspielt. Doch im Labor war von diesen sportlichen Behauptungen bisher nichts festzustellen.[126] Harriet de Wit, vielleicht erinnerst du dich an sie aus der Neonazi-MDMA-Geschichte in Kapitel 4, kommentierte eine ihrer Microdosing-Studien folgendermaßen: »Was wir sagen können, ist, dass wir unter kontrollierten Umständen keinen deutlichen Effekt von Microdosing festgestellt haben.«[127] Viele bekennende Microdoser behaupteten jedoch, dass die Besonderheit der Praktik in der Integration in das alltägliche Leben liegt und sich die positiven Effekte wohl kaum in einem kühlen Labor zeigen würden.

Hier kommt die Studie von Balázs Szigeti ins Spiel. Seine erste Hürde war direkt die Illegalität der Substanzen. Wie um alles in der Welt sollten die Teilnehmenden selbstständig ihre verbotenen Psychedelika so präparieren, dass in der Auswertung Placebo und Substanz verglichen werden konnten? Schließlich entwickelten sein Team und er ein kompliziertes Barcode-Verfahren, bei dem 191 Teilnehmende selbstständig verschiedene Kapseln vorbereiteten und sie per Scan-Technologie von zu Hause aus in eine ihnen unbekannte Reihenfolge bringen konnten. Damit konnte es endlich losgehen: Die erste bürgerwissenschaftliche Microdosing-Studie war in vollem Gange. Doch dann die nächste Notlage: Einige Teilnehmende berichteten von einem Pilzgeschmack im Mund, wenn sie im Alltag zum Beispiel beim Essen aufstoßen mussten.[128] So wussten sie natürlich sofort, dass sie gerade Psilocybin intus hatten und kein Placebo. In diesem Fall war die Lösung denkbar einfach. In die Placebopillen wurden einfach nicht psychoaktive Pilze gegeben. Dann endlich, Monate später, waren sie da: die Resultate. Es stellte sich heraus, dass die Teilnehmenden, die freudig gestimmt dachten, dass sie gerade Microdosing machten, obwohl sie in der Placebogruppe waren, die gleichen positiven Effekte erfuhren wie diejenigen, die tatsächlich vom Psychedelikum genascht hatten.[129] Also Achtung: Ja, Microdosing hatte positive Effekte wie gesteigerte Lebenszufriedenheit und mehr Wohlbefinden, nur waren diese nicht auf die Einnahme der Substanz beschränkt, sondern zu einem großen Teil zurückzuführen auf den Effekt des Glaubens, eine wirksame Substanz eingenommen zu haben. Die Frage, die sich mir nun stellt, ist: Haben wir hier die Macht des Microdosing oder die Macht des Placeboeffekts bewiesen?

Psychedelische Marktschreier

Es klingt fast schon nach Teleshopping-Marketing: Du nimmst einfach eine winzig kleine Menge einer sonst sehr gefährlichen Substanz ein, und du wirst nicht mal etwas von der Wirkung spüren, aber dein Leben wird auf einmal viel, viel besser werden. Ein gefundenes Fressen für unwissende Neulinge und ideologische Psychedelika-Gurus. Ich vermute ja, die Leute wollen so sehr glauben, dass so wenig Aufwand so viel Ergebnis bringt, dass es das in gewisser Weise auch wirklich tut. Eine noch laufende LSD-Microdosing-Studie aus Neuseeland will nun sogar erste positive Wirkungen wie eine verbesserte Stimmung bei an Depression leidenden Menschen in Aussicht haben.[130] Doch auch hier bereits die Entwarnung von anderer Stelle: Es ist wahrscheinlich in erster Linie wieder der Placeboeffekt.[131]

Und doch können wir eines nicht außer Acht lassen: Zehntausende Menschen weltweit schwören auf Microdosing – zur Alltagsaufhellung, als Kreativbooster oder Integrationswerkzeug. Und dazu kann ich nur sagen: Ich kann dem aus meiner Erfahrung heraus zustimmen. Tatsächlich liegt es im Bereich des Möglichen, dass ich diese Zeilen hier gerade unter dem Einfluss von Microdosing schreibe. Die Einnahme kleinster psychedelischer Mengen hat mir einiges an wertvollen Erfahrungen beschert, nur ganz anders, als du vermutest.

Microdosing Reloaded

Nachdem ich so viel darüber gehört hatte, wagte ich im Sommer 2017 das Experiment. Ich schnitt grob ein Achtel einer 125-Mikrogramm-LSD-Pappe ab und nahm es auf dem Weg zur Arbeit ein. Im Büro angekommen, ging ich erst einmal wie gewohnt meinen Aufgaben nach. Doch dann setzte langsam aber sicher die Wirkung ein, und ich ahnte schon, dass die Effekte heute wohl nicht subperzeptuell bleiben würden. Unerwarteterweise spürte ich plötzlich ein ganz neues Bedürfnis in mir aufflackern. Als sonst eher sporadisch sozialer Mensch hatte ich auf einmal starke Lust darauf, mit Kolleginnen und Kollegen ins Gespräch zu kommen. Und so verbrachte ich den gesamten Arbeitstag nicht mit meinen Aufgaben, sondern einem ungewöhnlich tiefgründigen, kollegialen Austausch. Natürlich war nichts davon thematisch arbeitsrelevant, doch meine Ausrede war, dass ein besseres Arbeitsklima auch zu besserer Arbeit führt. Am Ende des Tages fühlte ich mich äußerst erfüllt und zufrieden, ohne auch nur einen Finger krumm gemacht zu haben. Christoph, falls du das hier liest, als mein ehemaliger Chef überrascht dich diese Geschichte wahrscheinlich nicht.

Also jetzt mal Tacheles. In den letzten Jahren habe ich alle möglichen Niedrigdosierungen ausprobiert, von 5 bis 50 und 50 bis 100 Mikrogramm LSD war wahrscheinlich das meiste mit dabei. Viele Menschen, die ich kenne, spüren tatsächlich schon beim Microdosing psychedelische Effekte, was definitionsgemäß eigentlich sogenanntes Minidosing wäre. Doch an dieser Stelle möchte ich vorschlagen, dass wir unsere Vorstellung von Microdosing verändern. Ein bisschen Kribbeln im Körper, etwas rutschige Gedanken und eine hauchzarte Gefühlsintensivierung dürfen ab sofort wünschenswerte Effekte von »Microdosing Reloaded« sein. Diese Art von Microdosing umfasst also auch sehr geringe Dosierungen, bei denen du trotzdem noch subtile psychedelische Effekte wahrnimmst. Du erinnerst dich: Viel hilft viel – und das gilt auch hier. Das einzige Problem: Im alltäglichen Leben wird aus viel schnell zu viel. Und wie bei meiner Geschichte von eben verfehlt eine als Microdosing getarnte Minidosis schnell das ursprüngliche Konsumziel – was aber natürlich nicht zwangsweise unerwünscht sein muss. Wie immer solltest du eine psychedelische Substanz in jeglicher Dosierung niemals auf die leichte Schulter nehmen oder sogar noch dümmer: beim Erstversuch zur Arbeit gehen. Stattdessen gilt auch für das Microdosing Reloaded die Devise, ein erprobtes Microdosing-Protokoll zu verwenden und entsprechende Sicherheitshinweise zu würdigen: langsam, aber sicher – oder auch *start low, go slow*.

Der Trip zur Vernunft

Mit Verantwortungsbewusstsein, Struktur und genügend Motivation können Psychedelika auf deine individuellen Bedürfnisse und Ziele angepasst werden. Ob Microdosing oder Macrodosing, LSD oder Ayahuasca, Wohnzimmerversuch oder psychedelisches Retreat – bei uns vernünftigen Konsumierenden sind alle herzlich willkommen, solange wir wissen, was wir tun. Doch so wirklich kapiert hat bisher niemand, welches Potenzial diese Substanzen haben oder nicht haben. Die psychedelische Forschung steckt schließlich immer noch in ihren Kinderschuhen. Und überhaupt überzeugt Theorie selten allein – denn auch die Befürworter der Droge Alkohol sind meist nur diejenigen, die selbst Alkohol trinken. Es ist sicherlich noch ein langer Weg, bis vernünftig zu trippen als ratsamer und nützlicher Akt angesehen wird. Die kommenden Jahre werden uns kollektiv auf Psychedelika vorbereiten. Doch im Kern geht es dabei mitnichten um Psychedelika selbst. Sie sind lediglich der Überbringer einer tiefer liegenden Botschaft. Vielleicht ist es dir ja schon aufgefallen, aber in diesem Buch geht es nicht einfach nur um Psychedelika. Und damit ist der Zeitpunkt gekommen, dir mitzuteilen, worauf ich eigentlich in Wirklichkeit hinausmöchte.

7.

Ein psychedelisches Leben

Was macht ein gutes Leben aus?

Was bedeutet es eigentlich für dich, ein gutes Leben zu führen? Für manche ist es einfach ein möglichst sorgenfreies. Für andere wiederum bedeutet es die Maximierung angenehmer und die Minimierung unangenehmer Emotionen. Und nochmals andere, wahrscheinlich die Mehrheit der Menschheit, stellen sich solche Fragen gar nicht erst – *ignorance is bliss.* Ich glaube ja, es ist nicht das Gute im Leben, dass das Leben gut macht. Kann ich glücklich sein und trotzdem kein gutes Leben führen? Muss ich also glücklich sein, um ein gutes Leben zu haben?

Heute Morgen beim Brainstormen zu diesem Kapitel spürte ich, dass ich jetzt gerade sehr glücklich bin. Seit drei Wochen bewohne ich ein schönes Häuschen in einer indonesischen Kleinstadt und schreibe munter mein Buch zu Ende. Doch sind es wirklich das tropische Klima, die lächelnden Menschen und das leckere Essen, die mich gerade glücklich machen? Ich würde sagen, sie tragen definitiv dazu bei. Doch lasse ich meine Gedanken schweifen, so fallen mir bei diesem Thema direkt drei prägende Erlebnisse der letzten Wochen ein.

Es war vorletzten Dienstag um ungefähr 15 Uhr. Ich lag auf meiner Terrasse in der prallen Sonne und spürte plötzlich ein unbehagliches Gefühl in mir aufsteigen. Es war das erste Mal seit Jahren, dass ich mich an einem Ort befand, an dem niemand sonst war, zu dem ich eine tiefe Verbindung spürte. In diesem Moment begriff ich, dass ich ein Gefühl der Einsamkeit immer noch unterbewusst unterdrückte. Und mit dieser Einsicht durfte ich diese Emotion einmal wirklich vollständig empfinden, wobei sie mir ihre versteckte Botschaft preisgab: Nur wer das Gefühl der Einsamkeit zulässt, wird sich selbst ermächtigen, wahre Verbundenheit zu empfangen.

Das nächste Erlebnis war vor einigen Tagen mit meinem guten Freund Oskar. Nach einem gemeinsamen Besuch einer Tanzveranstaltung schwatzten wir in einem Restaurant fröhlich vor uns hin. Nach einer Weile kamen wir auf seine MDMA-Sitzung, die ein paar Tage zuvor stattgefunden hatte, zu sprechen. Mit wässrigen Augen beschrieb er das psychedelische Eintauchen in sein allergrößtes Trauma: seine Geburt, bei der viele Komplikationen und die sofortige Überführung in einen Brutkasten für zwei Wochen sich als Ursprung seiner heute übermäßigen Ängste herausstellten. Für uns beide war es ein verbindender Moment, der uns noch mal näher zusammenrückte.

Das dritte Erlebnis fand gestern statt. In einem privaten Gespräch mit einer Person, die ich an diesem Tag erst kennenlernte, wagten wir uns langsam zu Themen wie Elternbeziehung, Trauma und Vertrauen vor. Nach einer längeren Pause fragte sie mich: »Kann ich dir was sagen?« »Ja, natürlich«, entgegnete ich. »Ich weiß nicht, was Liebe ist.« Augenblicklich spürte ich einen Schwall mitfühlender Trauer in mir. Ich erlaubte ihn. Wir beide fingen an zu weinen. Ich fühlte ihren Schmerz, den ich so gut aus meiner Lebenserfahrung kannte, und wusste, wie viel emotionale Kraft es kostete, ihn endlich zuzulassen.

Nun zurück zu heute Morgen. Ich zerbrach mir den Kopf darüber, was es im Kern eigentlich ist, das ein gutes Leben ausmacht. Sind es emotionale Momente mit anderen Menschen? Vielleicht lassen sich die Antworten wieder in der Wissenschaft finden. Die längste Studie der Welt zum Thema Glücklichsein wurde 1938 an der Harvard Universität gestartet und wird bis heute generationsübergreifend durchgeführt.[132] Ihr Ziel ist einfach, nämlich die Frage: Was macht ein menschliches Leben zu einem glücklichen? Die Antwort ist ebenfalls einfach, denn die Studie ergab, dass es nur ein einziger Faktor ist, mit dem maßgeblich unser Glück vorausgesagt werden kann: tiefe Beziehungen. Studienleiter Robert Waldinger erzählte in einem Vortrag: »Die Menschen, die mit 50 Jahren in ihren Beziehungen am zufriedensten waren, waren mit 80 Jahren die gesündesten.«[133] Könnten wir nun dieses Resultat auf meine drei Erlebnisse der letzten Wochen anwenden? Egal ob mit dir selbst, guten Freunden oder neuen Verbindungen – ist es also Verbundenheit, die dich zu einem guten Leben führt?

Ein echtes, gutes Leben

Du erinnerst dich sicherlich an das tragische Tauschgeschäft von Authentizität gegen Verbundenheit, das wir im dritten Kapitel besprachen. So sehr sind wir von Verbundenheit mit der Welt abhängig, dass wir uns dafür sogar selbst aufgeben. Wie im Wahn lechzen wir nach ihr und merken nicht, dass wir für sie mit unserer Echtheit bezahlen. Da beißt sich die Verbundenheit in den eigenen Schwanz. Denn gibst du deine Authentizität für Verbundenheit auf, so findet das anschließende Verbundensein nicht zwischen dir und der Welt, sondern der Welt und den schützenden Maskierungen deines Egos statt. Ohne innere Echtheit ist auch jegliche Verbundenheit unecht. Also ist ein gutes Leben kein verbundenes Leben, sondern in erster Linie ein echtes Leben. Das bedeutet, sich in jedem gegenwärtigen

Moment an sein wahres Selbst zu erinnern. Es klingt vielleicht klischeehaft, doch es ist bereits alles in dir vorhanden, was du brauchst, um ein gutes Leben zu führen. Das gute Leben hat kein Ziel und kann nicht zum Ziel werden, stattdessen ist dieses mit dem Streben nach dir selbst bereits erreicht. Denn das echte, authentische Leben fängt dort an, wo du deiner Unechtheit ihre Existenz erlaubst. Der Widerstand gegen dein Glück endet mit dem Widerstand gegen deine echten Schatten. Denn hast du das Gefühl, dass dein Ego dich im Griff hat, so hast eigentlich du dein Ego im Griff. Du bist in Kontrolle, du bist verantwortlich, denn du *bist* dein Ego. Und deshalb bist ebenfalls du es, der dein Leben zu einem echten macht.

Die Bedienungsanleitung für dich selbst

Blockaden, Ängste, Narzissmus, Dissoziationen, Wutausbrüche, sozialer Rückzug, Rationalisierungen, Depressionen, Essstörungen – die Liste der Schutzstrategien deines Egos ist lang. Einst zur Bewältigung von Angriffen gegen dein Gefühl der Verbundenheit entwickelt, beraubten sie dich dadurch deiner authentischen Gefühle. Ich will eigentlich nicht wieder den Trauma-Hammer schwingen, denn heute ist schließlich irgendwie schnell alles ein Trauma, doch ein ungutes Leben ist das Produkt seelischer Wunden und unserer Unwissenheit darüber. Doch das hört jetzt auf. Eine Revolution der Art und Weise, wie wir denken, fühlen und leben, ist bereits in vollem Gange. Sie wird in den nächsten Jahren grundlegend unser Verständnis der menschlichen Psyche verändern. Nein, es ist nicht die Künstliche Intelligenz – es ist die relationale Intelligenz. Wir werden verstehen, dass alles Leiden auf tiefster Ebene aus einer Trennung von uns selbst entspringt. Wir werden anfangen, Kontakt zu unseren unerwünschten, unangenehmen und ungeliebten inneren Anteilen aufzunehmen, und ihnen mit Empathie, Verständnis und Liebe begegnen. Stück für Stück werden wir zurückbekommen, was einst verloren ging. Mit jeder neuen Erkenntnis wird uns ein wenig klarer, wer wir wirklich sind. Mit jeder neuen Erfahrung wird unsere Bedienungsanleitung für uns selbst erweitert. In diesem Prozess werden wir persönlich wachsen, emotional heilen und zu unserem wahren Ich streben. Der tiefe Blick nach innen wird von einer hilfreichen Methode zu einem integralen Lebensstil werden. Uns selbst verstehen und lieben lernen wird uns befähigen, das Gleiche untereinander zu tun. Denn alles, was du wirklich bist, steckt bereits in dir, du brauchst nur nach innen zu schauen. Es ist ebendiese geistesoffenbarende und damit psychedelische Haltung, die wir mehr brauchen als alles andere. Denn die wirkliche Botschaft bewusstseinserweiternder Substanzen ist viel tiefgreifender als ein paar Stunden Gehirnwaschmaschine. Lass uns nun kurz innehalten, damit wir wirklich hören können, was sie uns zu sagen haben.

Psychedelisch leben

Psychedelika sind wie die rote Pille im Film *Die Matrix*. Dein ganzes Leben dachtest du, dass dein Alltagsbewusstsein »die Realität« ist, folglich hast du stark spirituelle oder religiöse Menschen und Drogenkonsumierende als realitätsflüchtende Spinner betrachtet. Doch sobald die psychedelische Wirkung anflutet, erkennst du, dass Realität nicht an einen bestimmten Bewusstseinszustand gekoppelt ist. Deine sonst strukturierte Welt gerät mit einem Mal aus den Fugen. Deine Sinne tanzen Tango, und Gedanken fühlen sich freier und ungebändigt an. Du spürst einen wilden Strom von Gefühlen und Wahrnehmungen. In diesem reißenden Gewässer bilden sich nun immer wieder kleine Strudel, die bisher zusammenhangslose Wassermoleküle zu einer Choreografie der Erkenntnis vereinen. Dann, Stunden später, wirst du wieder an Land geschwemmt. Perplex rappelst du dich auf und bemerkst, wie alles wieder an Ort und Stelle erscheint. Du kannst wieder klar die Welt um dich herum erkennen, und deine Gedanken beginnen, eifrig zu rattern, während deine inneren Blockaden wieder in Kampfstellung gehen. Alles beim Alten – normal eben. Doch eine Sache hast du aus der Erfahrung mitgenommen: Du weißt nun, dass diese Normalität nicht normal sein muss.

Wer kein normales Leben will, sollte immer wieder Urlaub vom Normalen nehmen und mit Souvenirs nach Hause kommen. Das ist keine neue Erkenntnis, denn sie lässt sich in so gut wieder jeder alten Kultur finden. So nutzen indigene Völker Nordamerikas Schwitzhüttenrituale für Heilung und spirituelle Visionen. Afrikanische Stämme bringen sich mit Trommeln und Tanz in reinigende Trancezustände. Indische Sadhus rücken mit Meditation und Yoga der Einsicht und Erleuchtung näher. Nordische Völker brachten sich mit rituellen Gesängen in prophetische Zustände. Im antiken Griechenland wurde in Eleusis ein psychoaktives Gebräu bei einem jährlichen Initiationsritual verwendet. Und auch im Christentum gab und gibt es Mystiker, die durch Meditation und Gebet Einheitserfahrungen haben. Doch irgendwann wurden aus alternativen Bewusstseinszuständen falsche Bewusstseinszustände. Aus Erfahrungsreligionen wurden Glaubensreligionen. Aus dem Göttlichen in uns wurde Gott da oben. Und aus Gott da oben wurde in den letzten Jahrzehnten Gott da drinnen: in Konsum, Materialismus und moderner Technologie. Hauptsache, wir müssen nicht mehr in uns selbst hineinschauen! Und dann fragen wir uns tatsächlich, wieso sich in unserer Gesellschaft ein normales Leben so miserabel anfühlt. Ich würde sagen, wir sind einfach etwas zu intelligente Affen geworden, denen ihr Intellekt über den eigenen Kopf gewachsen ist. Doch es gibt Hoffnung, zumindest für die Mutigen unter uns. Denn wie schon gesagt: Der Weg raus ist der Weg rein.

In den letzten Jahren legte sich bei mir nochmals ein Schalter um. Vom einstigen Psychedelika-Fanboy verwandelte ich mich zum psychedelischen Fanboy. Die Substanzen selbst gerieten in den Hintergrund, während ihre Seele mit meinem Leben verschmolz. Ich erkannte, dass ein psychedelisches Leben per se nichts mit Psychedelikakonsum zu tun hat. Denn nicht nur Psychedelika öffnen deinen Geist. Ein gutes Leben ist für mich eines, in dem es zur Normalität gehört, auf verschiedene Weisen immer wieder nach innen zu blicken. Es ist ein Leben, in dem ich mir regelmäßig meinen Geist offenbare. Und mithilfe veränderter Bewusstseinszustände entledige ich mich immer wieder temporär meiner rigiden Denk- und Gefühlsmuster und erlaube mir Zugriff auf meine innere Intelligenz, die mich ungefragt zu Heilung, Inspiration und echter Verbundenheit führt. Für mich ist diese innere Medizin das Natürlichste der Welt, während die Welt da draußen immer noch auf die Lösung da draußen wartet. Doch es ist alles bereits da, direkt vor deiner Nase. Was du suchst, sucht nach dir. Und während du suchst, bist du nicht hier. Das heißt: Wenn du aufhörst zu suchen, bist du endlich bei dir.

Das neue Normal

Ich schaue in die Welt hinaus und sehe Kinder, die zu schnell erwachsen wurden. Sie fahren notgedrungen zur Arbeit, bezahlen unfreiwillig ihre Rechnungen und machen wohlverdienten Urlaub. Sie tun, was erwartet wird, rechtfertigen ihre Imperfektion und meiden langen Blickkontakt. Dann sprechen sie mechanisch über Beruf und Wetter und abfällig über Nachbarn und Politiker. Sie suchen scheinheilig nach Anerkennung und unterbewusst nach Intimität. Und irgendwann öffnen sie sich ihrer großen Liebe, besuchen pflichtbewusst die Eltern und bekommen Kinder, obwohl sie selbst noch welche sind. Und nun blicke ich auf mich selbst und sehe dieses versteckte Kind auch in mir. Niemand hatte ihm gesagt, mit der Volljährigkeit gehen zu müssen, doch alle machten den Anschein, das Gleiche getan zu haben. Ich erinnere mich gut daran, Teil dieser Tragödie gewesen zu sein. Wie ich meine Eltern nur deshalb besuchte, weil ich mich sonst schlecht fühlte. Oder wie ich lieber über andere herzog, als über meine eigenen Unzulänglichkeiten zu sprechen. Wie ich blockiert war, um Menschen bloß nicht körperlich und emotional zu nahe auf die Pelle zu rücken. Ich erinnere mich an Momente, in denen sich sogar ein breites Grinsen oder Gelächter nicht traute, auf meinem Gesicht zu erscheinen. Oder auch wie ich lieber nicht zu lange zuhörend im Augenkontakt verweilen wollte und stattdessen anfing, ablenkend von mir zu sprechen. Ich war wirklich ein verriegelter Haufen selbstschützender Komplexe. Aber war ja normal, die anderen taten es schließlich auch so – verschlossen ist verschlossen und wird auch nicht gebrochen.

Aufbruchsstimmung

Ob durch die Trennung von einem langjährigen Partner, den Tod eines nahestehenden Menschen, das Lesen eines aufrüttelnden Buches oder einen psychedelischen Trip – irgendwann werden die meisten von uns innerlich aufgebrochen. Ich liebe es, wenn das passiert. Der Auslöser ist vielleicht nicht immer schön, doch die Folgen schön wertvoll. Manchmal benötigt das Ego einen Schockmoment, um sich seiner Verwüstungen bewusst zu werden. Zum Glück gezwungen zu werden, funktioniert in diesem

Fall eben schon. Und so befinden sich viele, vermutlich auch du gerade, auf einer Reise der inneren Öffnung. Persönlichkeitsentwicklung ist nämlich eher Persönlichkeitsöffnung, zumindest wenn wir sie geistesoffenbarend psychedelisch betreiben. Denn dann erkennen wir, dass die Reise zu uns selbst die einzige ist, die zum Ziel führt, weil sie sich selbst als Ziel herausstellt. In dieser neuen Normalität streben Menschen danach, sich vor sich selbst und anderen wahrhaftig zu öffnen. Und da ein Streben weder Anfang noch Ende hat, ist ein psychedelisches Leben ein fortwährender Prozess. Ebendiese Unendlichkeit ist es, die dem Prozess seine üblichen Phasen, Schritte oder Meilensteine nimmt. Es ist eher ein Windrad, das mit seinen drei riesigen Rotorblättern dein Leben mit authentischer Elektrizität versorgt.

Abb. 9: Das Windrad des psychedelischen Lebens

Ich habe lange darüber nachgedacht, wie sich ein psychedelisches Leben in einem übersichtlichen Modell darstellen lässt. Ich ging alle Methoden, Ansätze und Praktiken durch, die wirklich dazu beitrugen, mich nach innen und außen zu öffnen. Dabei sind mir drei Dinge immer wieder aufgefallen. Erstens: Es geht um die Erforschung unseres Selbst, jenseits des Egos. Zweitens geht es darum, diesem Selbst immer wieder Ausdruck zu verleihen. Und drittens: Letztendlich ist es die Kommunikation mit uns selbst und anderen Menschen, die uns in Verbundenheit bringt. Doch diese drei Bereiche bilden keinen bestimmten Ablauf, sondern integrieren sich ineinander und können zeitgleich unabhängig voneinander existieren. So würde sich auch ein Windrad mit nur zwei Rotorblättern statt drei noch drehen, nur wohl unter erheblichen Stabilitäts- und Effizienzproblemen leiden.

Ich möchte dir nun zeigen, wie ich mit Auszeit, Ausdruck und Austausch als den drei Bereichen eines psychedelischen Lebens einen Ansatz gefunden habe, der mich immer wieder mit dem guten Leben verbindet und mir half, jeden Rückschlag mit einem Durchbruch zu kontern. Es ist ein verlässliches Set an Psychotechnologien, mit denen du dir dein eigenes psychedelisches Leben kreieren kannst. Ich fühle echte Freude und Stolz, dich an diesem Modell teilhaben lassen zu können. Steigen wir gleich ein mit der Beschreibung des ersten Bereichs.

Das erste psychedelische Rotorblatt: Auszeit

Im Oktober 2022 nahm ich die bedeutendste Auszeit meines Lebens. Sieben volle Tage sollte ich allein und abgeschnitten von der Außenwelt in einer Wohnung in der Nähe von Frankfurt verbringen. Zweimal am Tag wurde mir von meinem Begleiter Essen gebracht und ein kurzes Gespräch angeboten. Ansonsten gab es nicht wirklich viel zu tun. Vielleicht fragst du dich gerade, was um alles in der Welt das denn für eine komische Auszeit sein soll – zu Recht. Eine entscheidende Information habe ich dir nämlich vorenthalten: Die gesamte Wohnung war hermetisch lichtdicht versiegelt worden. Das Letzte, was ich sah, war eine Kerze, die ich zur rituellen Eröffnung der einwöchigen vollständigen Dunkelheit ausblies.

Zu Beginn war es interessant zu beobachten, wie mein Geist reagierte, als es plötzlich nichts mehr gab, woran er sich klammern konnte. Erst herrschte eine Art Gedankengulasch in meinem Kopf vor, bis sich dann ab dem dritten Tag eine Bewusstseinsqualität einstellte, die ich sonst nur von Psychedelika her kannte. Aus irgendeiner Ecke meines Inneren klopfte eine Empfindung mit der Bitte an, Einlass gewährt zu bekommen. Es tauchte der Moment auf, bei dem meine Eltern mich über meinen biologischen Vater aufklärten. Ich kannte diese Erinnerung gut. Doch dieses Mal hatte sie Gefühle im Schlepptau, die bisher verborgen geblieben waren: Angst, allein gelassen zu werden und das Vertrauen in meine Familie zu verlieren. Doch nun, wo meine Abwehrmechanismen vom tiefschwarzen Nichts beurlaubt worden waren, konnte diese Angst so durch mich hindurchfließen, wie sie es eigentlich damals hätte tun sollen. Kaum war die Emotion gefühlt, brach eine Trauer unter ihr empor und ließ mich endlich nachholen, was so bitter nötig war. In Abwesenheit von Licht und Ego konnte ich endlich fühlen, verstehen und verzeihen. Die wertvollsten Momente des Lebens sind frei von Gedanken.

Umsteigen statt sitzen bleiben

Wenn dein Ego dich vor dir selbst beschützt, dann brauchst du eine Auszeit von ihm, um dich selbst zu finden. Seit Jahrtausenden wissen Menschen, veränderte Bewusstseinszustände für Entspannung, Inspiration und Heilung einzusetzen. In ihren Extremformen reicht die dadurch erreichte Freiheit vom Ego sogar bis in mystische Erfahrungsräume. Doch lass uns mit den zahmen Methoden beginnen. Da hätten wir zunächst einmal die Meditation. Studien belegen, dass eine regelmäßige Achtsamkeitspraxis die Aktivität im Ruhezustandsnetzwerk des Gehirns langfristig senkt.[134] Mach dir bitte einmal die Gewaltigkeit dieses Ergebnisses bewusst. Denn das heißt nichts anderes, als dass Meditation dein Gehirn dauerhaft in einen Ego-abgeschwächten und psychedelischen Zustand versetzt. Im Alltag kann sich das dann in einem gewissen Abstand zwischen Stimulus und Aktion ausdrücken, welcher wiederum deine Reaktionsflexibilität erhöht. In den Worten des Schriftstellers Stephen R. Covey: »Zwischen Stimulus, Reiz, und Reaktion gibt es einen Raum. In diesem Raum ist unsere Macht, unsere Reaktion zu wählen. In unserer Reaktion liegt unser Wachstum und unsere Freiheit.«[135]

Auf dein Bewusstsein stürmen jeden Tag Abermillionen Wahrnehmungen ein. Da die meisten davon laut deinem Gehirn irrelevant sind, werden sie in Hülle und Fülle vom Thalamus herausgefiltert. Das kommt jedoch mit einem Preis. Denn dieses fleißige Filtersystem schmirgelt deine neuronalen Schienen irgendwann so glatt, dass der Zug in den Bahnhöfen gar nicht mehr zum Halt kommt. Resultat: Umsteigen unmöglich. In diesem Bild steht der Zeitraum im Bahnhof für den Handlungsspielraum, mit dem du dein Leben selbstbestimmt steuern kannst. Achtsamkeit ist in gewisser Weise die Vergegenwärtigung dieses Spielraums, und mit Meditation kannst du ihn immer weiter vergrößern. Du trainierst damit sozusagen deine Umsteigefähigkeit beim Einfahren in deine mentalen Bahnhöfe: »Liebe Fahrgäste, in Kürze erreichen wir den Hauptbahnhof Selbstzweifel. Bitte denken Sie daran, Ihre persönlichen Selbstwertgegenstände mitzunehmen. Wir danken Ihnen, dass Sie mit der Neuronalen Bahn gereist sind, und wünschen Ihnen einen achtsamen Tag und eine gute Weiterreise. Der Ausstieg befindet sich auf der rechten Seite.« Ich kann gar nicht genug betonen, wie unglaublich wichtig eine Achtsamkeitspraxis für ein psychedelisches Leben ist. Fast schon notwendig. Mehr möchte ich eigentlich jetzt auch nicht dazu sagen – außer: Fang an, regelmäßig zu meditieren.

Die Presslufthämmer unter den Psychowerkzeugen

Nun kommen wir zu den eher drastischen Methoden der Ego-Auszeit. Anstatt täglich ein kleines bisschen an der Umsteigezeit zu feilen, verpassen sie den Zügen Flügel mit Turbinen, sodass sie per Luftlinie zwischen den Bahnhöfen hin und her jetten können. Zu diesen Presslufthammermethoden gehören psychedelische Substanzen – aber nicht nur. So konnte ich etwa in einer Woche Dunkeltherapie psychedelische Zustände erreichen, die einigen meiner Trips in nichts nachstanden. Von tiefer Selbstreflexion über Traumabewältigung bis zu spirituellen Erfahrungen war in diesen Tagen alles dabei. Die Methode ist vielleicht nicht besonders praktikabel, doch durchaus lebensverändernd.

Wenn es du jedoch etwas kürzer bevorzugst, so kann ich dir nur wärmstens Breathwork empfehlen – zu Deutsch: Atemarbeit. Atmest du nur lange genug übermäßig stark in Form einer Hyperventilation ein uns aus, wirst du in psychedelische Bewusstseinszustände gelangen, die qualitativ einem Substanzrausch sehr nahekommen. Eine Studie konnte belegen, dass Breathwork langfristig bestimmte Gehirnaktivitäten und Gemütszustände positiv beeinflusste und sogar mystische Erfahrungen induzierte.[136] Stell es dir ein bisschen vor wie einen etwas kontrollierbareren Psychedelika-Trip. Denn lässt du deine Atmung abflachen, wird auch dein Geist sich schnell wieder beruhigen. Bei unseren psychedelischen Begleitungen in den Niederlanden ist Breathwork ein fester Bestandteil des Programms. Wird dein Unterbewusstsein erst einmal nur per Atem geöffnet, kann dies das spätere Öffnen durch Psychedelika erleichtern. Auch im Alltag benutze ich immer wieder kurz andauernde Atemtechniken, um mich in meditative Zustände zu bringen oder aus widerspenstigen Gedankenkarussellen zu befreien.

Körper, Ego und Sex

»Komm in deinen Körper« heißt es, wenn man sich im Kopf verirrt. Tatsächlich hilft es bei dissoziierten Geisteszuständen, Menschen durch Berührungen an ihren Körper zu erinnern. Vor allem bei psychedelischen Begleitungen ist das eine wichtige Interventionsmethode. Doch auch im ganz normalen Leben ergibt es einen Sinn, sich immer mal wieder aus den Alltagsdissoziationen zu lösen. Eine empfehlenswerte Methode dafür: Eisbäder.

Ich erinnere mich gut an mein erstes – 2020 auf dem Balkon eines Bungalows auf einer thailändischen Insel. Zuerst bereiteten wir uns mit der sogenannten Wim-Hof-Atemtechnik vor, um dann für Minuten ins eisgekühlte Nass zu steigen. Augenblicklich schrie alles in mir: »Raus hier, sofort raus!« Doch einige beruhigende Atemzüge später konnte ich mich langsam in den Schmerz hinein entspannen. Und plötzlich: Ruhe. Mein Ego: mucksmäuschenstill.

Am Anfang stellten Eisbäder eine riesige Überwindung für mich dar, doch mit der Zeit fand ich Gefallen daran. Kombiniert mit Saunagängen gehört es heute fast schon zu meinen Alltagsroutinen, mich extremer Kälte und Hitze auszusetzen. Laut Studien geht diese Form der Hydrotherapie mit einer Vielzahl von Vorteilen einher, wie beispielsweise Entspannung, mentaler Stärke, Stressabbau, Herz-Kreislauf-Gesundheit, einer Stärkung des Immunsystems und Abbau von Muskelschmerz.[137] Für mich bewirkt es vor allem eins: meinen Kopf abzuschalten und Urlaub vom Ego zu nehmen. Das ist nicht nur angenehm, sondern öffnet meinen Geist auch anderen wohltuenden Dingen gegenüber, die sonst vom Ego vernebelt werden. Also: Komm in den Körper!

Den wohl gewaltigsten natürlichen Mix aus Hormonen und Neurotransmittern haben die meisten von uns schon mal erlebt. Welle um Welle leitet der Hypothalamus Oxytocin und Vasopressin durch deine Venen. Der Geist öffnet sich nach innen, und nichts als deine Partnerin oder dein Partner und du spielen eine Rolle. Nun kommt noch eine Ladung belohnendes Dopamin dazu, bis der ganze Mix in einem orgasmischen Spektakel den Punkt ohne Wiederkehr erreicht. Indische und hinduistische Ethnien der Vergangenheit wussten bereits vor Tausenden von Jahren, wie Spiritualität und Sexualität, Körper und Geist zu Zwecken der Ego-Transzendenz und Bewusstseinserweiterung kombiniert werden können. Der im Westen oft missverstandene Begriff »Tantra« lässt sich als eine weitere Methode in unserem Repertoire betrachten. Meine persönlichen Erfahrungen damit zeigten, dass Körpernähe, Intimität, Sexualität und Sinnlichkeit in einem sicheren und professionellen Rahmen als Werkzeug für persönliches Wachstum und emotionale Heilung zusammengeführt werden können. Glaub mir, das geht wirklich – aber wahrscheinlich ganz anders, als du es dir gerade in deinem Kopf ausmalst.

Das zweite psychedelische Rotorblatt: Ausdruck

Tonverdreher, graue Maus und Körperklaus – ich behielt die meiste Zeit meines Lebens über mein Inneres lieber für mich. Den Musikunterricht schwänzte ich, da ich beim Vorsingen

Angst vor einer Blamage hatte. In sozialen Situationen blieb ich ruhig und zurückhaltend, um niemanden zu sehr auf mich aufmerksam zu machen. Und um den Jugendtanzkurs machte ich einen großen Bogen, um nicht vom weiblichen Geschlecht ausgelacht zu werden. Dann kam LSD. Mit ein paar Schutzschichten weniger wollte irgendetwas aus mir heraus. Zuerst waren es vergrabene Gefühle und ein Bedürfnis, mich mitzuteilen. Dann kam ein kindlicher Spieltrieb und das Verlangen, mich kreativ auszuleben. Ich spürte eine tiefe Lust, mich von Musik tragen zu lassen und sogar selbst Melodien zu kreieren. Ich gab dem inneren Druck Auslauf und meinem Inneren Ausdruck. Dadurch erlangte der Ausdruck Freiheit, und mein Inneres wurde still. Ich verstand: Was stecken geblieben war, verlangte danach, sich auszudrücken. Indem ich ihm Gehör verschaffte, konnte ich mich selbst dahinter erkennen. Es war also nicht nur wichtig zu erkennen, sondern auch der Erkenntnis nach zu handeln. Selbsterkenntnis ohne Selbstausdruck ist wie das gute Porzellan im Schrank – macht was her, kommt aber nie zum Einsatz. Erst der Weg nach außen gibt dem Weg nach innen seine Vollendung. Ausdruck ist also die getarnte Sprache deines authentischen Ichs. Damit benötigt ein psychedelisches Leben, bei dem du immer wieder nach innen blickst, auch das Bestreben, das Innere regelmäßig nach außen zu stülpen. Erlaubst du dir, dich selbst auszudrücken, wirst du darin eine endlose Quelle von Lebendigkeit, Inspiration, Freiheit, Ekstase, Kreativität, Verbundenheit und emotionaler Heilung finden. Es ist wirklich so weitreichend, wie es sich anhört.

Resonanzkörper

Unsere Vorfahren waren einfache Menschen. Statt Lidl, Heizung und WhatsApp gab es nur die rohe Schönheit der Natur, den Rhythmus der Jahreszeiten und die unmittelbaren Herausforderungen des täglichen Überlebens. Fernab von modernen Ablenkungen fanden unsere Ahnen Glück in den einfachen Freuden des Lebens: im Singen am Lagerfeuer oder im Tanz unter dem Sternenhimmel. Sich einfach ausgelassen Musik und Tanz hingeben, ohne sich davor schambehaftete Blockaden wegtrinken zu müssen – was ist damit nur passiert? Das fragte ich mich, nachdem ich das erste Mal einen sogenannten Ecstatic Dance besuchte.[138] Eine Tanzveranstaltung, die meist am helllichten Tag stattfindet und auf der weder Alkohol noch andere Drogen erwünscht sind. Außerdem sind auf der Tanzfläche Handys und Gespräche ausdrücklich verboten, damit sich die Teilnehmenden voll und ganz auf die Erfahrung einlassen können. Ich habe sogar schon Leute mit einer Schlafmaske dort gesehen – das veränderungsorientierte Setting lässt grüßen.

Als die Musik losging, schloss ich die Augen. Ich bemerkte, wie andere um mich herum bereits anfingen zu tanzen. Der Drang, es ihnen gleichzutun, tauchte auf. Doch nicht, weil ich es wirklich wollte, sondern weil ich ja nicht als Einziger doof dastehen möchte. Ich hielt das Gefühl aus und wartete darauf, dass etwas von allein passierte. Irgendwann fing ich an, mich zu bewegen, ohne mir vorher überlegt zu haben, wie ich mich dabei am besten anstelle. Ich ließ meinen Körper entscheiden, wie er sich ausdrücken wollte – ein befreiendes Gefühl. Ich ließ mich weiter fallen. Fast zwei Stunden später kam ich wieder zu mir. Nüchtern und doch in Trance legte ich mich auf den Boden und hatte einen ganz privaten Moment mit mir selbst. Inzwischen war es Nacht geworden und das Lagerfeuer in der Mitte der Fläche am Lodern. Ich blickte hinauf ins Sternenzelt und fühlte mich einfach nur lebendig und friedvoll. So mussten sich wohl auch unsere Vorfahren gefühlt haben. Das Leben kann so simpel und gleichzeitig so wunderschön sein. In diesem

Moment begriff ich, wie wenig ich eigentlich wirklich brauche, um glücklich zu sein.

In den letzten Jahren beschäftigte ich mich viel damit, einen musikalischen und körperlichen Ausdruck zu finden. Meinen Namen habe ich noch nicht getanzt, bin dem aber nicht grundsätzlich abgeneigt – wäre bestimmt lustig! Vor drei Jahren fing ich zudem an, ein Instrument zu lernen. Nicht, um gut darin zu werden, sondern einfach nur, um mich musikalisch auszudrücken. Seit Kurzem nehme ich sogar Gesangsstunden. Singen war ein hochgradig blockiertes Thema für mich. Inzwischen traue ich mich aber schon, vor meinen engsten Freunden zu singen oder zumindest mitzusingen. Ein Meilenstein, der mich etwas mehr mit mir und dem Leben im Reinen fühlen ließ. Abschließend war Yoga als Fusion aus körperlicher Bewegung und Achtsamkeit noch eine wertvolle Methode für mich in diesem Spektrum. Ich habe ehrlich gesagt nicht viel Ahnung davon, genieße es aber hin und wieder, mich dieser Praktik unter Anleitung hinzugeben.

Emotionen ausdrücken

Sigmund Freud werden die Worte zugeschrieben: »Unausgedrückte Gefühle werden niemals sterben. Sie werden lebendig begraben und kommen später auf hässlichere Weisen zum Vorschein.« Unterdrückte Emotionen werden also zu lebendigen Toten, die uns bis in alle Ewigkeit verfolgen. Die Lösung: Anstatt diese emotionalen Zombies mit Axt und Beil zu jagen, sollten wir ihr Grab aufsuchen und ihnen die letzte Ehre erweisen, indem wir sie ausdrücken und eins mit ihnen werden.

In den letzten Jahren entstand eine neue Strömung im Bereich der mentalen Gesundheit. Während »Wir müssen wieder lernen zu fühlen« oder »Unterdrückte Emotionen sind die Ursache für dein Leiden« einst eher als experimentelle Alternativansätze gesehen wurden, prangen sie heute auf Instagram-Kanälen, Websites und Youtube-Videos von psychologischen Vordenkerinnen, Institutionen und Influencern. Die Befreiung unserer Emotionen ist meiner Meinung nach der Kern eines psychedelischen Lebens. Denn wer zum Grund seines inneren Ozeans taucht, der wird dort nichts anderes vorfinden können als Emotionen. Ich möchte dir diese Ansicht nicht vorgeben, aber meine Erfahrung mit dir teilen. Im Laufe der letzten Jahre habe ich eine simple Denkweise entwickelt, die mir geholfen hat, meinen Emotionen mehr Ausdruck zu geben. In spirituellem Neudeutsch könnte man sagen, dass ich regelmäßig bei mir selbst einchecke. Konkret heißt das, mich so oft wie möglich zu fragen: Welche Emotionen sind gerade da? Was macht das mit mir, was Person X eben gesagt hat? Wo fühle ich das in meinem Körper? Was möchte ich gerade nicht fühlen?

Das klingt vielleicht etwas einfach, doch in diesen Fragen steckt eine Haltung, die (fast) alle Probleme lösen wird. So geht es in der Prozessbegleitungsarbeit meines Unternehmens im Kern ausschließlich darum, Menschen dabei zu unterstützen, diese Fragen zu einer allgegenwärtigen Geisteshaltung werden zu lassen und damit verborgene Emotionen zum Ausdruck zu bringen. Natürlich gibt es dafür viele Beispiele mit Wut, Angst und Trauer, doch auch freudige Emotionen sind Teil des Spiels.

Eine davon war für mich besonders wichtig. In unserer Gesellschaft oft als kindisch abgetan, ist die unbeschwerte Freude, die man beim Spielen empfindet, aus meiner Erfahrung unglaublich wichtig für ein glückliches Leben. Mal einfach im Gras liegen, ohne an Grasflecken, Zecken oder wütende Bauern zu denken. Bescheuerte Körperverrenkungen in sozialen Situationen machen, einfach nur, weil du dich danach fühlst. Oder mit dem spielen, was nicht dafür gemacht ist: Töpfe als Trommeln, Make-up als Malstifte und Bücher als Stapelmaterial benutzen. Lass all das raus und bringe es zum Ausdruck. Blicke nach innen und erkenne, dass in dir ein Kind ist, das immer noch einfach nur spielen, lachen, weinen und toben möchte. Das ist, wer du wirklich bist.

Das dritte psychedelische Rotorblatt: Austausch

Du sollst kein gutes Leben leben – du sollst eine gute Geschichte leben. In seinem Buch *A Million Miles in a Thousand Years* beschreibt Donald Miller, wie er durch die Verfilmung seines Lebens zu verstehen lernte, dass es sich erst dann bedeutsam anfühlte, als er es als eine zusammenhängende Erzählung mit Höhen und Tiefen begreifen konnte.[139] Autor Yuval Noah Harari geht in seinem Buch *Eine kurze Geschichte der Menschheit* sogar noch weiter.[140] Er bezeichnet Geschichten als fundamentales Element für die Strukturierung und Aufrechterhaltung des menschlichen Zusammenseins. Ohne sie gäbe es kein Wir. Erst durch Sprache und Austausch kreieren wir eine gemeinsame Wirklichkeit, in der wir miteinander kooperieren, uns bekriegen und lieben.

Unsere erschaffene Realität ist dabei ständig im Wandel. Am Tag nach meiner letzten Ayahuasca-Erfahrung notierte ich das komplette Erlebnis in meinem Tagebuch. Zwei Tage später erzählte ich Isabel, was meine größten Erkenntnisse gewesen waren. Während des Sprechens bemerkte ich, wie ich einzelne Inseln meiner Erzählung mit neuen Brücken verband, die so nicht im Tagebuch standen. Zusätzlich führten ihre Rückfragen zu inneren Bewegungen der einzelnen Elemente meiner Erinnerung. Plötzlich wurde mir klar, was bestimmte Aspekte der Erfahrung auch noch bedeuten könnten. Und mit jeder weiteren Wiedergabe der Geschichte gewann sie an Tiefe und ich an Verständnis.

Austausch ist nichts anderes als bidirektionaler Ausdruck. Oder auch: Beim Austausch wird Ausdruck ausgetauscht. Das schafft neue Inspiration, tiefere Erkenntnis und echte Verbundenheit. Denn alles Neue erreicht dich durch Austausch: Du gibst Aufmerksamkeit und das Buch dir Informationen. Du schilderst deine Sorgen und stößt auf Interesse und Empathie.

Vor ein paar Tagen erzählte mir eine Person, dass sie nach nur einer Gesprächsminute einschätzen kann, ob sie jemanden sympathisch findet. Ich würde sogar sagen, dass wir oft keine fünf Sekunden dafür brauchen – schnell beurteilt und voreilig verurteilt. Doch nicht anders gehen wir mit uns selbst um. Dein Denken besteht nicht aus einer zusammenhanglosen Kette an zufälligen Gedanken. Vielmehr inspiriert ein Gedanke den nächsten und ebenso das nächste Gefühl. Und andersherum inspiriert jedes Gefühl wieder neue Gedanken. Du bist also im ständigen Austausch mit dir selbst. Dieses innere Umwühlen ist es, das überhaupt erst Neues in dir zum Vorschein bringt. Fängst du also an, dich besser mit dir selbst und anderen auszutauschen, wirst du auch geübter darin, ein psychedelisches Leben zu führen.

Herzlich viel Austausch

Austausch geht auf verschiedenen Kommunikationsebenen vonstatten. Beim Authentic Relating wird zwischen dreien unterschieden:

- **Ebene 1 – die Faktenebene:** Hier werden Informationen und Fakten ausgetauscht, wie bei den allermeisten Gesprächen im Alltag. Es geht um das, was gesagt wird, also die konkreten Inhalte.

- **Ebene 2 – die Gefühlsebene:** Auf dieser Ebene geht es darum, welche Gefühle und Emotionen bei den Gesprächsteilnehmenden gerade da sind. Das ermöglicht ein tieferes Verständnis füreinander, mehr Offenheit und eine nachhaltige Konfliktlösung.
- **Ebene 3 – die Beziehungsebene:** Hier wird reflektiert, welche Emotionen gerade in Bezug auf die jeweilige Beziehung da sind. Also was du fühlst, wenn du an die andere Person denkst.[141]

Wie teilt sich dein alltäglicher Austausch auf diese drei Ebenen auf? Ich behaupte, dass wir uns viel zu viel auf der ersten aufhalten. Manche haben wahrscheinlich seit Jahren kein Gespräch auf der Beziehungsebene geführt. Doch das darf sich jetzt ändern: Mit Aufrichtigkeit, Verletzlichkeit und Mut können wir gemeinsam versuchen, vom Kopf ins Herz zu kommen und von leeren Worthülsen zu einem bedeutungsvollen Austausch untereinander ebenso wie mit uns selbst. So möchte ich dir empfehlen, öfter mit dir selbst in einen achtsamen Dialog zu gehen. Fang an zu beobachten, welche Beziehung du mit dir führst. Erkenne deine inneren Beziehungsdynamiken und bringe regelmäßig den Austausch mit dir selbst zum Ausdruck – in Form von Videos, Sprachaufnahmen, lauten Selbstgesprächen oder Tagebucheinträgen.

Und dann sind da natürlich noch die anderen Menschen. Trau dich, den ersten Schritt zu machen und beginne, euren gemeinsamen Austausch auf die Gefühls- und Beziehungsebene zu bringen. Drück aus, was Druck in dir auslöst. Führe die Gespräche, die seit Langem überfällig sind. Kommst du einmal nicht weiter, dann frage nach professioneller Hilfe. Ich finde es so lächerlich, dass Therapien, Coachings und Co. noch immer stigmatisiert sind. Niemand von uns hat die innere Bedienungsanleitung von den Eltern erhalten, denn die waren mit ganz anderen Dingen beschäftigt. Ich würde mir wünschen, dass Gruppen- und 1-zu-1-Begleitungen zur neuen Normalität werden. Dass wir endlich erkennen, dass Trauma in Trennung entstand und nur in Verbundenheit geheilt werden kann, auf mentaler, sozialer, emotionaler und körperlicher Ebene. Denn zu lange schon führen unsere Beziehungen unausgesprochenen Ballast mit sich. Zu lange schon vermeiden wir im Supermarkt jeglichen Augenkontakt. Und zu lange schon ziehen wir im Zug schnell das Bein weg, wenn unser Oberschenkel einen fremden berührt.

Ich möchte dich nun bitten, kurz zu reflektieren, was dir die bisherige Lektüre dieses Buches gebracht hat. Was wirst du daraus mitnehmen? Ich hoffe, es ist nicht allzu viel Wissenswertes. Denn meine Idee war, dass unser beider Austausch zwar hauptsächlich auf der ersten Kommunikationsebene stattfindet, doch du dich dadurch immer mehr mit dir selbst auf der zweiten und dritten Ebene austauschst. Ich würde mich viel mehr freuen, wenn du dich inspiriert statt wissender fühlst. Beides ist natürlich toll, doch was am Ende des Tages wirklich etwas bewegt, ist nicht ein Gedanke, sondern ein Gefühl. Und mit den drei Rotorblättern Auszeit, Ausdruck und Austausch hoffe ich, dass du eben dafür neue Methoden, Ideen und Inspiration finden konntest. Nun liegt es an dir, dein psychedelisches Windrad aufzustellen und in Richtung des Windes auszurichten. Wenn du mitmachst, können wir alle gemeinsam einen Windpark errichten und unseren authentischen Energiebedarf mit psychedelischer Elektrizität decken.

Eine psychedelische Gesellschaft

Wenn ich darüber nachdenke, warum ich tue, was ich tue, so komme ich immer wieder zu dem Schluss, dass ich einfach dazu beitragen möchte, dass wir als Menschheit glücklicher werden. Also ein bisschen wie ein Weltverbesserer. Früher habe ich solche Leute als illusorische Selbstdarsteller verurteilt, heute bin ich selbst einer. Doch eine Sache macht mein Bestreben vielleicht etwas kontroverser als das anderer: Ich bin überzeugt, dass Psychedelika eine wichtige Rolle in ebendieser Verglücklichung spielen könnten, können, dürfen, sollen und werden. Denn der Weg zu wahrem Glück führt am Ende des Tages nach innen.

Immer mehr Menschen erkennen, dass Glaubensreligionen, Konsummanie, Status, Instagram und Rolex ihnen einfach nicht das geben können, was sie wirklich brauchen, um das gähnende Loch zu füllen, das sie in ihrem Inneren spüren. Also suchen sie – manche ihr Leben lang. Für einige von ihnen taucht dann am Wegrand plötzlich ein psychedelischer Trampelpfad auf, der vor lauter Dickicht kaum einsehbar ist. So bringen Psychedelika Menschen auf einen alternativen Lebensweg. Und nach dem Richtungswechsel helfen sie sogar noch dabei, diesen Weg immer wieder abzukürzen. Dazu möchte ich an dieser Stelle einen Youtube-Kommentar mit dir teilen, den ich heute Morgen zufällig unter einem unserer Videos entdeckt habe: »Damals war ich ein emotionsloser Einzelgänger, der alle Beziehungen losließ. Dann entdeckte ich mit Psychedelika die spirituelle Welt und darin mich selbst. Ich erkannte den Wert der Emotionen und fing an, diese zu kultivieren. Und nun öffne ich mich wieder, verbinde mich emotional mit anderen Menschen und entdecke eine ganz neue Dimension des Seins.«[142]

Richtig angewandt navigieren uns Psychedelika zu Authentizität, Fülle und Bedeutung. Als unser persönlicher Polarstern können sie für uns ein Werkzeug der Zukunft werden, um uns in wirren Zeiten zur Wahrheit zu führen. Doch nur weil sie es können, heißt das nicht, dass sie es sollten. Wie sinnvoll ist es, eine so mächtige Technologie einfach auf die Menschheit loszulassen? Kann die psychedelische Unkontrollierbarkeit zum jetzigen Zeitpunkt überhaupt in unser Gesellschaftssystem integriert werden? Sind wir wirklich bereit für Psychedelika?

Die Politik der Psychedelika

Wenn ein Trauma die schützende Trennung vom eigenen Selbst ist, dann ist unsere Abneigung gegenüber Drogen ein kulturelles Entwicklungstrauma. Der Stachel steckt tief. So tief, dass die einen Bewusstseinszustände ein Bierzelt verdienen, während diejenigen Menschen, die andere Zustände bevorzugen, im Knast schmoren sollen. Ziehen wir den Stachel jedoch zu schnell aus dem Fleisch, reißt die Wunde wieder auf. Also ist es besser, die Kirche so lange im Dorf zu lassen, bis Erfahrungsreligionen wieder »in« sind. Agieren wir zu hastig, befürchte ich eine Vergrößerung einiger sich bereits abzeichnender Trends. So ist die Medikalisierung psychedelischer Substanzen ein wichtiger Schritt, um ihr heilsames Potenzial vielen Menschen zugänglich zu machen. Pilze, Kakteen und schamanischer Sud werden schon bald zu einer verschreibungspflichtigen Pille. Doch wo ist der Haken? Ich sehe bei den involvierten Pharmaunternehmen bereits jetzt deutliche Anzeichen von monopolistischen Bestrebungen und einer Gewinn-über-Mensch-Ausrichtung. Auch im nicht medizinischen Sektor wird es immer bunter. Im Internet poppen sektenähnliche Bewegungen mit selbsternannten Instagram-Schamaninnen und -Schamanen auf, die sich nach einem Ayahuasca-Saufgelage als Medizinfrau oder -mann rühmen, um nun ihre Gefolgschaft von ihrem Leiden zu erlösen. Diese Substanzen sind wahrhaftig unspezifische Verstärker und machen auch vor der dunklen Triade der Persönlichkeitsmerkmale keinen Halt. Dank Ego-Auszeit ein paarmal durch die Liebe des Universums flutschen und auf dem Weg zurück in die harte Realität kurzerhand die eigene Imperfektion über Bord werfen – *goodbye* Bescheidenheit, Selbstkritik und Aufrichtigkeit. Auf der anderen Seite des Spektrums finden wir elitäre Psychedelika-Befürwortende, für die nur Wissenschaft und Doktortitel den richtigen Weg darstellen. Ich sehe in beiden Extremen kleine Kinder, die unbedingt recht haben möchten, damit sie sich endlich mal richtig gesehen fühlen. Zusammengefasst sind anscheinend alle überzeugt davon, dass ihre psychedelische Weltanschauung die einzig richtige ist. Offenbar lässt uns auch der tiefste Trip trotz allem immer Mensch bleiben. Deshalb folgt nun zum »Grande Finale« meine persönliche Empfehlung, wie wir Psychedelika sicher, hilfreich und nachhaltig zum Wohle der Menschheit einsetzen können.

Ein letzter Perspektivenwechsel

Nelson Mandela sagte einmal: »Bildung ist die mächtigste Waffe, um die Welt zu verändern.«[143] Ich würde das Zitat gern dahingehend erweitern, dass der Wahrheitsgehalt von Information genauso ausschlaggebend ist wie ihre Verfügbarkeit. Der Zugang zu verlässlicher, präziser und ehrlicher Information zu psychedelischen Substanzen ist aus meiner Sicht der wichtigste Faktor, um ihr volles Potenzial für uns Menschen zu entfalten. Ich hoffe, dass ich mit meiner Arbeit einen gewissen Teil dazu beitragen kann. Dabei halte ich für irrelevant, ob wir streng empirisch-wissenschaftlich oder subjektiv experimentell arbeiten. Was wirklich zählt, ist, dass wir zusammen am psychedelischen Strang ziehen und so eine gemeinsame Zukunft kreieren, in der Psychedelika zu unser aller Wohl die Menschheit bereichern. Wir sind bereits mitten in diesem Prozess. Überall auf der Welt laufen Initiativen, psychedelische Substanzen zu entkriminalisieren und zu legalisieren. Cannabis machte es vor, und nun ziehen weitere Psychedelika nach. So werden wir meiner Einschätzung nach in den nächsten fünf Jahren die medizinische Legalisierung von MDMA- und Psilocybin-Therapie auch in Deutschland erwarten dürfen. Zuerst nur für bestimmte Krankheitsbilder, dann für fast alle psychischen Störungen und irgendwann sicherlich auch für »gesunde« Menschen, also für diejenigen, die ihre Störungen gut kaschieren können. Ich bin optimistisch – und glaube, das wird richtig cool.

Zum Ende möchte ich dir nun noch einen Denkanstoß geben. Du kannst Psychedelika im nüchternen Zustand niemals als das sehen, was sie im Kern sind, denn dies ist nicht sichtbar, sondern nur erfahrbar. Versuche, sie aus verschiedenen Perspektiven zu betrachten: nicht nur aus der Ecke der Persönlichkeitsentwicklung, emotionalen Heilung oder medizinischen Anwendung, sondern auch auf schamanische, experimentelle, künstlerische und philosophische Weise. Lass deinen Entdeckergeist herauskommen, hör auf dein Herz und deine Intuition. Erlaubst du dir, dich ihrer bunten Wirkung hinzugeben, dann wirst du erkennen, worauf sie dich zwischen Schwarz und Weiß hinweisen möchten. Auf etwas, wofür du eigentlich auch keinen Trip brauchst, um es zu erkennen. Die Entwicklung der Menschheit ist an einem interessanten Punkt angekommen. Wir werden offener dafür, uns zu öffnen. Wir erlauben es uns, innezuhalten und wirklich hinzuschauen und zuzuhören. Es liegt etwas in der Luft. Nenn es die Erhöhung des Bewusstseins, die Verringerung von Trauma oder den Wandel der Zeit. Doch in all dem liegt eine Botschaft. Psychedelika werden die Welt da draußen nicht retten, doch sie können die Welt da drinnen offenbaren. Und wer weiß, vielleicht wird gerade das auch dein eigener Weg sein. Es würde mich für dich freuen. Ich wünsche dir von Herzen, dass du alles in dir findest, was dich verbunden, glücklich und lebendig fühlen lässt. Und ich wünsche uns, dass wir Hand in Hand zu einer Gesellschaft werden, in der eben das zur Normalität gehört. Eine Welt, die wir voller Liebe und Zuversicht unseren Kindern, ihren Kindern und allen Kindern danach überlassen möchten.

Anhang

Danksagung

Mein größter Dank geht an meine Frau Isabel. Nicht nur dafür, dass sie sich jeden Abend meine Gedanken und Gefühle zum Schreibprozess angehört oder sich immer wieder meine Texte zur kritischen Reflexion zugeführt hat, sondern vor allem dafür, dass sie mir das Gefühl gibt, bedingungslos für mich da zu sein. Isabel, ich fühle Demut und Ehrfurcht im Angesicht dessen, das Glück der Existenz mit dir teilen zu dürfen. Danke, dass es dich gibt.

Ein weiteres Dankeschön geht an meine Mutter und meinen Vater. Je älter ich werde, umso mehr erkenne ich, wie eure Erziehung das Fundament für die glückliche Person bildete, die ich heute bin. Ich danke euch, dass ihr mir immer das Gefühl gebt, mir zu vertrauen, und mich so akzeptiert, wie ich bin.

Ein weiteres großes Dankeschön an alle Menschen in meinem nahen Umfeld, mit denen ich freundschaftlich oder beruflich in Verbindung stehe. Danke, liebe Freunde, ob ihr es spürt oder nicht, ihr seid ein wichtiger Bestandteil dieses Buches. Auch möchte ich dem ganzen Team von SET & SETTING danken. Es ist unbeschreiblich bereichernd, dass wir gemeinsam auf eine psychedelische Welt hinarbeiten. In diesem Zuge auch noch ein großes Dankeschön an alle Menschen da draußen, die meine Arbeit in den letzten Jahren verfolgt haben. Noch sind wir nur ein paar Verrückte, aber wartet ab – irgendwann sind wir viele Verrückte.

Ich möchte auch noch dem Arkana-Verlag danken, der den Mut und die Courage hatte, mit mir gemeinsam dieses Projekt zu kreieren. Für manche mag dies nur ein Buch sein, doch für viele birgt es womöglich einen lebensverändernden Impuls. Ich danke euch von Herzen für diese Möglichkeit.

Zu guter Letzt noch ein dickes Dankeschön an meinen Lektor Pascal Frank. Dank deiner zusprechenden Worte während des Schreibens und deiner Aufbereitung des Textes kann ich nun auf ein Buch blicken, das nicht nur andere bewegen kann, sondern auch mich zutiefst bewegt hat.

Jetzt ganz schnell zum Abschluss. Danke, Psychedelika, wirklich. Ihr habt mir offenbart, was echtes Glück, echte Lebendigkeit und ein echt gutes Leben bedeuten.

In ewiger Dankbarkeit

Jascha

Endnoten

1 OPEN MIND 2015.
2 Vgl. Griffiths 2006.
3 Vgl. Prinz Harry 2023.
4 Ebd.
5 Vgl. Rauschert 2022.
6 Vgl. Livne 2022.
7 Vgl. Google Trends 2023.
8 Vgl. Meckel 2020.
9 Vgl. Langer 2010.
10 Wagner 2018.
11 Ebd.
12 Vgl. Winfrey 2001.
13 Vgl. Doblin 2023.
14 Wilmsdorfs 2016.
15 Vgl. Jungaberle 2016.
16 Vgl. ebd.
17 Wilmsdorfs 2017.
18 Vgl. Ricaurte 2002.
19 Vgl. Revill 2003.
20 Vgl. Ricaurte 2003.
21 Vgl. Duden 2023.
22 Ebd.
23 Vgl. Sproul 2021.
24 Vgl. Nutt 2010.
25 Vgl. ebd.
26 N.N. 2022.
27 Hipp 2017.
28 Vgl. Kaplan 2016.
29 Meckel Fischer 2020.
30 Vgl. Hurwitz 2023.
31 Vgl. Servick 2021.
32 Vgl. Buchborn 2022.
33 Vgl. Buchborn 2023.

34 Vgl. Carhart-Harris 2014.
35 Vgl. Girn 2022.
36 Vgl. Carhart-Harris/Friston 2019.
37 TheReplicator 2013.
38 Phantasmagoria o.J.
39 Watts 2019.
40 Vgl. Wacker 2018.
41 Vgl. Föry 2023.
42 Vgl. Johansen/Krebs 2015
43 Vgl. Simonsson 2022.
44 Vgl. N.N. 2023.
45 Vgl. Radtke 2021.
46 Vgl. Radtke 2024.
47 Vgl. Sarno 1999.
48 Vgl. Widmer 2013.
49 Vgl. ebd.
50 Vgl. Brown 2017.
51 Vgl. Hartman/Hollister 1963.
52 Oskykins 2012.
53 Lysergic 2016.
54 Mattyboi 2020.
55 Vgl. Buchborn 2023.
56 Vgl. Winawer 2007.
57 Tolle 2020.
58 Vgl. Carhart-Harris/Friston 2019.
59 Vgl. Carhart-Harris 2023.
60 Vgl. Buchborn 2023.
61 Vgl. Wolff 2022.
62 Vgl. DePaulo 1996.
63 Vgl. Sasson o.J.
64 Vgl. Yaden/Grifftiths 2021.
65 Vgl. Nuwer 2023.
66 Vgl. MacLean 2011.
67 Vgl. Watts 2022.
68 Vgl. SET & SETTING 2023.
69 Vgl. Breines/Chen 2012.
70 Vgl. Brink 1997.
71 Vgl. Kiraga 2021.

72 Vgl. Pokorny 2017.
73 Vgl. Weiss 2021.
74 Vgl. Kettner 2019.
75 Vgl. Gandy 2020.
76 Vgl. Griffiths 2006.
77 Vgl. Hendricks 2018.
78 Vgl. Griffiths 2016.
79 Vgl. Nuwer 2023.
80 Vgl. Pace/Devenot 2021.
81 Nuwer 2023.
82 Vgl. ebd.
83 Vgl. Calder/Hasler 2023.
84 Roshani 2019.
85 ChatGPT, persönliche Kommunikation, 14. November 2023
86 Vgl. Kaelen 2018.
87 Vgl. Ponomarenko 2023.
88 Vgl. Dorsen 2019.
89 Hofmann 1979.
90 Ebd.
91 Wasson 1957.
92 Vgl. Hofmann 1958.
93 Vgl. Akers 2011.
94 Vgl. Gotvaldová 2022; Guzmán 2005.
95 Vgl. Wikipedia 2023.
96 Vgl. Holze 2022.
97 Vgl. Bedi 2009.
98 Vgl. Blakemore 2019.
99 Vgl. Jiménez-Garrido 2020.
100 Vgl. Uthaug 2021.
101 Vgl. Barker 2018.
102 Vgl. Stace 1960.
103 Vgl. Metzner 2015.
104 Vgl. Romero 2022.
105 Vgl. Davis 2019; Reckweg 2023.
106 Vgl. Chorley 2023.
107 Vgl. Morris 2017.
108 Vgl. Berman 2000.
109 Vgl. Zhang/Hashimoto 2019.

110 Vgl. Breen/Butt 2022.
111 Vgl. D'Souza 2022.
112 Vgl. El-Seedi 2005.
113 Vgl. Parnefjord 1997.
114 Vgl. Coffeen/Pellicer 2019.
115 Vgl. Meckel Fischer 2016.
116 Vgl. Trope 2019.
117 Vgl. Haijen 2018.
118 Vgl. Levine/Ludwig 1965.
119 Vgl. Lemercier/Terhune 2018.
120 Vgl. Haijen 2018.
121 Vgl. Russ 2018.
122 Vgl. Bouso 2018.
123 Vgl. Barrett 2017.
124 Vgl. Haijen 2018.
125 Vgl. Lieberman 2007.
126 Vgl. de Wit 2007.
127 Loomis 2022.
128 Vgl. Carhart-Harris 2023.
129 Vgl. Szigeti 2021.
130 Vgl. Donegan 2023.
131 Vgl. Carhart-Harris 2023.
132 Weiterführend zur Harvard Study of Adult Development siehe https://www.adultdevelopmentstudy.org [Stand: 19.12.2023].
133 Waldinger 2016.
134 Vgl. Garrison 2015.
135 Covey 2007.
136 Vgl. Bahi 2023.
137 Vgl. Mooventhan/Nivethitha 2014.
138 Weiterführend dazu siehe https://ecstaticdance.org/ [Stand: 19.12.2023].
139 Vgl. Miller 2011.
140 Vgl. Harari 2015.
141 Weiterführend siehe https://authenticrelating.co/ [Stand: 19.12.2023].
142 UNLOCK YOUR SELF 2023.
143 Dorfer 2014.

Literaturverzeichnis

Akers, B.P. et al.: »A Prehistoric Mural in Spain Depicting Neurotropic Psilocybe Mushrooms?«, *Econ. Bot.* 65 (2011), 121–128, https://doi.org/10.1007/s12231-011-9152-5 [Stand: 19.12.2023].

Bahi, C. et al.: »Effects of conscious connected breathing on cortical brain activity, mood and state of consciousness in healthy adults«, *Curr. Psychol.* (2023), https://doi.org/10.1007/s12144-023-05119-6 [Stand: 19.12.2023].

Barker, S.A.: »N, N-Dimethyltryptamine (DMT), an Endogenous Hallucinogen: Past, Present, and Future Research to Determine Its Role and Function«, *Front. Neurosci.* 12 (2018), https://doi.org/10.3389/fnins.2018.00536 [Stand: 19.12.2023].

Barrett, F.S. et al.: »Neuroticism is associated with challenging experiences with psilocybin mushrooms«, *Pers. Individ. Dif.* 117 (2017), 155–160, https://doi.org/10.1016/j.paid.2017.06.004 [Stand: 19.12.2023].

Bedi, G. et al: »Effects of MDMA on sociability and neural response to social threat and social reward«, *Psychopharmacology* 207 (2009), 73–83, https://doi.org/10.1007/s00213-009-1635-z [Stand: 19.12.2023].

Berman, R.M. et al.: »Antidepressant effects of ketamine in depressed patients«, *Biological Psychiatry* 47 (2000), 351–354, https://doi.org/10.1016/S0006-3223(99)00230-9 [Stand: 19.12.2023].

Blakemore, E.: »Ancient hallucinogens found in 1,000-year-old shamanic pouch«, *National Geographic*, 06.05.2019, https://www.nationalgeographic.com/culture/article/ancient-hallucinogens-oldest-ayahuasca-found-shaman-pouch [Stand: 19.12.2023].

Bouso, J.C. et al.: »Serotonergic psychedelics and personality: A systematic review of contemporary research«, *Neurosci. Biobehav.* Rev. 87 (2018), 118–132, https://doi.org/10.1016/j.neubiorev.2018.02.004 [Stand: 19.12.2023].

Breen, P.; Butt, A.: »Deaths related to drug poisoning in England and Wales: 2021 registrations«, *Office for National Statistics*, 03.08.2022, https://www.ons.gov.uk/peoplepopulationandcommunity/birthsdeathsandmarriages/deaths/bulletins/deathsrelatedtodrugpoisoninginenglandandwales/2021registrations [Stand: 19.12.2023].

Breines, J. G; Chen, S.: »Self-compassion increases self-improvement motivation«, *Pers. Soc. Psychol. Bull.* 38 (2012), 1133–43, https://doi.org/10.1177/0146167212445599 [Stand: 19.12.2023].

Brink, D.O.: »Self-Love and Altruism«, *Social Philosophy and Policy* 14 (1997), 122–157, https://doi.org/10.1017/S0265052500001709 [Stand: 19.12.2023].

Brown, B.: *Verletzlichkeit macht stark. Wie wir unsere Schutzmechanismen aufgeben und innerlich reich werden*,Goldmann, München 2017.

Buchborn, T. et al.: »The ego in psychedelic drug action – ego defenses, ego boundaries, and the therapeutic role of regression«, *Front. Neurosci.*, 06.10.2023, Sec. Neuropharmacology 17 (2023), https://doi.org/10.3389/fnins.2023.1232459 [Stand: 19.12.2023].

Buchborn, T.: *SET & SETTING Podcast*, Folge 89, März 2022, https://open.spotify.com/episode/5f0ez2xhCRjzxc3PhScw1N?si=c2804df2d62547ea [Stand: 19.12.2023].

Calder, A.E.; Hasler, G.: »Towards an understanding of psychedelic-induced neuroplasticity«, *Neuropsychopharmacol.* 48 (2023), 104–112, https://doi.org/10.1038/s41386-022-01389-z [Stand: 19.12.2023].

Carhart-Harris, R.L.: »The entropic brain: a theory of conscious states informed by neuroimaging research with psychedelic drugs«, *Sec. Cognitive Neuroscience* 8 (2014), https://doi.org/10.3389/fnhum.2014.00020 [Stand: 19.12.2023].

Ders.: *Huberman Lab Podcast*, 21.05.2023, https://open.spotify.com/episode/1aIpXK0HyrauQIX58jDP2P?si=72910343e6454266 [Stand: 19.12.2023].

Carhart-Harris, R.L.; Friston, K.J.: »REBUS and the Anarchic Brain: Toward a Unified Model of the Brain Action of Psychedelics«, *Pharmacological Reviews* 71 (2019), 316–344, https://doi.org/10.1124/pr.118.017160 [Stand: 19.12.2023].

Chorley, C.: »Beckley Psytech initiates Phase IIa study of 5-MeO-DMT candidate BPL-003 for Alcohol Use Disorder«, *Beckley Psytech*, 05.04.2023, https://www.beckleypsytech.com/posts/beckley-psytech-initiates-phase-iia-study-of-bpl-003-for-alcohol-use-disorder [Stand: 19.12.2023].

Coffeen, U.; Pellicer, F.: »Salvia divinorum: from recreational hallucinogenic use to analgesic and anti-inflammatory action«, *J Pain Res* 12 (2019), 1069–1076, https://doi.org/10.2147/JPR.S188619 [Stand: 19.12.2023].

Covey, S.R.: *Der Weg zum Wesentlichen. Der Klassiker des Zeitmanagments*, Campus, Frankfurt am Main 2007.

D'Souza, D.C. et al.: »Exploratory study of the dose-related safety, tolerability, and efficacy of dimethyltryptamine (DMT) in healthy volunteers and major depressive disorder«, *Neuropsychopharmacol.* 47 (2022), 1854–1862, https://doi.org/10.1038/s41386-022-01344-y [Stand: 19.12.2023].

Davis, A.K. et al: »5-methoxy-N,N-dimethyltryptamine (5-MeO-DMT) used in a naturalistic group setting is associated with unintended improvements in depression and anxiety«, *Am J Drug Alcohol Abuse* 45 (2019), 161–169, https://doi.org/10.1080/00952990.2018.1545024 [Stand: 19.12.2023].

de Wit, H. et al.: »Repeated low doses of LSD in healthy adults: A placebo-controlled, dose-response study«, *Addict. Biol.* 27 (2022), https://doi.org/10.1111/adb.13143 [Stand: 19.12.2023].

DePaulo, B.M. et al.: »Lying in everyday life«, *Journal of Personality and Social Psychology* 70 (1996), 979–995, https://doi.org/10.1037/0022-3514.70.5.979 [Stand: 19.12.2023].

Doblin, R.: *The Joe Rogan Experience Podcast*, Folge 1964, März 2023, https://open.spotify.com/episode/1EMSI2KxCHhbyEwCBnIfsw?si=c1c6b924f9b441e1 [Stand: 19.12.2023].

Donegan, C.J. et al.: »An open-label pilot trial assessing tolerability and feasibility of LSD microdosing in patients with major depressive disorder (LSDDEP1)«, *Pilot Feasibility Stud.* 9 (2023), https://doi.org/10.1186/s40814-023-01399-8 [Stand: 19.12.2023].

Dorfer, T.: »Nelson Mandela und die Lehre von der Liebe«, *SZ*, 18.07.2014, https://www.sueddeutsche.de/politik/nelson-mandela-1.2052550 [Stand: 19.12.2023].

Dorsen, C. et al.: »Ceremonial ›plant medicine‹ use and its relationship to recreational drug use: an exploratory study«, *Addict Res Theory* 27 (2019), 68–75, https://doi.org/10.1080/16066359.2018.1455187 [Stand: 19.12.2023].

Duden, s.v. »Rausch«, https://www.duden.de/rechtschreibung/Rausch 2023 [Stand: 19.12.2023].

El-Seedi, H.R. et al.: »Prehistoric peyote use: Alkaloid analysis and radiocarbon dating of archaeological specimens of Lophophora from Texas«, *Journal of Ethnopharmacology* 101 (2005), 238–242, https://doi.org/10.1016/j.jep.2005.04.022 [Stand: 19.12.2023].

Föry, A.: »Der Hype um Magic Mushrooms: Ist er gerechtfertigt, kann Psilocybin Depressionen heilen?«, *NZZ*, 18.03.2023, https://www.nzz.ch/wissenschaft/magic-mushrooms-als-medikament-eine-patientin-erzaehlt-ld.1719932 [Stand: 19.12.2023].

Gandy, S. et al: »The potential synergistic effects between psychedelic administration and nature contact for the improvement of mental health«, *Health Psychol. Open.* 7 (2020), https://doi.org/10.1177/2055102920978123 [Stand: 19.12.2023].

Garrison, K.A. et al.: »Meditation leads to reduced default mode network activity beyond an active task«, *Cogn. Affect. Behav. Neurosci.* 15 (2015), 712–20, https://doi.org/10.3758/s13415-015-0358-3 [Stand: 19.12.2023].

Girn, M. *et al.:* »Serotonergic psychedelic drugs LSD and psilocybin reduce the hierarchical differentiation of unimodal and transmodal cortex«, *NeuroImage* 256 (2022), https://doi.org/10.1016/j.neuroimage.2022.119220 [Stand: 19.12.2023].

Google Trends, s.v. »psychedelics«, https ://trends.google.de/trends/explore?date=all&q=psychedelics&hl=en [Stand: 19.12.2023].

Gotvaldová, K. et al: »Extensive Collection of Psychotropic Mushrooms with Determination of Their Tryptamine Alkaloids«, *Int. J. Mol. Sci.* 23 (2022), https://doi.org/10.3390/ijms232214068 [Stand: 19.12.2023].

Griffiths, R.R. et al.: »Psilocybin can occasion mystical-type experiences having substantial and sustained personal meaning and spiritual significance«, *Psychopharmacology* 187 (2006), 268–283, https://doi.org/10.1007/s00213-006-0457-5 [Stand: 19.12.2023].

Griffiths, R.R. et al.: »Psilocybin produces substantial and sustained decreases in depression and anxiety in patients with life-threatening cancer: A randomized double-blind trial«, *J. Psychopharmacol.* 30 (2016), 1181–1197, https://doi.org/10.1177/0269881116675513 [Stand: 19.12.2023].

Guzmán, G.: »Species Diversity of the Genus Psilocybe (Basidiomycotina, Agaricales, Strophariaceae) in the World Mycobiota, with Special Attention to Hallucinogenic Properties«, *Int. J. Med. Mushrooms* 7 (2005), 305–332, https://doi.org/10.1615/IntJMedMushr.v7.i12.280 [Stand: 19.12.2023].

Haijen E., et al.: »Predicting Responses to Psychedelics: A Prospective Study«, *Front. Pharmacol.* 9 (2018), https://doi.org/10.3389/fphar.2018.00897 [Stand: 19.12.2023].

Harari, Y.N.: *Eine kurze Geschichte der Menschheit*, Pantheon, München 2015.

Hartman, A.M.; Hollister, L.E.: »Effect of mescaline, lysergic acid diethylamide and psilocybin on color perception«, *Psychopharmacologia* 4 (1963), 441–451, https://doi.org/10.1007/BF00403349 [Stand: 19.12.2023].

Hendricks, P.S.: »Awe: a putative mechanism underlying the effects of classic psychedelic-assisted psychotherapy«, *Int. Rev. Psychiatry* 30 (2018), 331–342, https://doi.org/10.1080/09540261.2018.1474185 [Stand: 19.12.2023].

Hipp, A.-K.: »Drogenbeauftragte der Bundesregierung: Marlene Mortlers Kampf gegen Cannabis«, *Tagesspiegel*, 15.12.2017, https://www.tagesspiegel.de/politik/marlene-mortlers-kampf-gegen-cannabis-8057017.html [Stand: 19.12.2023].

Hofmann, A. et al: »Psilocybin, ein psychotroper Wirkstoff aus dem mexikanischen Rauschpilz Psilocybe mexicana Heim«, *Experientia* 14 (1958), 107–9, https://doi.org/10.1007/BF02159243 [Stand: 19.12.2023].

Hofmann, A.: *LSD – mein Sorgenkind. Die Entdeckung einer »Wunderdroge«*, Klett-Cotta, Stuttgart 1979.

Holze, F. et al.: »Direct comparison of the acute effects of lysergic acid diethylamide and psilocybin in a double-blind placebo-controlled study in healthy subjects«, *Neuropsychopharmacol.* 47 (2022), 1180–1187, https://doi.org/10.1038/s41386-022-01297-2 [Stand: 19.12.2023].

Hurwitz, C.: » Dr. Roland Griffiths, Whose Pioneering Research Explored the Potential of Psychedelics, Dies at 77 Years«, *Oprah Daily*, 08.06.2023, https://www.oprahdaily.com/life/health/a44106088/oprah-roland-griffiths-interview/ [Stand: 19.12.2023].

Jiménez-Garrido, D.F. et al.: »Effects of ayahuasca on mental health and quality of life in naïve users: A longitudinal and cross-sectional study combination«, *Sci Rep* 10 (2020), https://doi.org/10.1038/s41598-020-61169-x [Stand: 19.12.2023].

Johansen, P.Ø.; Krebs, T.S.: »Psychedelics not linked to mental health problems or suicidal behavior: a population study«, *J. Psychopharmacol.* 29 (2015), 270–9, https://doi.org/10.1177/0269881114568039 [Stand: 19.12.2023].

Jungaberle, H.: Interview mit Philipp Kutter, in: »Was RTL beim Jenke-Experiment verschwiegen hat, erklärt jetzt der begleitende Drogenforscher«, *Vice*, 12.9.16, https://www.vice.com/de/article/ppadxb/was-rtl-beim-jenke-experiment-verschwiegen-hat-erklart-jetzt-der-begleitende-drogenforscher [Stand: 19.12.2023].

Kaelen, M. et al.: »The hidden therapist: evidence for a central role of music in psychedelic therapy«, *Psychopharmacology* 235 (2018), 505–519, https://doi.org/10.1007/s00213-017-4820-5 [Stand: 19.12.2023].

Kaplan, J. et al.: »Neural correlates of maintaining one's political beliefs in the face of counterevidence«, *Sci Rep* 6, 39589 (2016), https://doi.org/10.1038/srep39589 [Stand: 19.12.2023].

Kettner, H. et al: »From Egoism to Ecoism: Psychedelics Increase Nature Relatedness in a State-Mediated and Context-Dependent Manner«, *Int J Environ Res Public Health* 16 (2019), 5147, https://doi.org/10.3390/ijerph16245147 [Stand: 19.12.2023].

Kiraga, M.K. et al.: »Persisting Effects of Ayahuasca on Empathy, Creative Thinking, Decentering, Personality, and Well-Being«, *Front. Pharmacol.*, 01.10.2021, https://doi.org/10.3389/fphar.2021.721537 [Stand: 19.12.2023].

Langer, A.: »Gericht verurteilt Drogenarzt zu Haft und Berufsverbot«, *DER SPIEGEL*, 10.05.2010, https://www.spiegel.de/panorama/justiz/toedliche-therapie-gericht-verurteilt-drogenarzt-zu-haft-und-berufsverbot-a-694020.html [Stand: 19.12.2023].

Lemercier C.E.; Terhune D.B.: »Psychedelics and hypnosis: Commonalities and therapeutic implications«, *Journal of Psychopharmacology* 32 (2018), 732–740, https://doi.org/10.1177/0269881118780714 [Stand: 19.12.2023].

Levine, J.; Ludwig, A.M.: »Alterations in consciousness produced by combinations of LSD, hypnosis and psychotherapy«, *Psychopharmacologia* 7 (1965), 123–137, https://doi.org/10.1007/BF00403635 [Stand: 19.12.2023].

Lieberman, M.D. et al.: »Feelings into words: affect labeling disrupts amygdala activity in response to affective stimuli«, *Psychol. Sci.* 18 (2007), 421–8, https://doi.org/10.1111/j.1467-9280.2007.01916.x [Stand: 19.12.2023].

Livne, O. et al.: »Adolescent and adult time trends in US hallucinogen use, 2002–19: any use, and use of ecstasy, LSD and PCP«, *Addiction* 117 (2022), 3099–3109, https://doi.org/10.1111/add.15987 [Stand: 19.12.2023].

Loomis, I.: »Study of LSD microdosing doesn't show a therapeutic effect«, *The University of Chicago Medicine*, 16.02.2022, https://www.

uchicagomedicine.org/forefront/research-and-discoveries-articles/study-of-lsd-microdosing [Stand: 19.12.2023].

Lysergic: »Experience: 120 mg – Garden of The Gods«, *Psychonaut Wiki*, 08.05.2016, https://psychonautwiki.org/w/index.php?title=Experience:120mg_-_Garden_of_The_Gods&action=edit [Stand: 19.12.2023].

MacLean, K.A. et al.: »Mystical experiences occasioned by the hallucinogen psilocybin lead to increases in the personality domain of openness«, *J. Psychopharmacol.* 25 (2011),1453–61, https://doi.org/10.1177/0269881111420188 [Stand: 19.12.2023].

Mattyboi: »Experience: 25 mg 2C-B – Hard raving at home«, *Psychonaut Wiki*, 25.04.2020, https://psychonautwiki.org/wiki/Experience:25 mg_2C-B_-_Hard_raving_at_home [Stand: 19.12.2023].

Meckel Fischer, F.: *Therapie mit Substanz. Psycholytische Therapie im 21. Jahrhundert*, Nachtschatten Verlag, Solothurn 2016.

Dies.: *SET & SETTING Podcast*, Folge 19, Nov. 2020, https://open.spotify.com/episode/0luR3oCIEDY9W2G6PrQ0DD?si=39d49977982349b7 [Stand: 19.12.2023].

Metzner, R.: *Die Kröte und der Jaguar: Erfahrungsberichte zur Erforschung einer visionären Medizin – Bufo alvarius und 5-MeO-DMT*, Nachtschatten Verlag, Solothurn 2015.

Miller, D.: *A Million Miles in a Thousand Years. How I Learned to Live a Better Story*, Harper Horizon, Nashville 2011.

Mooventhan A.; Nivethitha L.: »Scientific evidence-based effects of hydrotherapy on various systems of the body«, *NAJMS* 6 (2014), 199–209, https://doi.org/10.4103/1947-2714.132935 [Stand: 19.12.2023].

Morris, H.: »The Psychedelic Toad«, *Hamilton's Pharmacopeia*, Staffel 2, Folge 1, 28.11.2017, Viceland.

N.N.: »COVID-19 Coronavirus Pandemic«, *Worldometer*, https://www.worldometers.info/coronavirus/#countries [Stand: 19.12.2023].

N.N.: Interview mit Lutz van der Horst, *heute-show*, 04.11.2022, https://www.youtube.com/watch?v=zgpBIdtmssg [Stand: 19.12.2023].

Nutt, D.J. et al.: »Independent Scientific Committee on Drugs. Drug harms in the UK: a multicriteria decision analysis«, *Lancet* 376 (2010), 1558–65, https://doi.org/10.1016/S0140-6736(10)61462-6 [Stand: 19.12.2023].

Nuwer, R.: »How a dose of MDMA transformed a white supremacist«, *BBC Future*, 15.06.2023, https://www.bbc.com/future/article/

20230614-how-a-dose-of-mdma-transformed-a-white-supremacist [Stand: 19.12.2023].

OPEN MIND: »Mein erster LSD-Trip. Erfahrungsbericht«, *YouTube*, 02.10.2015, https ://www.youtube.com/watch?v=cvF1eY04TNY [Stand: 19.12.2023].

Oskykins: »Experience: 3g – I found god inside of myself«, *Psychonaut Wiki*, 22.06.2012, https://psychonautwiki.org/wiki/Experience:3g_-_I_found_god_inside_of_myself [Stand: 19.12.2023].

Pace, B. A.; Devenot, N.: »Right-Wing Psychedelia: Case Studies in Cultural Plasticity and Political Pluripotency«, *Frontiers in Psychology* 12 (2021), https://doi.org/10.3389/fpsyg.2021.733185 [Stand: 19.12.2023].

Parnefjord, R.: *Das Drogentaschenbuch*, Thieme, Stuttgart 1997.

Phantasmagoria: »Experience: 5.3g psilocybe cubensis – Dimensional Circumstance and the Fabric of Understanding«, *Psychonaut Wiki*, o. J., https://psychonautwiki.org/wiki/Experience:5.3g_psilocybe_cubensis_-_Dimensional_Circumstance_and_the_Fabric_of_Understanding [Stand: 19.12.2023].

Ponomarenko, P. et al: »Can psychedelics enhance group psychotherapy? A discussion on the therapeutic factors«, *J. Psychopharmacol.* 37 (2023), 660–678, https://doi.org/10.1177/02698811231155117 [Stand: 19.12.2023].

Prinz Harry: *Reserve*, Penguin, München 2023.

Radtke, R.: »Verbreitung von Stress in der deutschen Erwachsenenbevölkerung in den Jahren 2013 bis 2021«, *Statista*, Dezember 2021, https://de.statista.com/statistik/daten/studie/282555/umfrage/umfrage-zur-verbreitung-von-stress-in-deutschland/ [Stand: 19.12.2023].

Ders.: »Bevölkerungsanteil mit Übergewicht oder Adipositas weltweit bis 2035«, *Statista*, 02.01.2024, https://de.statista.com/statistik/daten/studie/1422403/umfrage/anteil-der-weltbevoelkerung-mit-uebergewicht-oder-adipositas/ [Stand: 19.12.2023].

Rauschert, C. et al.: »The use of psychoactive substances in Germany – findings from the Epidemiological Survey of Substance Abuse 2021«, Dtsch Arztebl Int 119 (2022), 527–34, https://doi.org/10.3238/arztebl.m2022.0244 [Stand: 19.12.2023].

Reckweg, J. T. et al.: »A phase 1/2 trial to assess safety and efficacy of a vaporized 5-methoxy-N,N-dimethyltryptamine formulation (GH001) in patients with treatment-resistant depression«, *Frontiers in Psy-

chiatry 14 (2023), https://doi.org/10.3389/fpsyt.2023.1133414 [Stand: 19.12.2023].

Revill, J.: »Scientists admit: we were wrong about ›E‹«, *Guardian*, 07.09.2003, https://www.theguardian.com/society/2003/sep/07/drugsandalcohol.science [Stand: 19.12.2023].

Ricaurte, G.A. et al.: »RETRACTED: Severe dopaminergic neurotoxicity in primates after a common recreational dose regimen of MDMA (›ecstasy‹)«, *Science* 297 (2002), 2260–2263, https://doi.org/10.1126/science.1074501 [Stand: 19.12.2023].

Ricaurte, G.A. et al.: »Retraction«, *Science* 301 (2003),1479–1479, https://doi.org/10.1126/science.301.5639.1479b [Stand: 19.12.2023].

Romero, S.: »Demand for This Toad's Psychedelic Toxin Is Booming. Some Warn That's Bad for the Toad«, *New York Times*, 20.03.2022, https://www.nytimes.com/2022/03/20/us/toad-venom-psychedelic.html [Stand: 19.12.2023].

Roshani, A.: »LSD – ein Trip für die Wissenschaft. Wie die Droge künftig in der Medizin eingesetzt werden kann – ein Selbsttest«, *Berner Zeitung*, 02.09.2019, https://www.bernerzeitung.ch/lsd-ein-trip-fuer-die-wissenschaft-218866322805 [Stand: 19.12.2023].

Russ, S. et al.: »States and Traits Related to the Quality and Consequences of Psychedelic Experiences«, *Psychology of Consciousness: Theory, Research, and Practice* 6 (2018), https://doi.org/10.1037/cns0000169 [Stand: 19.12.2023].

Sarno, J.E.: *The Mindbody Prescription. Healing the Body, Healing the Pain*, Grand Central Publishing, New York 1999.

Sasson, R.: »How Many Thoughts Does Your Mind Think in One Hour?«, *Success Consciousness*, o.J., https://www.successconsciousness.com/blog/inner-peace/how-many-thoughts-does-your-mind-think-in-one-hour/ [Stand: 19.12.2023].

Servick, K.: »A psychedelic PTSD remedy«, *Science*, 16.12.2021, https://www.science.org/content/article/breakthrough-2021#section_mdma [Stand: 19.12.2023].

SET & SETTING: *Retreat Report*, 2023, https://www.setandsetting.de/wp-content/uploads/2023/04/set_setting_retreat_report.pdf [Stand: 19.12.2023].

Simonsson, O. et al: »Classic psychedelics, health behavior, and physical health«, *Therapeutic Advances in Psychopharmacology*, 30.11.2022, https://doi.org/10.1177/20451253221135363 [Stand: 19.12.2023].

Sproul, C.: »›Don't Kill My Buzz, Man!‹ – Explaining the Criminalization of Psychedelic Drugs«, *Oregon Undergraduate Research Journal* 19 (2021), 1–53, https://doi.org/10.5399/uo/ourj.19.1.2 [Stand: 19.12.2023].

Stace, W.T.: *Mysticism and philosophy*, MacMillan Press, New York 1960.

Szigeti, B. et al.: »Self-blinding citizen science to explore psychedelic microdosing«, *Elife*, 02.03.2021, https://doi.org/10.7554/eLife.62878 [Stand: 19.12.2023].

TheReplicator: »Experience: 70 mg – Overcoming personal problems«, *Psychonaut Wiki*, 08.01.2013, https://psychonautwiki.org/wiki/Experience:70_mg_-_Overcoming_personal_problems [Stand: 19.12.2023].

Thomas, P. et al.: »Effect of Psilocybin on Empathy and Moral Decision-Making«, *International Journal of Neuropsychopharmacology* 20 (2017), 747–757, https://doi.org/10.1093/ijnp/pyx047 [Stand: 19.12.2023].

Tolle, E.: *Under The Skin with Russell Brand*, Folge 138, Juni 2020, https://podcasts.apple.com/ie/podcast/138-become-awake-now-with-eckhart-tolle/id1212064750?i=1000478750413 [Stand: 19.12.2023].

Trope, A. et al: »Psychedelic-Assisted Group Therapy: A Systematic Review«, *J Psychoactive Drugs*, 51 (2019), 174–188, https://doi.org/10.1080/02791072.2019.1593559 [Stand: 19.12.2023].

UNLOCK YOUR SELF: »Wie du Trauma erkennst und unterdrückte Emotionen auflöst (mit Luzia)«, *YouTube*, 05.11.2023, https://www.youtube.com/watch?v=wtXV7_KB0h8 [Stand: 19.12.2023].

Uthaug, M.V. et al.: »A placebo-controlled study of the effects of ayahuasca, set and setting on mental health of participants in ayahuasca group retreats«, *Psychopharmacology* 238 (2021), 1899–1910, https://doi.org/10.1007/s00213-021-05817-8 [Stand: 19.12.2023].

Wacker, D.: »LSD ist aus wissenschaftlicher Sicht ein Glücksfall«, Interview von Felix Hütten, *SZ*, 16.04.2018, https://www.sueddeutsche.de/gesundheit/medizin-lsd-ist-aus-wissenschaftlicher-sicht-ein-gluecksfall-1.3943491 [Stand: 19.12.2023].

Wagner, N.P.: »›akte‹-Reporterin schleust sich in illegale Drogen-Therapie-Szene ein – LKA stürmt Psycholyse-Sitzung«, *akte 20.18*, Sat.1, 16.01.2018.

Waldinger, R.: »What makes a good life? Lessons from the longest study on happiness«, *TED*, 25.01.2016, https://www.youtube.com/watch?v=8KkKuTCFvzI [Stand: 19.12.2023].

Wasson, R. G.: »Seeking the Magic Mushroom«, *Life* 42 (1957), 100–120.

Watts, R. et al.: »The Watts Connectedness Scale: a new scale for measuring a sense of connectedness to self, others, and world«, *Psychopharmacology* 239 (2022), 3461–3483, https://doi.org/10.1007/s00213-022-06187-5 [Stand: 19.12.2023].

Watts, R.: *Adventures Through The Mind Podcast*, Folge 112, Dezember 2019, https://open.spotify.com/episode/5VRVnoJJKyAe6eO8nUzY-2s?context=spotify%3Ashow%3A2CwfdCjRr3ng0DFjr5h2j0&si=YkGyP-NkR4GE5RBCr7ttbQ&nd=1&dlsi=da7551e6fcf741b1 [Stand: 19.12.2023].

Weiss, B. et al.: »Examining Psychedelic-Induced Changes in Social Functioning and Connectedness in a Naturalistic Online Sample Using the Five-Factor Model of Personality«, *Front. Psych.*, 25.11.2021, https://doi.org/10.3389/fpsyg.2021.749788 [Stand: 19.12.2023].

Widmer, S.: *Ins Herz der Dinge lauschen – vom Erwachen der Liebe. Über MDMA und LSD – die unerwünschte Psychotherapie*, Nachtschatten Verlag, Solothurn 2013.

Wikipedia, s. v. »Legal status of psilocybin mushrooms«, https://en.wikipedia.org/wiki/Legal_status_of_psilocybin_mushrooms [Stand: 19.12.2023].

Wilmsdorfs, J. von: *Das Jenke-Experiment*, 05.09.2016, RTL.

Ders.: *Maischberger*, 22.03.2017, ZDF.

Winawer, J. et al.: »The Russian Blues Reveal Effects of Language on Color Discrimination«, *Proceedings of the National Academy of Sciences of the United States of America* 104 (2007), 7780–5, https://doi.org/10.1073/pnas.0701644104 [Stand: 19.12.2023].

Winfrey, O.: »What parents should know about ecstasy«, *The Oprah Winfrey Show*, 27.09.2011, https://www.youtube.com/watch?v=w_-CI1Py-Gg [Stand: 19.12.2023].

Wolff, M. et al.: »Learning to Let Go: A Cognitive-Behavioral Model of How Psychedelic Therapy Promotes Acceptance«, *Front. Psychiatry*, 21.02.2020, https://doi.org/10.3389/fpsyt.2020.00005 [Stand: 19.12.2023].

Yaden, D.B.; Griffiths, R.R.: »The Subjective Effects of Psychedelics Are Necessary for Their Enduring Therapeutic Effects«, *ACS Pharmacology & Translational Science* 4 (2021), 568–572, https://doi.org/10.1021/acsptsci.0c00194 [Stand: 19.12.2023].

Zhang, K.; Hashimoto, K.: »An update on ketamine and its two enantiomers as rapid-acting antidepressants«, *Expert Review of Neurotherapeutics* 19 (2019), 83–92, https://doi.org/10.1080/14737175.2019.1554434 [Stand: 19.12.2023].

Mein persönliches Geschenk an dich

Meine Erfahrung zeigte mir, dass übermäßiger Stress zum Großteil ein Symptom unterdrückter Emotionen ist. Hinter diesem QR-Code verbirgt sich mein persönliches Geschenk an dich, als Dankeschön, dass du mein Buch gekauft hast. Ein tiefgehender Video-Workshop mit mir, in dem ich dir zeige, was du direkt ab heute tun kannst, um Stresssymptome neu zu bewerten und ihre emotionale Botschaft zu erkennen – mit und ohne Psychedelika. Scanne den Code mit deinem Handy und starte das Video.

https://www.jascharenner.com/stressworkshop

Sachregister